16,80

SCHACH-BIBLIOTHEK

Helmut Pfleger · Eugen Kurz

Turnier der Schach- großmeister '83

Karpow · Hort · Browne · Miles · Chandler
Garcia · Rogers · Kindermann

Titelhinweis: Von den beiden Autoren ist im Falken-Verlag auch ein Buch erschienen über den Wettbewerb 1982:»Schach TV-Worldcup '82«

CIP-Kurztitelaufnahme der Deutschen Bibliothek

Pfleger, Helmut:
Turnier der Schachgroßmeister: Mastergame Bath 1983;
[Karpow, Hort, Browne, Miles, Chandler, Garcia, Rogers, Kindermann] /
Helmut Pfleger; Eugen Kurz. –
Niedernhausen/Ts.: Falken-Verlag, 1983.
  (Schach-Bibliothek)
  ISBN 3–8068–0718–3
NE: Kurz, Eugen; Turnier der Schachgroßmeister »1983, Bath«

ISBN 3 8068 0718 3

© 1983 by Falken-Verlag GmbH, 6272 Niedernhausen/Ts.
Fotos: Evening Chronicle Bath; Eugen Kurz, München; M. Martin, BBC Bristol
Fotoarbeiten: Bayer, Düren
Die Ratschläge in diesem Buch sind von Autor und Verlag sorgfältig erwogen und
geprüft, dennoch kann eine Garantie nicht übernommen werden. Eine Haftung des
Autors bzw. des Verlages und seiner Beauftragten für Personen-, Sach- und Vermögensschäden ist ausgeschlossen.
Satz: LibroSatz, Kriftel
Druck: Gachet & Co., Langen

817 2635 4453 6271

Inhalt

Die 10 Sendungen der von den III. Programmen ausgestrahlten Sendungen haben folgende Partien zum Inhalt:

1. Hort – Kindermann, 1. Runde

2. Karpow – Chandler, 1. Runde

3. Miles – Garcia, 4. Runde

4. Chandler – Karpow, 4. Runde

5. Kindermann – Hort, 4. Runde

6. Rogers – Chandler, 5. Runde

7. Browne – Karpow, 5. Runde

8. Kindermann – Miles, 5. Runde

9. Karpow – Rogers, 6. Runde

10. Karpow – Miles, Finale

Vorwort

Wie es in den letzten Jahren bereits zu lieber Gewohnheit geworden ist, werden die III. Programme der deutschen Fernsehanstalten auch um die Weihnachtszeit 1983 wieder eine zehnteilige Fernsehserie über das »Turnier der Schachgroßmeister« ausstrahlen. Auf den Titel »TV-Worldcup«, den das Turnier erstmals führte, als es 1982 in Hamburg ausgetragen wurde, mußte aus Rücksicht auf den Weltschachbund diesmal verzichtet werden. Dennoch ist das Turnier, das heuer im schönen südenglischen Städtchen Bath stattfand, der direkte Nachfahre des letztjährigen und der vorangegangenen Fernseh-Schachturniere, die seit 1977 von der British Broadcasting Corporation und dem Norddeutschen Rundfunk in Koproduktion veranstaltet werden.

Das Teilnehmerfeld war nicht weniger illuster als im »TV-Worldcup 1982«: Neben dem Weltmeister Anatoli Karpow kämpften fünf führende Großmeister und zwei starke Internationale Meister um den Sieg, unter ihnen der Münchner Stefan Kindermann, der im vergangenen Jahr als große deutsche Nachwuchshoffnung auf internationalem Parkett sehr in den Vordergrund getreten ist.

Die Partien waren ebenso spannend wie im Vorjahr; der Ausgang war sensationell.

Dieses Begleitbuch zu den Fernsehsendungen kommentiert sämtliche Partien des Turniers, und zwar mit den Originalkommentaren der Spieler, soweit diese aufgezeichnet wurden. Darüber hinaus versucht es, dem Leser ein abgerundetes Bild von diesem ganz besonderen Schachereignis zu vermitteln. Mögen Schachspieler jeder Spielstärke daran Freude finden!

Helmut Pfleger
Schachgroßmeister und Moderator der Fernsehsendungen

Das Turnier, seine Regeln, sein Austragungsort

Schachturniere, auch hochkarätige, pflegten seit jeher nur im relativ engen Kreis der Schachenthusiasten zur Notiz genommen zu werden. In neuerer Zeit beginnt sich dies zu ändern.

Seit 1972 der als »schrullig« oder »exzentrisch« verschriene Amerikaner Bobby Fischer die Schachweltmeisterschaft gewann, ist zumindest der in dreijährigen Abständen stattfindende Kampf um den Schachthron ein Objekt der Aufmerksamkeit der überregionalen wie der lokalen Presse.

In der Bundesrepublik Deutschland, die im übrigen den an Mitgliedern zweitstärksten Schachverband der Welt hinter der Sowjetunion aufweist, erweiterte sich dieses Interesse noch erheblich, als im laufenden und im vorhergegangenen Weltmeisterschaftszyklus der deutsche Spitzenspieler Dr. Hübner an den Ausscheidungswettkämpfen der Weltmeisterschaftskandidaten teilnahm.

Neue Computertechnologien haben es zudem ermöglicht, Schachpartien in technisch wie didaktisch zufriedenstellender Weise auf den Fernsehschirm zu bringen. Seit 1977 haben die III. Fernsehprogramme alljährlich ein »Turnier der Schachgroßmeister« in mehrteiliger Sendefolge ausgestrahlt, und die Zahl der sonstigen Schachsendungen ist im Zunehmen begriffen. Kein Zweifel: Das königliche Spiel hat in unserem Lande noch nie ein so breitgestreutes Interesse gefunden. Noch nie war Schach so nahe daran, ein Massensport zu werden.

Eine begrüßenswerte Entwicklung; denn zwar verfolgt niemand das Ziel, alle Welt zu Schachnarren zu machen, aber angesichts sinkender Lebensarbeitszeiten verdient es ein Spiel, das so viel Freude auslösen kann wie das Schach, im Spektrum der Freizeitbeschäftigungen möglichst weiten Bevölkerungsschichten angeboten zu werden.

Das diesjährige »Turnier der Schachgroßmeister« ist das siebte, das seit 1977 über die bundesdeutschen Bildschirme flimmert. Ursprünglich stellte der Norddeutsche Rundfunk (NDR) die deutschsprachigen Sendungen her, in Zusammenarbeit mit der British Broadcasting Corporation (BBC). Inzwischen sind der Westdeutsche und der Bayerische Rundfunk als Koproduzenten beteiligt, und weitere Sendeanstalten übernehmen die fertige Folge, die zu einem festen Bestandteil der vor- und nachweihnachtlichen Programmhefte geworden ist.

1982 wurden die Titel »Master Game« beziehungsweise »Turnier der Schachgroßmeister« durch den anspruchsvollen Namen »TV-Worldcup«

ersetzt. Es war beabsichtigt, das Turnier zu einem alljährlichen, festen Bestandteil im Turnierkalender des Weltschachbundes FIDE zu machen. Die stärksten Spieler der verschiedenen Kontinente sollten eingeladen werden, und man hoffte, weitere Fernsehgesellschaften als Koproduzenten zu gewinnen, um den finanziellen Rahmen des Turniers noch großzügiger gestalten zu können.

Bisher haben sich diese Hoffnungen nicht verwirklichen lassen. Die FIDE zog ihre Genehmigung der Bezeichnung »TV-Worldcup« zurück, so daß das Turnier 1983 wieder unter seinem ehrlichen, alten Namen lief. Und auch die Koproduzenten blieben dieselben wie bisher. Die Attraktivität des Turniers blieb aber ungeschmälert: für die 8 Teilnehmer, weil es weiterhin als eines der lukrativsten Turniere gelten darf, die überhaupt stattfinden, – nicht zu reden von der im wahrsten Sinne des Wortes unschätzbaren Popularität, die ein Berufsschachspieler durch es erhält; und für die Zuschauer, vor Ort im Saal wie daheim an den Bildschirmen, weil das Turnier auch in diesem Jahr wieder ein bunt gemischtes Feld von Spitzenspielern aus aller Herren Länder vereinigte.

Teilweise geändert gegenüber dem »TV-Worldcup« 1982 wurde das Reglement des Turniers. Wie damals wurden die 8 Teilnehmer nach ihrer neuesten ELO-Zahl, dem international üblichen Vergleichsmaß der Spielstärke, in 2 Gruppen à 4 Spieler gesetzt. In der Gruppe A (Karpow, Browne, Chandler, Rogers) betrug der ELO-Schnitt 2555, in der Gruppe B (Hort, Miles, Kindermann, Garcia) 2544. Wie 1982 spielte innerhalb dieser beiden Gruppen jeder gegen jeden 2 Partien, eine mit Weiß und eine mit Schwarz, und die beiden Gruppensieger trugen untereinander das Finale aus.

Während aber im Vorjahr jeder Spieler nur 1 Stunde Bedenkzeit für alle Züge einer Partie zur Verfügung hatte, war in diesem Jahr die Zeitbeschränkung der auf offiziellen FIDE-Turnieren üblichen angenähert: Für die ersten 40 Züge hatte jeder Spieler 2 Stunden, nach der Zeitkontrolle dann eine weitere Stunde für den Rest der Partie. Die maximale Dauer einer Partie betrug also nicht wie 1982 in Hamburg 2, sondern 6 Stunden. Das Tempo, mit dem die Spieler ihre Entscheidungen treffen mußten, war damit immer noch fühlbar schärfer als in herkömmlichen Turnierpartien; und die ungewohnte Form der Zeitbeschränkung schlug sich sowohl in den Zeitnotphasen, mit denen einige Spieler sich gehäuft herumschlagen mußten, als auch in ihren Kommentaren nach der Partie nieder, wo die Schuld an einem entgangenen halben Punkt gelegentlich der »blöden« Art der Bedenkzeiteinteilung zugeschoben wurde. (Wer wollte sich darüber wundern? Einem Gehirn, das imstande ist, erstklassiges Schach zu spielen, sollte man schon zutrauen, »nötigenfalls« einen Sündenbock zu (er)finden!)

Im Jahr 1982 hatten 2 Spieler ihre Hin- und Rückpartie jeweils am selben Nachmittag ausgetragen, mit 1 Stunde Pause dazwischen. Zwischen den

Spieltagen gab es damals je 1 freien Tag, an dem die Spieler ihre Kommentare auf Band sprachen. Wegen der dreimal längeren Partiendauer konnte 1983 natürlich nur 1 Partie pro Tag gespielt werden. Die »voice recordings« fanden nach dem jeweils anschließenden Abendessen statt, und einen spielfreien Tag gab es lediglich vor der letzten Vorgruppenrunde sowie vor dem Finale.

Dem Gewinner des Finales winkten diesmal 2750 englische Pfund, entsprechend etwa 11 000 DM, dem Verlierer 2150 £. Die Nichtfinalisten erhielten je 900 £ sowie 200 £ pro Sieg, 75 £ pro Remis und 50 £ für jede ihrer Partien, die für eine Fernsehsendung verwendet wurde. Mit dieser TV-Prämie und der Höherdotierung eines Sieges über zwei Remisen sollte den Teilnehmern ein Anreiz geboten werden, in jeder Partie auf lebhaften Kampf auszugehen. Ferner war das Finale in diesem Jahr nicht in zwei, sondern nur in einer, sofort entscheidenden Partie auszumachen: wodurch der Auslosung der Farben für diese eine Partie eine besonders wichtige Bedeutung zukam. Eventuell nötige Wiederholungspartien im Finale, ebenso wie Stichkämpfe bei Gleichstand nach Abschluß der Vorrunden, hätten mit zunehmend verkürzter Bedenkzeit ausgetragen werden müssen. Es wurden jedoch weder Stichpartien erforderlich noch eine Wiederholung des Finales, welches der *nicht* favorisierte Spieler auf Anhieb und mit den schwarzen Steinen gewann. Aber zu viel soll an dieser Stelle noch nicht verraten werden.

Das im Südwesten Englands gelegene, wenige Meilen von der Hafenstadt Bristol entfernte Bath lieferte nicht zum erstenmal die Kulisse für eine wichtige Schachveranstaltung: Vor ein paar Jahren war dort eine europäische Mannschaftsmeisterschaft ausgetragen worden. Bath besitzt die einzigen heißen Quellen Englands, die zu Heilzwecken genutzt werden. Schon im 1. Jahrhundert nach Christus suchten die römischen Besatzer und Siedler dort Linderung der rheumatischen Beschwerden, die ihnen das kühle und feuchte Nordland beschert hatte. Im Mittelalter schlief das Städtchen als kleiner lokaler Mittelpunkt für Schafzüchter und Bauern; immerhin war es reich genug, um zwischen 1499 und 1580 einen neuen, dritten Bau seiner Abteikirche aufzuführen, in prächtigem spätgotischem Stil. Um die Mitte des 18. Jahrhunderts entdeckte der englische Hof die Heilkraft von Baths heißen Mineralquellen neu, im Handumdrehen wurde der Ort zum modischen Sommersitz, und ein Bauboom begann. Unter der Leitung des Architekten John Wood des Jüngeren nahm Bath in wenigen Jahrzehnten sein einheitlich »georgianisches« Gesicht an. Und die Architektur des aufgeklärten Jahrhunderts, die hie und da ein bißchen monoton wirken mag, aber immer großzügig ist, verschafft Bath nicht zu Unrecht den Ehrentitel einer der schönsten, vielleicht gar der schönsten Stadt Englands.

Heute ist Bath rund ums Jahr ein beliebtes Urlaubs- und Kurziel; und obwohl die neue technische Universität einen Schwall Jungvolk in seine

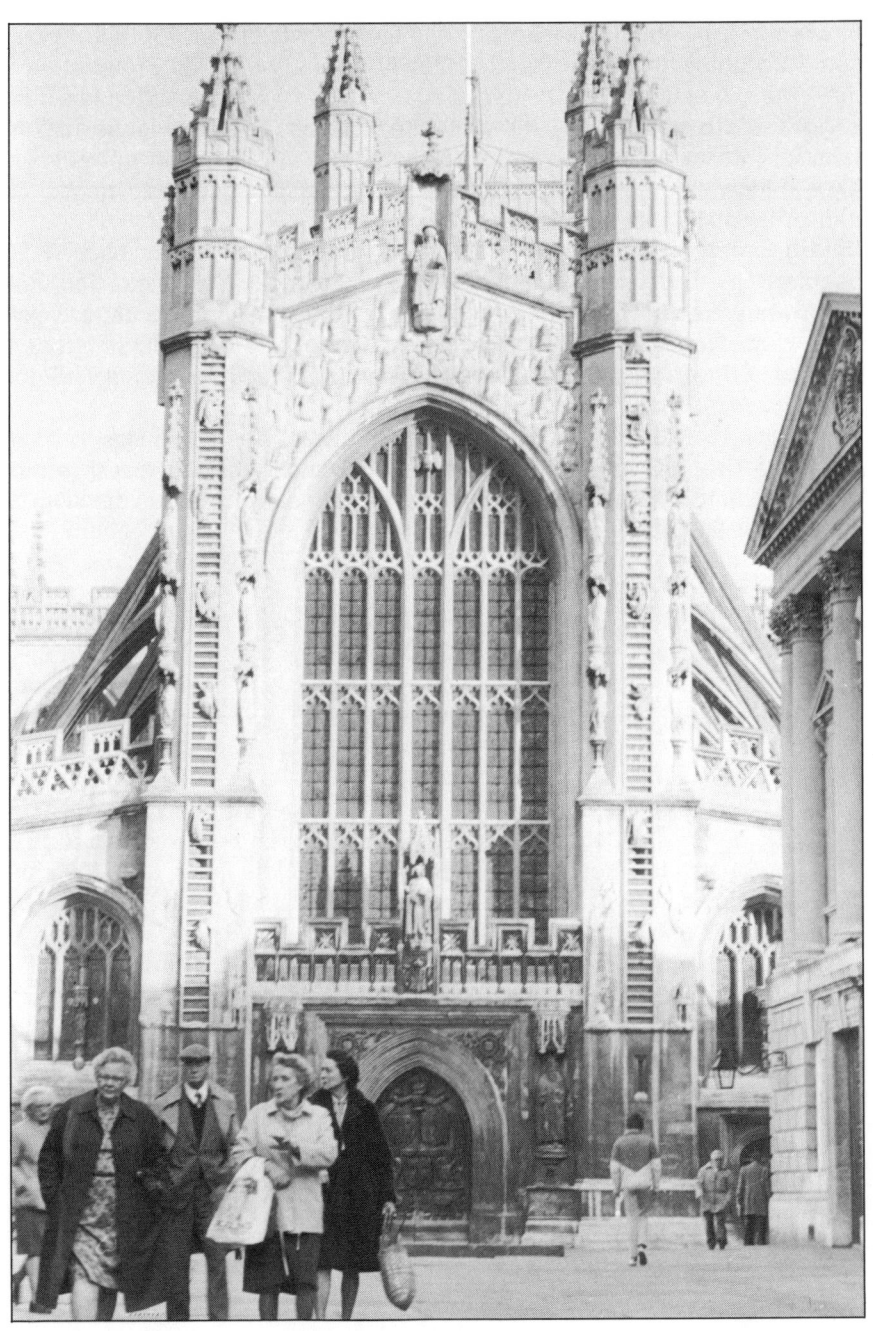

Straßen geschwemmt hat, wird es gemütlich verwaltet vom 756. konservativen Bürgermeister hintereinander, der übrigens, wenn die Preisrede auf die Vorzüge seiner Stadt kommt, begeistert die »jahrtausendealte« Heilbädertradition erwähnt. Ja, Bath wäre eine Siebenhügelstadt wie die antiken Rom und Konstantinopel, wäre es nur zu deren Ausdehnung gewachsen. 100 000 Einwohner allerdings reichen nur, das Tal zwischen den umgebenden grünen Hügeln zu bedecken.

Untergebracht waren Spieler, Offizielle und Produktionsmannschaft im Beaufort Hotel, dessen Küche seinen vier Sternen Wort hielt. Und daß Tischweine nur zu räuberischen Preisen erhältlich waren, mußte fairerweise nicht dem Hotelmanager, sondern der Landessitte angelastet werden. Ebenso übrigens wie die verzweifelt seriöse Uhrzeit, zu der englische Pubs ihre Tore schließen.

Als Turniersaal diente der geräumige Gildensaal des Rathauses, dessen Kopfseite die BBC mit Bühne, Kulissenwand und Demonstrationsbrettern ausgestattet hatte. Allen Beteiligten kam es sehr entgegen, daß die »Guildhall« nur 2 Fußminuten vom Hotel entfernt lag.

Die Teilnehmer

Walter Shawn Browne

Geboren 10. 1. 1949
ELO-Zahl 2560

Einen »menschlichen Dynamo in allem, was er tut« nannte ihn das Flugblatt mit der Kurzbeschreibung des Turniers, das im Foyer des Turniersaales auslag. Seine übliche Unrast und das Gewaltsame, Abgerissene, Ausfahrende seiner Bewegungen verstärken sich noch beträchtlich, wenn während einer Partie die Spannung auf dem Brett steigt oder die Zeitnotphase näherrückt. In kritischen Phasen konnte man gar beobachten, wie sich seine Körperhaltung am Brett, die immer heftigste Konzentration ausdrückt, alle naselang ruckartig veränderte; wie er, die Ellbogen aufgestützt, beide Hände wie einen Schirm zu einem Blick in die Ferne über die Augen spreizte; wie er dann, die Ellbogen weit ausgebreitet, sich angestrengt übers Brett lehnte; zurückfuhr, um die Beine übereinanderzuschlagen. Wie er, kaum hatte er seinen Zug ausgeführt, aufsprang, zum Büfett eilte, das seitlich der Bühne für die Spieler bereitstand, sich hastig eine Tasse Kaffee griff und diese mit übertriebener, aber gerade deshalb um so mehr auffallender Vorsicht ans Brett zurücktrug; und wie er beim Hinsetzen womöglich polternd an den Tisch stieß und tadelnd den Kopf über sich selbst schüttelte.

Ein unbefangener, mit den Übeln dieser Welt vertrauter Zuschauer könnte da auf den Gedanken kommen, all das seien bewußte oder halb unbewußte Störmanöver. Aber je länger man Zeuge wird, desto deutlicher fühlt man, daß diese nervöse Hektik so unkontrolliert ist, weil sie ihm unkontrollierbar ist; daß die Unrast in seinem Wesen liegt, und daß sie das Ventil bildet, durch welches sich der Kampfgeist und Siegeswille Luft machen, die den Amerikaner bis in die letzte Faser durchdringen.

Kenner versichern übrigens, daß Browns Nervosität in jüngeren Jahren wesentlich ausgeprägter gewesen sei: In diesem Turnier war der noch nicht Fünfunddreißigjährige bereits der Zweitälteste!

Kampfgeist und Siegeswille sind zwei der beherrschendsten Züge des Amerikaners. Die beiden Gegenstücke sind Ehrgeiz und ein unerschütterliches Selbstbewußtsein. Wo immer er geht und steht, er ist bereit und brennt darauf, einen Gegner im Wettkampf zu schlagen: im Schach, im Tennis oder Tischtennis, im Pokern.

Die Kartenspiele, speziell das Pokern, sind nächst dem Schach seine Domäne. Er sagt, er führe mehrere Male im Jahr nach Las Vegas und sei noch kein einziges Mal ohne beträchtlichen Gewinn nach Hause gekommen; aber das sei ihm zu leicht, sein Hirn funktioniere da wie eine Maschine, er gewinne eine Runde nach der anderen, das werde auf die Dauer langweilig.

Daß möglicherweise die Verluste entweder gar nicht in sein Bewußtsein dringen, oder aber sich nicht dort festsetzen, ließ sich nach einem kleinen Zwischenfall vermuten, der sich eines Abends bei Tisch ereignete. Eine etwas kompliziertere Form des Losentscheids durch Groschenwerfen oder Messer-Stein-Papier-Zeigen ist das Spiel, bei dem ein jeder unterm Tisch keine, eine, zwei oder drei Münzen in die rechte Faust nimmt, dann beide ihre Fäuste überm Tisch zeigen und raten, wie viele Münzen beide gemeinsam enthalten. Um irgend einer Bagatelle wegen war Browne darauf gekommen, dieses Spiel gegen Kindermann zu spielen. Was als völlig undenkbar gewirkt hatte, trat ein: Nach ein paar Runden, in denen beide danebengeraten hatten, verlor Browne. Er war aber nicht im mindesten geknickt, sondern überging die Sache mit der halb scherzhaft, aber vielleicht auch halb im Ernst vorgebrachten Bemerkung, sie hätten eben nicht mit amerikanischen Münzen gespielt.

Ein anderes Beispiel für sein Selbstvertrauen bot das Fernsehinterview, das er Dr. Pfleger gab. Auf die Frage, ob er weiterhin darauf ziele, Weltmeister zu werden, rief er aus, »Aber natürlich!« Er arbeite hart an sich, er komme eben ins beste Schachalter, er sei stärker als je, er habe im letzten Halbjahr 30 ELO-Punkte gewonnen – natürlich wolle er weiter Weltmeister werden. Und wer ihn hörte, glaubte seiner Spontaneität die Echtheit seiner Überzeugung, ungeachtet zweier Dutzend Spieler, die in der Weltrangliste vor ihm stehen, und ungeachtet des kometengleich emporstrebenden und mehr als 14 Jahre jüngeren Talents Kasparow, das selbst die jahrelang überlegene Vorherrschaft Karpows in Frage stellt.

Walter Browne wurde als Sohn US-amerikanischer Eltern in Australien geboren. Mit 11 Jahren schon stand für ihn fest, daß er professioneller Schachspieler werden und als solcher Erfolg haben würde; was bedeutet, finanziellen Erfolg. Vor etwa 15 Jahren, also noch vor dem Fischer-Boom der ersten siebziger Jahre, siedelte er in die USA über, weil dort die schachlichen Entfaltungsmöglichkeiten ungleich günstiger waren als in Australien. Seither war er stets der oder einer der führenden Großmeister der USA; seine australische, zweite Staatsbürgerschaft hat er längst aufgegeben.

Browne arbeitet hart, durchweg 8 Stunden pro Tag; er bezeichnet sich selbst als den am härtesten arbeitenden Großmeister der Welt, »ausgenommen vielleicht Kasparow«. (Mit anderen führenden Großmeistern, die als Arbeitstiere bekannt sind, etwa mit dem Ungarn Lajos Portisch, vergleicht er sich schon gar nicht.) Er hinterfrage die Dinge des Lebens nicht, meint er, er nehme sie, wie sie kämen.

Und er hat damit den Erfolg gehabt, den er haben wollte: Er lebt in wohlhabenden Verhältnissen an der Bucht von San Francisco; auf den Hügeln um Berkeley, in einer Wohngegend, die sich fast ausschließlich die Professoren der berühmten Universität leisten können, hat er sich vor gut 10 Jahren ein Haus gekauft. Auf Parnassus Road, wie er sich beeilt hinzuzufügen, und versäumt sicherheitshalber nicht den Hinweis auf die olympischen Götter.

Mit seiner Frau, einer argentinischen Psychoanalytikerin, lebt er seit gut 10 Jahren zusammen; sie versucht gerade ihren Ph. D. zu machen, um in den USA arbeiten zu dürfen. Kinder? »Kamen keine«, antwortet er. Aber weder das, noch seine gelegentlichen Seitensprünge – »playing Blitz«, wie er das nennt – scheinen der Beziehung etwas anhaben zu können. Vielleicht wird ja diese Art von Walters »Blitzpartien« vom Heer der klatschsüchtigen, kiebitzenden Patzer auch zu ungebührlicher Bedeutung aufgeblasen.

Das Fernsehturnier in Bath war für ihn der Abschluß eines sehr erfolgreichen Jahres. Im Januar hatte er beim starken Turnier von Wijk aan Zee den 3. Platz geteilt, dann den 1. Preis in der Offenen US-Meisterschaft in New York City, zusammen mit Miles, den Exilrussen Alburt und Kudrin sowie Sheirazy, was einem jeden 4000 Dollar einbrachte. Am wichtigsten war ihm aber der Gewinn der »offiziellen« Meisterschaft der USA im Juli, mit den Großmeistern Christiansen und Dschindschichaschwili. Er gewann dieses Turnier bereits zum sechsten Mal, und jedes der Male, die er überhaupt teilgenommen hatte! Im August siegte er dann in Govik (Norwegen) zusammen mit dem Engländer Dr. Nunn, der den deutschen Fernseh-Schächern vom TV-Worldcup 1982 bekannt ist, sowie dem Ungarn Adorjan.

Nach seinen Berechnungen hatte er damit seine ELO-Zahl (nach welcher sich der »Marktwert« der Profis richtet, nämlich ihre Attraktivität für die Ausrichter von Turnieren) bis nahe an die »Schallmauer« von 2600 Punkten angehoben. Und der Papierform der Weltrangliste nach schien er in der Vorgruppe A des Turniers der Schachgroßmeister 1983 der ernsthafteste Rivale des Weltmeisters um den Einzug ins Finale.

Murray Chandler

Geboren 4. 4. 1960
ELO-Zahl 2500

Eigentlich hätte an seiner Stelle der argentinische Großmeister Miguel Angel Quinteros vorgestellt werden sollen. Noch bei der Begrüßung durch den Bürgermeister von Bath war fest mit dessen Teilnahme gerechnet worden, und die Auslosung hatte ihm für die auf den folgenden Nachmittag angesetzte 1. Runde Schwarz gegen Weltmeister Karpow gegeben. Gegen Abend erreichte Bob Toner, der von seiten der BBC für die Organisation des Turniers verantwortlich war, Quinteros' Frau in Buenos Aires und erfuhr, Miguel sei in Mexico City. Der wachsenden Ungewißheit wurde schließlich durch ein Telegramm ein Ende gesetzt, in welchem Quinteros bedauerte, krankheitshalber nicht erscheinen zu können; sein Arzt habe ihm die Reise verboten.

Kaum eine Stunde später stand der Ersatzmann fest: Murray Chandler aus Neuseeland, 23 Jahre alt und frischgebackener Großmeister. »Check Call for Kiwi«, berichtete eine örtliche Zeitung am nächsten Morgen über diese telefonische Blitzverpflichtung. Natürlich wäre es nicht möglich gewesen, Murray rechtzeitig zum Spielbeginn, also bis 14 Uhr am folgenden Nachmittag, heranzutransportieren, wenn er sich wirklich bei den Antipoden aufgehalten hätte.

Aber Chandler lebt seit seinem 15. Jahr in London: Seinerzeit kam er in Begleitung eines neuseeländischen Meisters nach England, schon entschlossen, als Schachspieler sein Geld zu verdienen. Und für Berufsschachspieler empfiehlt es sich, ihre Zelte in Europa aufzuschlagen; denn dort finden die wichtigsten Turniere statt, und wer weit vom Schuß wohnt, muß damit rechnen, aufgrund der erheblich höheren Reisespesen keine oder erheblich weniger Turniereinladungen zu erhalten.

Darüber hinaus gefällt es ihm in England, und nach seinem Heimatland sehnt er sich nicht zurück: Sogar die Schweiz habe um die Hälfte mehr Einwohner, und weil in Neuseeland so wenig los sei, weil man dort so abgeschnitten und am Ende der Welt lebe, wanderten immer mehr junge Neuseeländer in andere Länder aus.

Allerdings erreichte Bob Toners Anruf den »Kiwi« haarscharf vor einem Flug in sein Herkunftsland. Aber diese Reise hätte in erster Linie eine Schachtournee, nicht ein Verwandtenbesuch oder ein Nostalgietrip werden sollen: 29 Simultanveranstaltungen in 40 Tagen waren geplant. Auch wenn er seiner Heimat den Rücken gekehrt hat, ist der erste neuseeländische Großmeister dort offenbar sehr populär! Es gelang ihm übrigens, in der knappen Frist von nur wenigen Stunden nicht nur seine Flugtermine, son-

Chandler zwischen seiner Freundin
Mary (rechts) und Rogers Freundin
Cathy (links).

dern auch die ersten 11 Simultanveranstaltungen zu verschieben. Wegen des Fernsehturniers würden also weder seine Fans darauf verzichten müssen, ihn zu Gesicht zu bekommen, noch er selbst auf seine Honorare.

Vom Schach lebt Murray Chandler nicht schlecht. In den Jahren, in denen andere sich mühsam durchs College büffeln, verdiente er sich mit seiner Lieblingsbeschäftigung ein Haus im Südosten Londons, das immer mehr zu einem Treffpunkt für Schachenthusiasten wird. Das Gehalt, das er als Spitzenbrett der Bundesligamannschaft des Hamburger SV einstreicht, dürfte dabei für mehr als nur die Besenkammer gut gewesen sein.

Murray war nach Tony Miles der zweite englische Fremdenlegionär, der zu jeder Runde der westdeutschen Mannschaftsmeisterschaften von seinem Verein eingeflogen wird. Das Beispiel und der Erfolg der beiden machten Schule: In der laufenden Saison 83/84 sind bereits 5 britische Spitzenspieler an obersten Brettern der Bundesligamannschaften zu finden, und in der ersten Runde gaben sie insgesamt nur einen halben Punkt ab!

Ein gewisses Vergnügen an und Talent für Kapitalgeschäfte bewies Murray auch, indem er es war, der das Monopoly-Spiel mitbrachte, das gegen Ende des Turniers zum Mittelpunkt der nächtlichen Aktivitäten in der Hotelhalle wurde. Neben Stefan Kindermann, Ian Rogers und Turnierleiter Stewart

Reuben war dabei seine Freundin Mary Hauptkomplicin. Sie hatte er kennengelernt, als sie bei der ersten Commonwealth-Meisterschaft in Melbourne (Australien) 1983 eines der Demonstrationsbretter bediente.

Daß übrigens beim mit Geiz und Ehrgeiz verbundenen Umgang mit Geld – und sei es nur Spielgeld – aggressive Emotionen zu beobachten sind, zeigen unsere Abbildungen; wobei wir dem Urteil des Lesers anheimstellen zu entscheiden, ob diese Aggressionen durch das kapitalistische Spiel erst geweckt oder lediglich in wenig schädlicher Form abgeleitet werden.

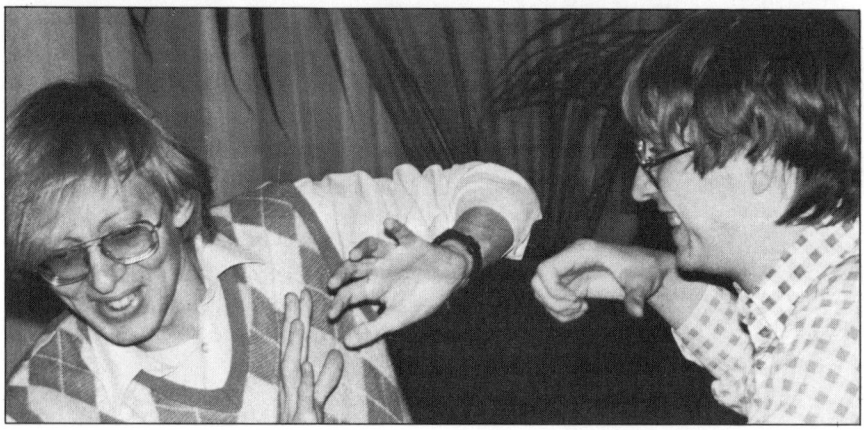

Guillermo Garcia

Geboren 9. 12. 1953
ELO-Zahl 2495

»Guillermito« wird er in seinem Heimatland zärtlich-verkleinernd genannt, der stärkste der derzeit 5 kubanischen Großmeister. Und nachdem er beim Interzonenturnier zu Moskau 1982 Bäume ausgerissen und auch auf der anschließenden Schacholympiade in Luzern wieder ein riesenhaftes Ergebnis erzielt hatte, wurde er in der heimischen Presse bereits als »zweiter Capablanca« gefeiert.
Natürlich klafft zwischen seinen und den Leistungen des berühmten kubanischen Weltmeisters der zwanziger Jahre noch eine gewisse Lücke; aber

Analogien zwischen beiden, und nicht nur im gepflegten Äußeren, lassen sich leicht finden. Vor allem die, daß man Guillermo wie dazumal dem kubanischen Wunderspieler ein überragendes Schachtalent nachsagt, dem sein Fleiß leider nicht ganz das Gleichgewicht halte. Vielleicht stünde er sonst mit seinen 30 Jahren noch weiter oben in der Rangliste der Besten, als er es so schon tut.

Aus der Stadt Santa Clara stammend, wohnt er seit Jahren in der Hauptstadt Havanna. Sein Lebensweg könnte im Lande Fidel Castros als so etwas wie ein sozialistisches Musterbeispiel gelten (ähnlich übrigens wie der seines Bruders, welcher Hautarzt geworden ist). Aus sehr bescheidenen Verhältnissen hat er sich zu der angesehenen Stellung eines führenden Schachgroßmeisters emporgearbeitet; was auf Kuba bedeutet, daß er ein Sportidol darstellt, wie es in der Bundesrepublik wohl nur Fußballstars verkörpern könnten. Daß die kubanischen Großmeister ähnlich wie die sowjetischen ein staatliches Gehalt beziehen, darf als Hinweis gelten, welches soziale Prestige und welche offizielle Wertschätzung die nationalen Vorkämpfer des Schachsports dort genießen.

Um von der auf der Zuckerinsel herrschenden allgemeinen Schachbegeisterung eine Vorstellung zu geben, genügt es, an das große Capablanca-Gedenkturnier zu erinnern, das alljährlich in Havanna stattfindet; oder an die größte Simultanvorstellung der Schachgeschichte, bei der im Rahmen der Schacholympiade 1966 etliche Großmeister an mehreren tausend Brettern spielten, und wo Fidel selbst es sich nicht nehmen ließ, gegen den damaligen Weltmeister Petrosjan zu remisieren; oder auch daran, daß der Schwede Ulf Andersson, augenblicklich Nummer 4 der Weltrangliste, 2 Jahre als Nationaltrainer auf Kuba lebte, ehe er seine kubanische Frau nach Skandinavien heimführen durfte.

Beim Fernsehturnier in Bath, dem ersten, das er auf englischem Boden spielte, war Guillermo Garcia nicht nur dadurch gehandicapt, daß er die weiteste und strapaziöseste Anreise gehabt hatte: Seit rund einem Jahr ist er in zweiter Ehe verheiratet, und seine Frau erwartete zum Jahresende ihr erstes Kind. Kein Wunder also, daß er mit seinen Gedanken oft nicht recht bei der Sache war und lieber gar nicht gespielt hätte (wie er selbst schon am Anfang des Turniers sagte).

Während der Partien wirkt er ein wenig träge, fast schläfrig, das genaue Gegenteil etwa eines Walter Browne mit seiner überschießenden, zuweilen geradezu störenden Motorik. Aber die wachen, intelligenten Augen verraten, daß der Schein trügt, daß die äußere Kontrolle dazu dient, die innere Spannung zu bewältigen.

Wie vielen Südländern, merkt man ihm einen gewissen Sinn für Eleganz, für Stil an; auch beim legeren Beisammensein in der Hotelhalle nach dem Abendessen sah man ihn nie ohne Jackett.

Zurückhaltung mag in seinem Charakter liegen, und beim kubanischen Karneval, der in den Juli fällt und nicht weniger turbulent sein soll als der zu Rio, sei er nicht der Wildesten einer, meinte er. Aber eine anfänglich zu vermutende Verschlossenheit entpuppte sich bei näherem Hinsehen als nichts weiter denn die Folge einer Sprachbarriere. Wo diese nicht existierte, zum Beispiel mit Pischenko, dem fließend Spanisch sprechenden Begleiter des Weltmeisters, sah man den Kubaner bald in munterer Unterhaltung begriffen; und wo man sie ignorierte, wie es Kindermann und der Koautor dieses Buches anläßlich eines abendlichen Ausflugs in einen Pub taten, erwies Guillermo sich als freundlicher und trinkfester Zechkumpan.

Vlastimil Hort

Geboren 12. 1. 1944
ELO-Zahl 2595

Er ist ein großer Geschichtenerzähler, der spitzbübisch verschmitzt auf seine Pointen lossteuert oder reihenweise tschechische Witze aus dem Ärmel schüttelt.

Er ist ein großer Jammerer, der so wehleidig über sein herannahendes Greisenalter, seine nachlassende Spielstärke, seine zunehmenden Wehwehchen und überhaupt über all die üblen Tricks des Schicksals, über Gott und die Welt klagen kann, daß man ihn fast schon bemitleidet.

Er ist ein großer Kosmopolit, der sich überall wohlfühlen könnte, wo man ihn Mensch sein läßt; und der genug Sprachen beherrscht oder in singendem Tonfall radebrecht, um sich in aller Herren Länder durchschlagen zu können. Ganz ohne diplomatisches Geschick kann er auch nicht sein, denn immerhin lebt er seit Jahren in Köln, mitten im kapitalistischen Westen, und darf doch ungehindert in sein Heimatland, die Tschechoslowakei, ein- und ausreisen und spielt weiterhin an Brett 1 ihrer Nationalmannschaft.

Die Liste ließe sich lange fortsetzen: Z. B. entpuppte er sich während der Internationalen Deutschen Meisterschaft zu Hannover 1983 als verblüffend standfester und konditionsstarker Fußballspieler; gilt nächst dem Schweden Andersson, zusammen mit Boris Spasski, als stärkster Tennisspieler unter den Schachmeistern – trotz seiner Korpulenz; und wenn er so recht Appetit hat, möchte man kein Knödel sein, auch wenn man sich unter zehnen verstecken dürfte.

Vor allem aber ist Vlastimil Hort eines: ein großer Gegner am Schachbrett und ein leidenschaftlicher Schachspieler. Zwar gibt er keine ernsthaften Ambitionen mehr zu, noch Weltmeister werden zu wollen: zu gewaltig sind die Hindernisse, die er da in dem 7 Jahre jüngeren Karpow, in dem fast 20 Jahre jüngeren Kasparow fände. Aber er hat in seiner Laufbahn schon 47 internationale Turniere gewonnen, und diese Liste wird alljährlich länger. Im Sommer 1983 siegte er z. B. in dem mit etlichen Großmeistern und Internationalen bestückten offenen Turnier von Berlin. Und seine ELO-Zahl, die stets um die 2600 pendelt, zeigt, daß er seit mehr als einem Dutzend Jahren zur absoluten Weltspitze gehört. Und manch einen seiner Großmeisterkollegen wird es mit Verwunderung und Neid erfüllen, zu sehen, daß er, ohne Schaden an seiner Spielstärke zu nehmen, auch subalterne offene Turniere mitspielt; und zwar offenbar mehr aus Schachbegeisterung als aus Begierde nach einem vermeintlich leichten ersten Preis.

Hort in Kämpferlaune hat etwas von der imposanten Bedrohlichkeit eines Grislybären: sowohl in seinem gewichtigen, aber auf weichen Sohlen einhergleitenden Gang als auch, wenn er aufgetürmt, den Kopf in den Händen vergraben, vor dem Brett sitzt – gesammelt, ehrgeizig, gefährlich.

Natürlich hat auch ein Grisly seine weichen und sentimentalen Seiten; und wer wollte bezweifeln, daß Vlastimil ein ausgesprochen menschlicher – ein Gemütsbär ist!? Er spricht von einer unbestimmten Unzufriedenheit, von der Notwendigkeit, sein Leben neu zu orientieren; und mag das auch zum Teil der Einfluß einer unbefriedigend verlaufenen Partie sein, die er gerade über sich hat ergehen lassen müssen, so klingt es doch, als stecke ein Stück »midlife crisis« darin.

Oder sein 16jähriger Sohn aus erster Ehe liegt ihm am Herzen (in zweiter Ehe ist er wieder mit einer Tschechin verheiratet); der ihn einmal in Köln besuchte, aber nicht in Deutschland bleiben wollte; den er nun ab und zu in Prag besucht, aber für den er so wenig tun kann. Und schwer bekümmert ihn die politische Lage in seinem Heimatland, die freudlose Reglementierung, der die Menschen dort unterworfen sind; immer wieder kommt er darauf zurück.

Manche, die mit Hort zusammen an Büchern oder Artikeln zu arbeiten hatten, klagen über seine unregelmäßige, ja chaotische Arbeitsweise. Aber jedem seine Methode; und was ihm vielleicht an Systematik abgeht, ersetzt er durch die Buntheit und Spontaneität seiner Entschlüsse und Einfälle. Wie staunten z. B. die Münchner Großmeister Dr. Pfleger und Hecht, als sie im vergangenen Sommer die Leopoldstraße entlangfuhren und vor sich plötzlich Vlastimil die Fahrbahn überqueren sahen: Auf der Rückreise von einem Turnier in der Schweiz hatte er in München Station gemacht, um sich wieder einmal die Alte Pinakothek anzuschauen!

Daß er seit dem Weggang von Dr. Hübner die Nummer 1 beim mehrmaligen deutschen Mannschaftsmeister Porz ist, wird den meisten bundesrepublikanischen Schachfreaks bekannt sein. Weniger bekannt ist vielleicht, daß Hort einer der wenigen führenden Großmeister ist, die es auf sich nehmen, Blindsimultanvorstellungen an einer größeren Zahl von Brettern zu geben: seine bärenhafte Konstitution hat sich auch dieser besonders bedenklichen Zerreißprobe des menschlichen Geistes immer wieder gewachsen gezeigt.

Anatoli Karpow

Geboren 23. 5. 1951
ELO-Zahl 2710

Seit dem TV-Worldcup 1982 ist die Liste seiner Erfolge wieder um einige Prunkstücke länger geworden. Seine Vorherrschaft im Schachreich dauert nun 8 Jahre; seit Aljechin war kein Weltmeister mehr so lange ununterbrochen in Amt und Macht. Eine eintönige Litanei wäre es, die Turniere herunterzubeten, die er gewonnen hat. Und vielleicht darf man schon jetzt Anatoli Karpow als den erfolgreichsten Schachspieler bezeichnen, den es bisher gegeben hat.

Alles scheint, wie man es seit Jahren gewohnt ist. Der Weltmeister ist weiterhin ein passionierter Briefmarkensammler; wird im Ausland begleitet und beschützt von Wladimir Pischenko, dem 5 Jahre Älteren, den er 1969 an der Universität Leningrad kennenlernte; und ist ein unverändert riesiger Simultanspieler. (Die Anekdote berichtet von einer Vorstellung in Holland, wo die Großmeister Timman, Ree und Donner jeweils mehrere seiner Gegner berieten. Der Weltmeister kam an etlichen Brettern in verdächtige Situationen, hielt aber durch, bis für alle Anwesenden kostenlose Alkoholika ausgeschenkt wurden: Eine halbe Stunde später waren seine drei geheimen Widersacher so weit, daß sie ihren Klienten nur noch Schnapszüge vorsagten, und es gab doch noch ein Ergebnis, wie man es von Karpows Simultanvorstellungen gewohnt ist.)

Dennoch hat sich etwas geändert: Es ist ein Rivale in Sicht gekommen. Die langen Jahre, in denen der Weltmeister um 50 ELO-Punkte oder mehr über seinen nächsten Konkurrenten schwebte, sind dahin. Kasparow, der 20jährige Präzisionsrechner, das lasergleiche Energiebündel, hat mit seinem triumphalen Turniererfolg von Nicšić die ELO-Zahlen ausgeglichen. Mit Leichtigkeit ist er ins Halbfinale der Kandidatenwettkämpfe vorgedrungen, das eine Woche nach dem Abschluß des Mastergame-Turniers von Bath in London eröffnet werden würde. Keinem der drei übrigen Kandidaten traut man zu, ihn noch ausschalten zu können. Karpow muß sich darauf gefaßt machen, in kaum mehr als einem Dreivierteljahr seinen Titel gegen einen Herausforderer verteidigen zu müssen, der ihm – zum ersten Mal! – völlig ebenbürtig ist; und nicht nur das: Sondern dieser Gegner wird den Schwung mitbringen, den eine ununterbrochene, steil aufwärts zeigende Siegeskurve verleiht; und er wird 12 Jahre jünger sein.

Natürlich wäre es verfrüht und müßig, über den Ausgang eines solchen Wettkampfes Spekulationen anzustellen. Aber allein die Tatsache, daß dieser Kampf so offen sein würde, zeigt, wie grundlegend Karpows Lage sich verändert hat. Seit dem Auftauchen dieses Rivalen ist seine Stellung in der

Der Weltmeister mit dem »Pump Room Trio« bei der Eröffnungsveranstaltung in Bath.

Schachwelt nicht mehr unangefochten, sondern mit einem Male ist sie, was sie niemals war, seit Karpow selbst in die Riege der altgedienten sowjetischen Großmeister vorstieß und sie überflügelte: sie ist unsicher.

Es ist nicht zu bezweifeln, daß dem Weltmeister diese neuentstandene, zentrale Unsicherheit, diese Bedrohung seiner Stellung, bewußt ist. Sie wird aber wahrscheinlich noch verstärkt durch zwei Ereignisse des zurückliegenden Jahres, die ihm das Gefühl der Unanfechtbarkeit, das ihm in langjähriger Gewohnheit zum Element geworden sein muß, zusätzlich ausgehöhlt und fragwürdig gemacht haben könnten: durch die Trennung von seiner Frau und seinem Söhnchen sowie durch den Tod Breschnews, seines persönlichen Gönners.

Was mag in einem Menschen vorgehen, der bislang fast ausschließlich den Erfolg kannte und der nun, zum ersten Mal, ernsthaft die Möglichkeit der Niederlage akzeptieren muß? Denkbar wäre da die ganze Spanne von kühler Sammlung der Kräfte bis zu den Empfindungen Macbeths, als er den Wald von Birnam anrücken sah auf Dunsinan.

Tatsächlich scheinen sich in letzter Zeit hie und da Unsicherheiten in Partien des Weltmeisters einzuschleichen, die man früher nicht an ihm kannte. Erinnert sei nur an seine Startrundenniederlage beim Hannoveraner Turnier um die Internationale Deutsche Meisterschaft 1983 gegen den Bamberger Hartmann. Diese Partie wurde übrigens unmittelbar nach Bekanntwerden der Meldung gespielt, daß Kasparow sein im kalifornischen Pasadena angesetztes Match gegen Kortschnoi am grünen Tisch verloren habe: womit der gefährliche Widersacher auf 3 Jahre hinaus ausgeschaltet *schien*.

Eine weitere Änderung im Verhalten des Weltmeisters fiel in Bath auf, die vielleicht mit jener ersten in innerem Zusammenhang steht: Er wirkte geselliger und nahbarer, aufgeschlossener, lebendiger. Entschieden häufiger und länger als im Vorjahr in Hamburg mischte er sich unter das Schächervölkchen, das sich an der Hotelbar und in der Lobby die Abende vertrieb. Nach Turnierende kiebitzte er einmal fast 3 Stunden beim Monopolyspielen; am folgenden Mittag genehmigte er sich ein Bierchen an der Bar, und spät am selben Abend blitzte er gar eine Reihe von Partien gegen Miles und Rogers um 50 Pence mit Kontra und Re. Wer weiß, wie wohl es ihm da tat, einmal des Erfolgszwanges entbunden zu sein!

Und eigentlich ist es ja ein alter Hut: Nichts in der Welt ist von Bestand, nichts unter den Dingen der Menschen ist unveränderlich, am wenigsten der Erfolg. Und solange einer nur diesen kennt und immer nur diesen erfährt, fehlt ihm die Hälfte, die ihn erst zur Persönlichkeit komplettiert: die Dimension der Tiefe.

Karpow und Garcia bei der Eröffnungszeremonie.

Stefan Kindermann

Geboren 28. 12. 1959
ELO-Zahl 2500

Eine Intellektuellen- und Künstlerfamilie, auf die die alte Kaiserstadt Wien stolz sein kann: Der Großvater verfaßte eine 14bändige Theatergeschichte, der Vater ist Professor für Politische Wissenschaften, die Mutter Dr. phil. und arbeitet gerade an einer Dramatisierung von Michael Endes »Unendlicher Geschichte«; ihre Schwester, Schauspielerin, hat die künstlerische Leitung der Berliner Kammerspiele, und ihr Bruder, Professor der Medizin und als einziger des Clans in Wien geblieben, beschäftigt sich mit Bluthochdruck- und Placeboforschung.

Mit einer gewissen Koketterie bezeichnet Stefan sich als das »schwarze Schaf« in dieser Familie, weil er »nur« Schachspieler sei. Dabei hatte es zunächst so ausgesehen, als bewege er sich ganz auf den Spuren seiner illustren Familienmitglieder. Er war sehr gut in der Schule, und das Schach, das seine Mutter ihm beibrachte, als er 5 Jahre alt war, übte keine besondere oder verhängnisvolle Anziehung auf ihn aus. Auch die Übersiedlung der Familie nach München, die erfolgte, als er etwa 8 Jahre war, konnte ihn nicht aus der Bahn eines Musterschülers werfen.

Dann aber wurde ihm sein Ehrgeiz zum Verhängnis oder, wie er selbst es nennt, die Tatsache, daß er ein schrecklich schlechter Verlierer war. Bei einem Aufenthalt im Schullandheim nämlich verlor er eine Partie Schach, und das wurmte ihn so gewaltig, daß er beschloß, etwas zu unternehmen, damit das nicht wieder passieren könne. Er kaufte sich ein Schachbuch und begann zu üben. Das Spiel fing an ihn zu faszinieren, mit 13 Jahren trat er einem Schachclub bei, und fortan waren seine schulischen Leistungen nur noch mäßig, seine schachlichen dagegen um so besser. Ob bei beidem die Scheidung seiner Eltern eine Rolle spielte, die stattfand, als er 14 war (er lebt seither, mit viel Selbständigkeit, mit seiner Mutter zusammen), muß dahingestellt bleiben.

In den letzten Gymnasialjahren beschäftigte er sich schon hauptsächlich mit Schach. (Damals spielte er vor allem Partien nach, in letzter Zeit versucht er, mehr selbst zu analysieren.) Seit dem Abitur 1978 ist er zwar in Völkerkunde und Germanistik immatrikuliert – Wehrdienst brauchte er als österreichischer Staatsbürger ja nicht zu leisten –, aber de facto Berufsschachspieler.

Sein erster großer Erfolg war der Gewinn der deutschen Pokalmeisterschaft 1978, kurz nach dem Abitur. Er durfte dann, als jüngster Teilnehmer, die deutsche Einzelmeisterschaft mitspielen, wurde jedoch unter 24 Teilnehmern nur Vorletzter. Noch im selben Jahr erhielt er beim Lloyd-Banks-Open in London seine erste ELO-Zahl 2370, die ihn bereits IM-verdächtig machte.

Die Jagd auf den IM-Titel begann er, indem er sich Einladungen zu griechischen Turnieren selbst organisierte. 1979 erspielte er seine erste Norm in Saloniki, seine zweite einen Monat später in derselben Stadt. Zum Titel fehlten noch wenige Partien mit vergleichbarem Ergebnis. 1980 war es soweit: Beim offenen Turnier von Val Thorens in Südfrankreich errang er mit der 3. Norm den Titel, den er gleich anschließend in Courchevel bestätigte. Seither hat er anderthalb Dutzend IM-Normen gemacht, scheiterte aber noch immer knapp vor der ersten GM-Norm. Seine wichtigsten Turniererfolge der drei letzten Jahre waren ein 2. Platz beim Großmeisterturnier in Wiesbaden 1981 (Kategorie 8) hinter Dr. Nunn; geteilter 1. Platz im Meisterturnier von Wijk aan Zee 1981; Ende 1982 Sieg im offenen Turnier von Bad

Aibling, nach Wertung vor Hort (welcher vor Turnierbeginn selber darauf bestanden hatte, daß bei Punktgleichheit die Preise nicht, wie das Reglement es vorsah, geteilt, sondern nach Wertung vergeben würden); sowie ein deutlicher Sieg in Dubai Anfang 1983, 2½ Punkte vor seinem Altersgenossen und Nationalmannschaftskameraden Eric Lobron.

Hinzu kamen ein sehr gutes Abschneiden bei der Junioren-Mannschaftsweltmeisterschaft in Chicago 1983 sowie ein Resultat von über 50 % am zweiten Brett der Bundesliga in der Saison 1982/83, in der seine Mannschaft, Bayern München, deutscher Meister wurde.

Von der ELO-Zahl her rangiert er derzeit sogar vor den gestandenen Großmeistern Lobron, Unzicker und Hecht. Und von ihm gilt uneingeschränkt, was man vor einem Jahr von Eric Lobron sagen durfte, als der als deutscher Vertreter am TV-Worldcup teilnahm: daß er nämlich der vielversprechendste deutsche Nachwuchsspieler ist, und es nur noch eine Frage der Zeit sein kann, bis er den Großmeistertitel erringt.

Entschlossen dazu ist er: blaß und asthenisch und Langschläfer, der er ist, ist er doch ein zäher Arbeiter, und nicht weniger ehrgeizig als damals, wo er im Schullandheim jene folgenschwere Niederlage einstecken mußte. Was ihm noch fehlt, sind Einladungen zu starken Großmeisterturnieren, in denen er sich bewähren und die ersehnten Normen erzielen könnte.

Diesen Mangel an Gelegenheit empfindet er jedenfalls als weit schwerwiegenderes Hindernis denn seine chronische, oft haarsträubende Zeitnot. Er schätzt, daß er bis zur Partie der 1. Runde gegen Adorjan in Biel 1983, wo er in Zeitnot eine Figur einstellte, in 100 aufeinanderfolgenden Partien keine groben Schnitzer beging, obwohl er in den meisten in Zeitnot kam.

Er rechnet so viel, daß er nicht versteht, wie manche Spieler nur einen Teil ihrer Bedenkzeit verbrauchen können; und er empfindet es fast als angenehm, von der Zeitnot zu raschen Entscheidungen gezwungen zu werden. Jedenfalls bleibt er ganz kalt und ruhig dabei, wie übrigens auch in wichtigen Entscheidungspartien.

Neben dem Schach interessiert er sich für klassische Musik und für Literatur, besonders für die russische des vergangenen Jahrhunderts. Und auch beim Bier in verräucherten Schwabinger Studentenpinten kann man ihn entdecken.

Tony Miles

Geboren 23. 4. 1955
ELO-Zahl 2585

Viele Jahrzehnte lang hatte das englische Schach, das im frühen 19. Jahrhundert eine Vormachtstellung innegehabt hatte, keinen einzigen Spieler von internationalem Format hervorgebracht. Dann erschien, in den sechziger Jahren, Jim Slater als Mäzen auf der Bildfläche und gab frische Impulse. Er war es nicht nur, der den verstaubten Neujahrskongreß zu Hastings wieder aufpolierte und der mit einer großzügigen Spende in letzter Sekunde das Match Spasski – Fischer in Reykjavik rettete. Er setzte auch eine Prämie von 4000 Pfund aus für den ersten Briten, der wieder einen Großmeistertitel ins Land holen würde. Und Tony Miles war es schließlich, der diese Prämie kassierte.

Inzwischen zählen die englischen Großmeister und Internationalen zu den stärksten Ländermannschaften der Welt, und Dr. Nunn lag zeitweilig in der ELO-Rangliste sogar vor Miles. Der Birminghamer darf aber weiterhin als erfolgreichster, stärkster und höchstdotierter englischer Schachspieler dieses Jahrhunderts gelten.

Einen speziellen Ruf genoß er, besonders während der frühen Jahre seiner Karriere, als »Russenschreck«. Und Weltmeister Karpow mußte die vielleicht aufsehenerregendste Niederlage seiner Laufbahn hinnehmen, als er bei einer Europa-Mannschaftsmeisterschaft als Weißer gegen Miles' unwahrscheinliche Eröffnungszüge 1 ... a6, 2 ... b5 verlor.

Lange wurden Miles Ambitionen auf die Weltmeisterschaft nachgesagt; vielleicht wurden seine gelegentlich spektakulären Erfolge auch einfach von der heimatlichen Schachpresse und dem Schachvolk zur Hoffnung hochstilisiert, einen ernsthaften Kronprätendenten im eigenen Lande zu besitzen. Seine auffällige Vorliebe für das Getränk Milch wurde als Nachahmung bzw. Parallele zu Bobby Fischer gesehen, und was dergleichen »Indizien« mehr sind.

Inzwischen sind solche Erwartungen etwas gedämpft, nachdem Miles in den vergangenen wie im laufenden Weltmeisterschaftszyklus die Kandidatenwettkämpfe jeweils knapp verpaßte.

Aber groß im Geschäft bleibt er dennoch. Nach eigenen Angaben spielt er im Jahr etwa 200 Turnierpartien, davon die Hälfte gegen ernstzunehmende bis hochkarätige Gegner; etwa 6 von 12 Monaten ist er auf Turnieren im Ausland. Mit dieser enormen Turnierpraxis sammelt er die Erfahrungen, die andere sich in häuslicher Analyse, sozusagen am grünen Tisch, erarbeiten. Solche »Schwimmübungen auf dem Trockenen« verabscheut Miles. Der Kampf ist es, der ihn am Schachspiel reizt. Seine kämpferische Energie

Miles' typische »Yogi-Haltung« mit im Stuhl verschränkten Füßen.

scheint unerschöpflich; und daher rührt es wohl, daß er trotz seiner Unzahl von Turnierpartien nie überspielt wirkt.

Kriegerische Kraft, ähnlich übrigens der ganz anders gearteten künstlerischen, hat etwas einschüchternd Egozentrisches an sich, von dem sich Gegenspieler wie unbeteiligte Zuschauer leicht an die Wand gedrückt fühlen. Miles erzeugt zunächst einen solchen negativen, weil Defensive hervorrufenden Eindruck. Erst wenn man ihn in gelöster, zufriedener Stimmung erlebt hat, oder wenn man abseits vom Leistungsdruck ein Gespräch mit ihm geführt hat, begreift man, daß man viel mehr vor sich hat als einen Klotz, der lawinenartig seinen Weg entlangrollt, und daß Humor, ängstliche Spannung und Wertschätzung seiner Konkurrenten sehr wohl in ihm stecken.

Durch sein unbekümmert hippiehaftes Äußeres war Miles zweifellos der auffallendste der Turnierteilnehmer. Zur Finalpartie erschien er, ebenso wie zu den Vorrunden, in Jeans, Turnschuhen und offenem Hemd, und in seiner Tischrede beim Abschlußbankett adressierte ihn der ehrenwerte Bürgermeister der Stadt Bath freundlich-ironisch als »den einzigen Engländer, der bei solch einer Gelegenheit keinen Schlips tragen würde«.

Erwähnung verdient, daß an den 6 Monaten, die Tony Miles alljährlich im Ausland Schach spielt, die 15 Bundesligarunden einen beträchtlichen Anteil haben. Er war der erste Engländer, der das Niveau der westdeutschen Mannschaftsmeisterschaften hob, und die SG Porz verdankte ihre Erfolge in den vergangenen Jahren nicht zuletzt seiner Durchschlagskraft.

Die erste Bundesliga-Doppelrunde der Saison fiel übrigens auf das Wochenende vom 4. bis 6. November, an dem in Bath die 3. bis 5. Runde der Vorgruppen gespielt wurde. Eine dieser Vorrundenpartien mußte Miles gegen seinen Porzer Mannschaftskameraden Vlastimil Hort spielen; und halb im Scherz, halb voll Bedauern über die entgangenen Bundesligapartien und -tantiemen hörte man die beiden Pläne schmieden, wie sie ihre Partie im Flugzeug austragen könnten und die folgenden vielleicht um einen Tag nachverlegen, um ihre Mannschaft nicht im Stich lassen zu müssen.

Ian Rogers

Geboren 24. 6. 1960
ELO-Zahl 2450

1980 gewann er die australische Landesmeisterschaft, die nur alle zwei Jahre ausgetragen wird. Trotz seiner damals gerade erst 20 Jahre war es bereits sein dritter Anlauf. Über dieses Turnier verfaßte er ein originell bebildertes und mit Pfiff geschriebenes Buch, »Australian Chess Into the Eighties«, sein schachschriftstellerisches Erstlingswerk, das er mit berechtigtem Stolz vorweist.

Zwei Jahre später stand er bei der Schacholympiade in Luzern an der Spitze der fünf australischen Internationalen Meister und brachte so renommierten Gegnern wie Dr. Hübner, gegen den er remisierte, und Iwanow, den er schlug, Respekt bei. Im Frühjahr 1983 errang er dann seinen bisher wohl beachtlichsten Erfolg, indem er die in Melbourne erstmals ausgetragene Commonwealth-Meisterschaft vor den Großmeistern Chandler und Keene gewann.

Sein Meteorologiestudium war abgeschlossen, Europa hatte ihm gefallen und winkte mit seiner Vielzahl an Schachturnieren. So kam er im Sommer 1983 auf ein halbes Jahr herüber, um etwas für seine Spielstärke zu tun, wie er es nennt, und so viele Turniere als möglich zu spielen. Seine Freundin Cathy begleitete ihn: Rechtsanwältin aus Sydney, kaum weniger schachbegeistert als Ian und seine unzertrennliche Schlachtenbummlerin.

Die beiden mieteten sich in Murray Chandlers »Schachhaus« in einem der Londoner Außenbezirke ein und benutzten dieses Hauptquartier als Depot, Anlaufstelle und Erholungsstätte für die kurzen Intervalle zwischen der Vielzahl von Turnieren, die sie besuchten. In 4½ Monaten seien sie alles in allem kaum drei Wochen dort gewesen; und einen Teil der Miete, die sie solchermaßen im Überschuß an ihren neuseeländischen Freund gezahlt hatten, holte sich Ian an den letzten Abenden in Bath zurück, indem er Chandler zu Blitzwettkämpfen um 50 p verführte – mit Kontra und Re. Und wenn er auch die Mehrzahl der Partien verlieren mochte, so gewann er doch mit tödlicher Sicherheit gerade die, in der von beiden Seiten zweimal kontriert worden war, so daß es um die achtfache Summe ging. Befragt, ob sie »zu Hause« öfter solche Blitzgelage feierten, stöhnte Chandler nur »Nein, könnte ich mir nicht leisten«.

Durch seine unermüdliche, überall auftauchende Schachlust und seine Verbindung zu Chandler verbreitete sich sein Ruf so rasch, daß die richtigen Leute von ihm erfuhren, als es galt, einen Ersatzmann für den Dänen Bent Larsen zu finden, der ursprünglich für das Turnier der Schachgroßmeister 1983 vorgesehen war. Die Idee, Rogers einzuladen, gefiel: Er würde dem

Ian Rogers

Turnier, das zu der Zeit noch unter dem Namen »TV-Worldcup« geplant war, einen weiteren Teilnehmer-Kontinent hinzufügen; seine Spielstärke fiel gemäß ELO-Zahl zwar gegenüber dem erwünschten Schnitt ab, war aber immerhin das beste, was man aus jenem südöstlichen Winkel der Welt verpflichten konnte; und wegen seiner Anwesenheit in England würden die Reisespesen niedrig liegen.

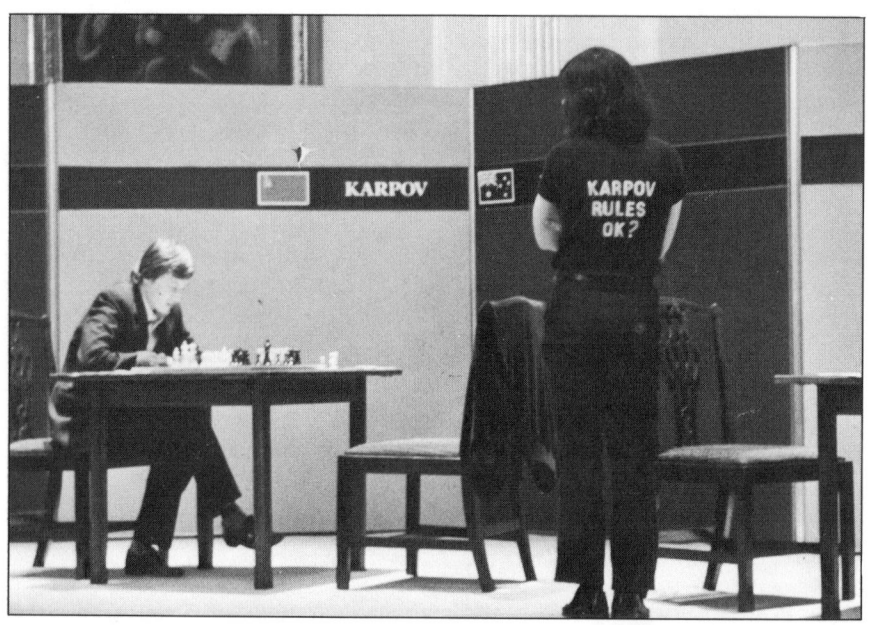

Er fügte dem Turnier Farbe und Lebendigkeit zu, egal, ob in seinen schnodderig-munteren Kommentaren, ob in dem unverwüstlich-fröhlichen »Kontra!«, das bei mitternächtlichen Blitzorgien aus seinem Wust von dunklem Haar und Bart heraus ertönte, oder ob mit seinem speziellen T-Shirt, das auf dem Rücken den Aufdruck trug: »KARPOV RULES OK?« (»Karpow regiert ok?«). Bei seiner 2. Partie gegen den Weltmeister getraute er sich tatsächlich, den mehrdeutigen Spruch zur Schau zu stellen. Im Hinblick auf den Ausgang des Turniers mochte es so scheinen, als sei dieses Hemd eigens für das Mastergame 1983 angefertigt gewesen. Aber weit gefehlt: Rogers ließ es sich vor etwa 3 Jahren machen, als Gag, während einer australischen Studentenmeisterschaft, als er noch nicht im Traum daran dachte, bald tatsächlich dem Weltmeister gegenüberzusitzen.

Eröffnung

Der »Pump Room«, der Pumpenraum, ist ein endlos hoher Rokokosaal im Gebäudekomplex der »Römischen Bäder« im Herzen der Stadt. Vormittags ist er voll mit (feinen) Touristen, die da auf gepflegte Weise Tee und Gebäck zu sich nehmen, der Musik aus drei Jahrhunderten zuhören, die das »Pump Room Trio« auf dem Podium darbietet, oder durch die hohen Fenster das Treiben draußen auf dem Platz der großen Abteikirche beobachten.

Am Dienstag, dem 1. November 1983, waren die 3 Tische unmittelbar vor dem Podium reserviert; dicke Filmleuchten standen überall herum, das Trio trug Kostüme aus dem 18. Jahrhundert, und über der flachen Bühne, auf der es spielte, war das große Emblem »Master Game Bath 1983« angebracht, das später den Turniersaal zierte (siehe vordere Umschlagseite).

Hier, vor stilvoller Kulisse und mit etlichen Dutzend halb ratloser, halb neugieriger Cafébesucher als Statisten, fanden die Eröffnung des Turniers und die Auslosung statt. Der Bürgermeister der Stadt persönlich, die goldene Kette als Wahrzeichen seines Amtes umgelegt, hielt die Begrüßungsansprache und zog zur Auslosung die Namen der Spieler aus 2 Hüten, die man sich zu diesem Zweck von zufällig anwesenden Gentlemen geborgt hatte. Der erste Name der Gruppe A, den er vorlas, war Anatoli Karpow! Und mehr als einer wird da gedacht haben, das sei ein Omen...

Bei der Eröffnungszeremonie im Pump Room (von links): Hort, Browne, Kindermann.

Anschließend ließ sich Mr. Jenkins, der 756. Bürgermeister der City of Bath, die Spieler vorstellen und plauderte ein paar Worte mit jedem von ihnen. Und er trug es mit Fassung, daß Guillermo Garcia ihm kein Sortiment echter Havannazigarren mitgebracht hatte.

Schon während dieser Zeremonie hörte man als Gerücht, was sich im Laufe des Turniers zu immer akuterer Befürchtung und schließlich zur traurigen Tatsache verdichtete: daß die BBC durch einen Streik eines Teiles ihrer Angestellten nicht in der Lage sein würde, Sendungen über das diesjährige Master Game auszustrahlen. Vorübergehend schien sogar das Zustandekommen deutscher Sendungen gefährdet, weil ein privates englisches Filmunternehmen, das man als Ersatz für die verhinderten TV-Kameraleute anheuern wollte, ein völlig astronomisches Honorar forderte. Zu Beginn der folgenden Woche schließlich gelang es, ein deutsches Kamerateam aus Bremerhaven, einen Toningenieur aus Hamburg und einen Regisseur aus München heranzulotsen und die Aufnahmen doch plangemäß über die Bühne zu bringen. Sehr lobenswert waren dabei der Eifer, die Ausdauer und die Zuverlässigkeit, mit denen sich die nicht vom Streik erfaßte BBC-Mannschaft um Produzent Toner und Moderator IM Hartston für die Belange ihres Koproduzenten, des Norddeutschen Rundfunks, einsetzte.

Erste Runde (2. 11. 83)

Ein riesiger Gong war aus einem nahen Flur herbeigeschafft worden. Auf ihm eröffnete Turnierleiter Stewart Reuben Runde und Turnier. Während er an den 4 Brettern entlangging, um die Uhren von Weiß in Gang zu setzen, erstarben im nur spärlich mit Zuschauern besetzten Gildensaal alle Geräusche.

Weiß: Karpow
Schwarz: Chandler
Tarrasch-Verteidigung

Der schmächtige, frischgebackene Großmeister erschien zu dieser, seiner ersten Partie gegen einen Weltmeister in einem hellen Pulli, der vorn, also auf der dem Gegner zugewandten Seite, ein Bild von Bill Cheung trug (sprich: »Tschung«), des größten lebenden Meisters (»Sifu«) in Wing Chung Kung-Fu: jener Nahkampfart, die Bruce Lee in so ungezählten Filmen publik machte. Cheung übrigens lernte nicht nur Kung-Fu in Hongkong zugleich und beim selben Meister wie Bruce Lee, er war später auch mal Schachschüler bei Meister Rogers in Melbourne. Und der Pulli schien tatsächlich seine magische Wirkung zu haben, denn der Weltmeister kam in dieser Partie so nahe an den Rand einer spektakulären Niederlage wie wohl nur alle Jahre einmal. Vielleicht verpaßte Chandler seine Chance nur deshalb, weil er's versäumte, im rechten Moment den Urschrei loszulassen, der im Kung-Fu die Attacke begleitet!?

1.	c4	e6
2.	Sc3	d5
3.	d4	c5
4.	e3	

Früher pflegte Karpow so gut wie ausnahmslos mit 1. e4 zu eröffnen. Manche Kenner vermuten, daß er es auf sich zukommen sieht, seinen Titel im Herbst 1984 gegen den jungen Kasparow verteidigen zu müssen, der kometengleich zu unerhörter Spielstärke aufgestiegen ist, und daß Karpow im Hinblick auf diesen Wettkampf Erfahrungen mit anderen Partieanfängen als 1. e4 zu sammeln sucht.

4. ...	Sf6
5. Sf3	Sc6
6. cd5:	ed5:
7. Lb5	Ld6
8. dc5:	Lc5:

Natürlich hat Weiß mit dem Schlagen auf c5 gewartet, bis der schwarzfeldrige Läufer des Gegners bereits einmal gezogen, also ein Tempo verloren hatte. Nun ist der schwarze Isolani auf d5 das Thema der Partie.

| 9. 0-0 | 0-0 |

Karpow: »Jetzt haben wir eine Stellung aus der Nimzoindischen Verteidigung mit vertauschten Farben, und das heißt, daß ich ein Tempo mehr habe. Da kann ich's mir leisten, den Läufer auf die lange Diagonale zu bringen, da ist er sehr nützlich, also b3.«

10. b3

Chandler: »Also jetzt hab ich einen isolierten Damenbauern und muß sehen, daß ich meine Figuren so aktiv wie möglich um ihn herumgruppiere. Was ist am besten? Ja, Läufer g4 fesselt seinen Springer, ist ein sehr natürlicher Zug.«

10. ...   Lg4

Karpow: »Um den Springer wieder flott zu kriegen, müßte ich meine Dame ziehen, aber das ist nicht vordringlich. Als erstes muß ich wie geplant meinen Läufer entwickeln.«

11. Lb2

Chandler: »Nun sollte ich meine Türme auf die offenen Linien bringen, nach e8 und c8, und danach vielleicht den Läufer nach d6 zurückziehen, um Druck auf seinen Königsflügel auszuüben, also erst mal Tc8.«

11. ...   Tc8

Karpow: »Die Fesselung meines Königsspringers ist jetzt ziemlich unangenehm. Wichtig ist in solchen Stellungen, den gegnerischen d-Bauern unter Kontrolle zu halten, zu verhindern, daß er vorrückt. Wenn ich aber h3 spiele, geht sein Läufer nach h5, und ich habe nichts erreicht als meinen Königsflügel zu schwächen. Besser hebe ich die Fesselung mit meinem Läufer auf.«

12. Le2

Chandler: »Soll ich jetzt gleich Te8 spielen oder erst Läufer d6? Ich weiß wirklich nicht; aber mir gefällt die Idee, auf seinen Königsflügel zu drücken, also Läufer d6.«

12. ...   Ld6

Karpow: »Aha, er hat darauf verzichtet, seinen d-Bauern vorzurücken. Wenn ich jetzt seinen Läufer mit Springer b5 angreife, drohe ich zugleich Sf6: + samt Dd5: und eröffne meinem Läufer die lange Diagonale und den Springern das Feld d4.«

13. Sb5

Chandler: »Ich dachte schon, daß er das spielen würde. Wenn ich jetzt wie geplant mit dem Läufer nach b8 zurückgehe, könnte er auf f6 tauschen, ich nehme mit der Dame wieder, und er gewinnt meinen Bauern d5. Aber was wäre die Alternative? Meinen Ld6 kann ich nicht abtauschen lassen, ist eine meiner wichtigsten Figuren hier; und den Bauern zu nehmen, wäre gegen seinen Stil, gäbe mir ne dicke Initiative.«

13. ...   Lb8

Karpow: »Wenn ich sein Bauernopfer annehme, auf f6 tausche und dann mit der Dame auf d5 schlage, kommt Tcd8, ich spiele De4 und er

Läufer f5, unklar, wahrscheinlich hat er genug Kompensation für den Bauern. Vielleicht war 13. Sb5 zu früh, und ich hätte erst Sd4 ziehen sollen. Jedenfalls, ich zentralisiere jetzt wohl zuerst einen Turm.«

14. Tc1

Chandler: »Ich bekam doch ein bißchen Angst, er könne den Bauern nehmen, aber nachdem er's im vorigen Zug nicht tat, wird er's wohl auch im nächsten nicht riskieren.«

14. ...   Te8

Karpow: »Er bietet weiter dieses Opfer an. Wie wär's, wenn ich das jetzt annähme? Aber nein, sein Turm auf e8 wäre dann wahrscheinlich nützlicher als meiner auf c1, also ungünstiger als im vorigen Zug. Wenn ich statt dessen meinen Springer von b5 nach d4 bringe, spielt er stark Dd6, ich muß mich mit g3 schwächen, gefällt mir nicht. Ich muß ihn zwingen, erst a6 zu ziehen, dann habe ich ein Tempo mehr, und sein a-Bauer ist eine Schwäche. Also erst mal Dame d3.«

15. Dd3

Chandler: »Bin ziemlich zufrieden jetzt, hab zwar weiter das Problem des isolierten d-Bauern, aber meine Figuren sind optimal postiert, und ich hab immer mal die Möglichkeit, mit Sb4 seine Dame zu belästigen. Noch einen Zug, um meinen Königsspringer ins Spiel zu bringen, und ich stehe wirklich gut.«

15. ...   Se4

Karpow: »Er ist gut zentralisiert, aber meine Stellung ist solide, und ich kontrolliere d4. Mein Problem ist allenfalls der Königsflügel. Ich sollte ihn daran hindern, seinen weißfeldrigen Läufer auf die Diagonale b1 – h7 zu bringen; also Sbd4.«

16. Sbd4

Chandler: »Wie verbessere ich nun meine Stellung? Ich muß die Dame ins Spiel bringen, nach d6, das gibt so ein paar kombinatorische Möglichkeiten mit Matt auf h2. Kann mir ja nicht vorstellen, daß der Weltmeister so was zulassen wird, aber es könnte ihn zu einer Schwächung seines Königsflügels veranlassen.«

16. ...   Dd6

Karpow: »Wie erwartet. Jetzt g3, die Schwächung muß zu verkraften sein.«

17. g3

Chandler: »Was jetzt? Meine erste Partie gegen einen Weltmeister, und er sitzt vergnügt da und schwächt sich. Und es ist tatsächlich gar nicht so einfach für mich, das auszunutzen. Meine Figuren sind schon alle auf ihren optimalen Feldern. Aber ich muß neue Drohungen schaffen, sonst kriegt er Zeit, sich gegen meinen schwachen Isolani aufzubauen. Ich muß was Neues in die Stellung bringen, ich will versuchen, ihn weiter zu schwächen, auch wenn's riskant ist.«

17. ...   h5

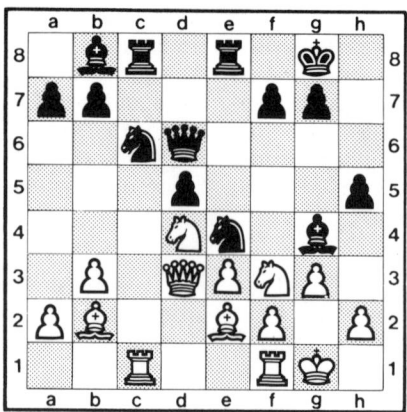

Karpow: »Oh, ausgezeichnet, er durchlöchert seine Position noch weiter! Ich könnte jetzt Tfd1 spielen; oder Springertausch auf c6, dann ist sein h-Bauer wackelig; oder den d-Springer nach f5, dann vielleicht den Damenausfall nach b5, ich weiß nicht recht. Wahrscheinlich tausche ich erst mal auf c6, um die Zahl der Figuren auf dem Brett zu verringern, das vermindert auf jeden Fall die Gefahr für meinen König.«

18. Sc6:

Chandler: »Gut, da ist mein d-Bauer nicht mehr vereinzelt.«

18. ...　　　bc6:

Karpow: »Was jetzt, Tfd1 oder Springer h4? Auf Tfd1 hat er Lf5, wenn ich gleich Sh4 spiele, erlaube ich ihm das nicht, und wenn er dann die Läufer tauscht, ist meine lange schwarze Diagonale sehr stark, und ich drohe Springer f5.«

19. Sh4

Chandler: »Klar, er würde gern die Läufer tauschen, aber das darf ich nicht zulassen: Läufer h3, und er muß mit seinem Turm reagieren.«

19. ...　　　Lh3

Karpow: »Könnte die Qualität opfern, mal sehen: Ich nehme auf h5, er auf f1, ich schlage mit dem Turm zurück, vielleicht reicht das für Remis, aber ich will mehr. Also ist Tfd1 erzwungen.«

20. Tfd1

Chandler: »Jetzt könnte ich mit g5 einen Angriff vom Stapel lassen, wirklich, kommt mir ein bißchen komisch vor, Karpow auf die Weise anzugehen; schwächt auch die lange Diagonale, vielleicht hat er dann mal Dd4, und ich muß so was wie f6 ziehen. Nein, ich glaube, ich ziehe Dame h6 und decke erst mal meinen h-Bauern.«

20. ...　　　Dh6

Karpow: »Auf Springer g2 hat er jetzt Läufer f5, gefällt mir nicht so; okay, ich versuche die andere Möglichkeit.«

21. Lf3

Chandler: »Jetzt führ ich meinen Angriffsplan aus, egal wie gefährlich es für mich selbst ist.«

21. ...　　　g5

Karpow: »Sieht riskant aus, ist aber nicht einfach für mich. Ja, ist tatsächlich gefährlich. Warum hab ich das bloß zugelassen? Vielleicht hätte ich nicht auf c6 tauschen sollen, jetzt ist mein Druck auf d5 flöten, weil sein d-Bauer gut gedeckt ist; ich habe nichts anderes, als den Springer zurückzuziehen.

22. Sg2   h4

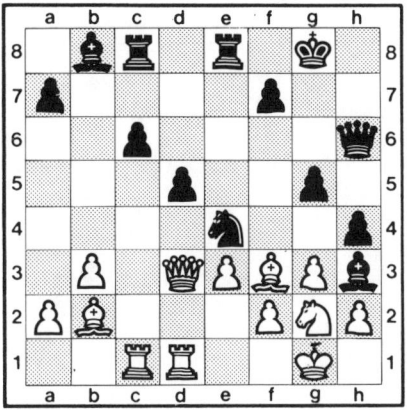

Die logische Fortsetzung des Angriffs. Weiß hätte nun unbedingt auf e4 tauschen sollen, nach 23. Le4: Te4: wäre die Stellung unklar, aber mit etwa ausgeglichenen Chancen gewesen.

23. De2   Lf5

Öffnet die h-Linie. Zugleich wäre der Tausch auf e4 nun schlecht für Weiß, weil der schwarze Läufer in Angriffsposition gebracht würde.

24. Ld4

Chandler: »Ein solider Verteidigungszug. Wie führ ich nun meinen Angriff weiter? Ich glaube, ich nehme zunächst mal auf g3 und zwinge ihn, sich zu entscheiden, ob er mit dem f- oder mit dem h-Bauern zurückschlägt. h4-h3 würde ich so-

wieso nicht ziehen, das würde nur Angriffslinien verstellen.«

24. ...   hg3:

Karpow: »Wenn ich mit dem h-Bauern zurücknehme, öffne ich ihm die h-Linie, hm, sehr unerfreulich, denn ich habe keine Möglichkeit, meine Türme auf die Linie zu bringen. Aber wenn ich mit dem f-Bauern schlage, kann mein Turm von f1 aus aktiv werden.«

25. fg3:

Chandler: »Aha, mit dem f-Bauern. Was weiter? Meine Zeit wird knapp, ich muß schneller ziehen, Zeitnachteil ist sehr gefährlich gegen Karpow. Ich muß eine weitere Figur ins Gefecht werfen, also Turm e6.«

25. ...   Te6

Karpow: »Oha, Gefahr! Er droht auf g3 mit dem Läufer zu schlagen, ich nehme mit dem Bauern, dann Springer schlägt g3; dann natürlich nicht Df2 wegen Dh1 matt, aber mit Da6 ist es okay, ist ganz okay. Was ist, wenn ich Tf1 spiele? Er opfert den Läufer auf g3, anschließend nimmt sein Springer auf g3, ich spiele Da6, sieht sehr gut aus; sein Läufer auf f5 ist gefährdet nach Tf1. Aber was, wenn er seinen Springer auf g3 opfert? Ich nehme, er nimmt mit dem Läufer wieder und droht Matt auf h2, dann spiel ich Springer e1, und alles ist gedeckt. Das war ja der Grund, warum ich Läufer d4 zog,

damit das Turmopfer auf e3 ausgeschaltet ist, das sonst in dieser Variante möglich wäre. Also gut,
Turm f1.«

26. Tf1

Chandler: »Jetzt funktionieren die
Opfer auf g3 nicht. Was tun? Meine
Zeit wird verflixt knapp. Dame nach
h3? Droht Turm h6 samt Opfer einer der Leichtfiguren auf g3; und
vorsichtshalber wird mein Läufer f5
gedeckt. Er wird dann seinen
Springer nach e1 ziehen müssen,
um mit Dame oder Läufer nach g2
zu können, und dann spielen seine
Figuren ganz schlecht zusammen.«

26. ...   Dh3

Karpow: »Droht Turm h6 und Opfer
auf g3. Ich muß den Springer ziehen, um g2 freizumachen.«

27. Se1

Chandler: »Wie erwartet. Mach ich
jetzt Th6, dann spielt er Dame g2
und tauscht die Tanten, und bei so
einem Angriff ist das wirklich nicht,
was ich will. Aber was ist mit g4?
Falls dann Läufer g2, hab ich ein
paar Opfermöglichkeiten. Aber ich
muß ziehen, ich hab nicht mal zwei
Minuten übrig.«

27. ...   g4

Karpow: »Das hab ich gar nicht erwartet! Ich weiß nicht, ich komme
mit dieser Zeitbeschränkung nicht
richtig klar, ich bin knapp an Zeit,
kaum noch 2 Minuten, obwohl er
noch weniger übrig hat, sehr wenig,
eine Minute. Ich muß mich sehr,
sehr schnell entscheiden. Soll ich
auf e4 nehmen? Er schlägt mit dem

Läufer, dann bringe ich meinen
Springer über g2 nach f4, sehr solide, die Stellung würde ich halten,
wahrscheinlich Remis. Nein, besser
spiele ich Läufer g2.«

28. Lg2

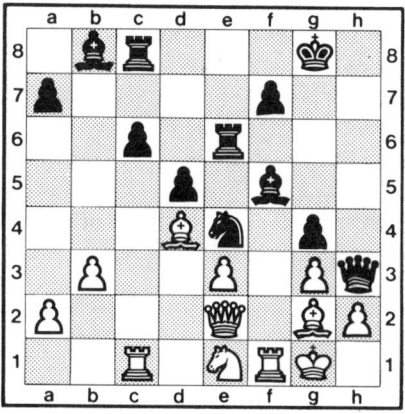

Chandler: »Kann ich etwa jetzt die
Dame opfern, auf h2? Er nimmt,
dann Springer schlägt g3, er zieht
seine Dame weg, dann hab ich ein
Abzugsschach   und   Turm   h6
Schach,   einen   ganzen   Haufen
Schachs, aber das kann doch nicht
drin sein, ich hätte ja bloß zwei
Bauern für die Dame, das kann
unmöglich funktionieren, und ich
habe keine Zeit, weiter daran zu
rechnen, also das andere Opfer,
um Remis zu erreichen, Springer
schlägt g3.«

Tatsächlich hätte 28. ... Dh2:+
Chandler den vollen Punkt und
dem Weltmeister eine sensationel-
le Niederlage eingebracht.

Nach 29. Kh2: Sg3: 30. Da6 Se2 + 31. Kh1 Th6 + 32. Lh3 Th3: + 33. Kg2 Th2 wäre es ebenso Matt wie nach 29. Kh2: Sg3: 30. Da6 Se2 + 31. Tf4 g3 + 32. Kh1 Th6 + 33. Lh3 Th3: + 34. Kg2 Th2 + 35. Kf3 Tf2 bzw. 35. Kf1 Th1 + 36. Kg2 Tg1.

Andere Damenzüge aber verlieren noch schneller, z. B. 30. Df2 Se2 + 31. Kh1 Th6 + 32. Lh3 Th3: + 33. Kg2 Th2 matt.

Jammerschade um die verpaßte Gelegenheit, für die Zuschauer kaum weniger als für den Neuseeländer! Statt dessen veropferte Chandler sich und verlor sang- und klanglos.

28. ...   Sg3:

Karpow: »Was für ein Glück, ich glaube, er hatte das Damenopfer auf h2 drin! Jetzt hofft er wahrscheinlich, ewiges Schach zu erreichen; ich glaube, ich gewinne, aber ich habe fast keine Zeit mehr, und Bauer schlägt g3 ist sowieso mein einziger Zug.«

29. hg3:

Chandler: »Ja, ich glaube, da könnte ein Remis drin sein, Dame schlägt g3, droht Schach auf h2.«

29. ...   Dg3:

Karpow: »Aber jetzt hat er zwei, nicht nur eine Figur geopfert, ich schlage seinen Läufer auf f5 und verschaffe zugleich meinem König ein Fluchtfeld.«

30. Tf5:

Chandler: »Oje, was hab ich da gemacht, nach Dame h2 Schach kommt einfach König f1, und ich habe zwei Stücke weniger, was hab ich da bloß gesehen, war eine totale Halluzination! Ich könnte aufgeben, aber zum Aufgeben habe ich keine Zeit mehr, ich mache einfach noch ein paar Züge, aber das ist völlig hoffnungslos.«

Der Vollständigkeit halber sei der grausame Rest mitgeteilt:

30. ...	Dh4
31. Ld5:	Th6
32. Dg2	Tc7
33. Sf3	Dh3
34. Tg5 +	Kf8
35. Lg7 +	Ke8
36. Lh6:	

und Chandler gab auf. Die verpaßte Gelegenheit muß ihm bitter gewesen sein, aber er trug's mit Fassung.

Weiß: Browne
Schwarz: Rogers
**Königsindisch, mit Übergang
ins moderne Benoni**

1. d4   Sf6
2. c4   g6
3. Sc3   Lg7
4. e4   d6
5. f3   c5
6. d5   0-0
7. Lg5   e6
8. Dd2   ed5:
9. cd5:   a6
10. a4

Der Stellungstyp der modernen Benoni-Verteidigung bietet Schwarz aktives Figurenspiel durch Ausnutzung der schwarzfeldrigen langen Läuferdiagonalen, der halboffenen e-Linie samt Springerfeld e5 sowie der Möglichkeit b7–b5, die meist zur Öffnung der b-Linie und Druck gegen den weißen b-Bauern führt. Andererseits hat Weiß in derartigen Stellungen mehr Raum und wird versuchen, den Schlüsselpunkt der schwarzen Stellung, die »Basis« d6, unter Druck zu setzen: auf der Diagonalen g3–d6, vom Springerfeld c4 aus und, nach gebührender Vorbereitung, durch den Vorstoß e4–e5. Die Partien sprudeln gewöhnlich über von taktischen Möglichkeiten.

10. ...   Te8
11. Le2   Da5

Droht b7–b5.

12. Ta3   Dc7

Hier versank der sechsmalige amerikanische Champion in halbstündiges Nachdenken. Anders als z. B. Kindermann und Garcia, denen man ihre innere Spannung allenfalls an der betonten Beherrschung ihrer Bewegungen und an vermehrtem Rauchen anmerkte, wirkte Browne bei der Denkarbeit wie eine gewaltige Dampfmaschine, die, kurz vor dem Bersten, bedrohlich vibriert.

Manchen Gegner mögen sein ständiges Hin- und Herrücken, seine abrupten, abgehackten Bewegungen irritieren, aber sie sind offenbar nicht zu diesem Zweck aufgesetzt, sondern kommen so natürlich-ungewollt und so unkontrollierbar aus ihm heraus wie ein Hagelschauer aus einer nordkalifornischen Winterwolke.

Rogers saß unterdessen still in der 2. Reihe des Zuschauerraumes neben seiner Freundin.

13. b3   Sbd7
14. Sh3

Erst jetzt, da Schwarz seinem Lc8 den Ausblick versperrt hat, kann Weiß seinen Königsspringer nach h3 entwickeln.

14. ...   c4

Falls Weiß diesen Bauern schlägt, käme 15. ... Se5, und wegen der positionellen Drohung Lh3: würde Schwarz seinen Bauern auf c4 zurückgewinnen, mit prachtvollem Spiel.

15. b4

Nach weiteren 25 Minuten »heftigen« Nachdenkens. Die haupt-

 50

sächliche Alternative bestand in 15. Sf2. (15. 0-0?? Dc5 +.) Ehrgeiziger ist der Textzug, der dem Sd7 das schöne Feld c5 verwehrt und den vorwitzigen Bc4 für spätere Angriffe der weißen Türme auf der c-Linie »konserviert«.

    15. ...   Db6
    16. Sa2

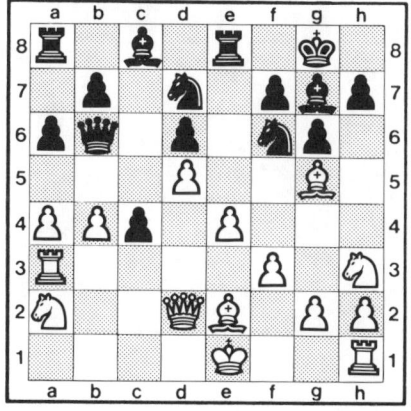

Und Browne stürmte zum Büfett, holte sich eine Tasse Kaffee ans Brett und begann sie geräuschvoll umzurühren. Wer davon ungerührt blieb, war Rogers: Er dachte über 16. ... c3 nach, mit der Idee 17. Tc3: Te4: 18. fe4: Se4:; er verwarf die Variante schließlich wegen 18. a5 (anstatt den schwarzen Turm zu nehmen) wonach Schwarz nichts Besseres hätte, als auf e2 die Qualität zu opfern (18. ... Da7 19. Le3).

    16. ...   Se5
    17. Sf2   Ld7

D7 ist in derartigen Stellungen selten ein gutes Feld für den Läufer: Die Springer brauchen es als Manövrierstation.

    18. 0-0   Tac8
    19. Le3   Dd8
    20. Sc3   h5

Weiß hat die frühe Aktivität des Gegners abgeblockt, seine Randspringer rezentralisiert und steht jetzt mit mehr Raum und Bewegungsfreiheit klar besser. h5 ist weniger ein Angriffs- als ein prophylaktischer Auffangzug und ein Verlegenheitszug obendrein, da Rogers keinen konstruktiven Plan sah. Besser wäre 20. ... Kh8 gewesen, mit dem Plan Sg8 und f5.

    21. h3   De7
    22. Te1   Kh7
    23. Lg5

Auf 23. Ld4 könnte Schwarz sogleich oder nach f4 mittels Lh6 »stören«. Vor dem Vorstoß f4 wollte Browne sowohl den Le3 aus der Schußlinie des schwarzen Te8 entfernen als auch den Be4 unmittelbar vom Te1 unterstützt haben. Schwarz kann den durch f4 drohenden Bauernverlust nicht verhindern. Daß er aber aus der daraus resultierenden Lockerung der weißen Stellung einiges an Kompensation erhält, zeigt die Variante 23. f4 Sd3 24. Sd3: (besser 23. Ld3: cd3: 24. Dd3:) cd3: 25. Ld3: Tc3: 26. Tc3: (oder Dc3:) Se4:.

    23. ...   Df8
    24. f4   Sd3
    25. Sd3:   cd3:
    26. Ld3:   Sg8
    27. Se2

Mit einem Mehrbauern bei freier Stellung rechnete Browne hier mit einem sicheren Sieg. Anstatt den schön zentralisierten Sc3 nach g3 zu überführen, hätte er aber hier mit 27. f5 die wichtigste schwarze Chance auf Gegenspiel ausschalten sollen.

27. ...   f6

Zunächst wird der Läufer von der Deckung des Bf4 abgedrängt.

28. Lh4   f5
29. Sg3   Sh6
30. Kh2   Kg8
31. ef5:   Sf5:
32. Lf5:   Lf5:
33. Tae3

Auf die Gelegenheit, den Ta3 ins Zentrum schwenken zu können, mußte er lange warten. Vorsichtiger und besser wäre es aber gewesen, sich damit noch zu gedulden und statt dessen das schwarze Läuferpaar unschädlich zu machen und zu versuchen, das Endspiel nach 33. Sf5: Df5: 34. Te8:+ Te8: 35. Lg5 zu gewinnen.

33. ...   Te3:
34. Te3:   Ld7

Jetzt hängen zwei weiße Bauern, und alle schwarzen Figuren sind zu furchterregender Aktivität erwacht. Zum Überfluß befand sich Browne hier in starker Zeitnot.

35. Tf3

Droht 36. f5.

35. ...   Tc4
36. Lg5   Df7
37. a5   Td4
38. Dc2

38. Td3, um den Mehrbauern festzuhalten, wäre hartnäckiger gewesen.

38. ...   Tb4:
39. Te3   Tb2
40. Dc4

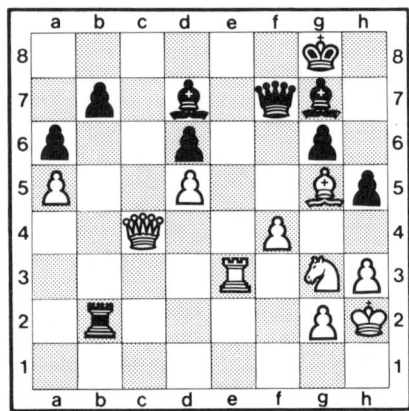

Die Zeitkontrolle schaffte er, aber um den Preis eines dicken Fehlers. Besser war 40. De4 Td2 mit unklarer Stellung.

40. ...   h4

Obwohl weit weniger knapp an Zeit, versäumt Rogers seine Chance: 40. ... Lc6 hätte Schwarz klar in Vorteil gebracht. D5 wäre danach nicht zu halten gewesen (41. Td3 Tb5).

41. Lh4:

Anstatt diesen zunächst unwichtigen Bauern zu schlucken und den Bf4 seiner Deckung zu entblößen, hätte Weiß hier seinen Springer nach e4 zentralisieren sollen. 41. ... Lc6 wäre dann nicht mehr gut gewesen wegen 42. Lf6. Sehr interessant wäre auch 41. Te7 gewesen, z. B. 41. ... hg3:+ 42. Kg3: Lb5 43. Dc8+ Df8 44. Tg7:+ Kg7: 45. Lh6+; nach 41. ... hg3:+ 42. Kg3: Df5 43. Tg7:+ Kg7: 44. Dc3+ Kh7 45. Db2: Dd5: sollte Schwarz allerdings imstande sein, die Partie zu halten.

41. ...   Lc6

Ein zweites Mal läßt er sich den Zug nicht entgehen. Aber der Vorteil, den er damit erreicht, ist um den Bauern schmäler, den er seinem Gegner im vorigen Zug in den Rachen geworfen hat.

42. Se4

Brownes Bedenkzeit für den Rest der Partie schmolz hier von 36 auf 19 Minuten zusammen. Die folgenden beiden Züge führten beide fast à tempo aus.

42. ...   Ld5:
43. Dc8 +   Df8
44. Dg4

44. Df8: + Kf8: ließe Weiß mit einem klar schlechteren Endspiel zurück: Weiß wäre an den Schutz von g2 gebunden, und sein a-Bauer wäre sehr schwach.

44. ...   Df5

Während Rogers nun still im Zuschauerraum Platz nahm und unbefangen dreinschaute, nahm Brownes gewohnte ruckende Unrast mehr und mehr die Züge theatralischer Verzweiflung an. Als seine Bedenkzeit bis auf einen Rest von 5 Minuten abgelaufen war, stieß er bei einem seiner plötzlichen Stellungswechsel so heftig an den Tisch, daß es durch den Saal knallte wie ein Böllerschuß.

45. Sf2

Anstelle dieses kleinlauten Rückzugs wäre 45. Lf6 möglich gewesen, was Browne selbst nach der Partie vorschlug. 45. ... Lf6: scheitert dann an 46. Df5: nebst 47. Sf6: +, und auf 45. ... Le4: käme 46. Lb2: Lb2: 47. De2. Auf 45. ... Ta2 46. Lg7: Kg7: 47. Df5: f5: 48. Tg3 + nebst 49. Sd6: wäre ein Remisschluß sehr wahrscheinlich.

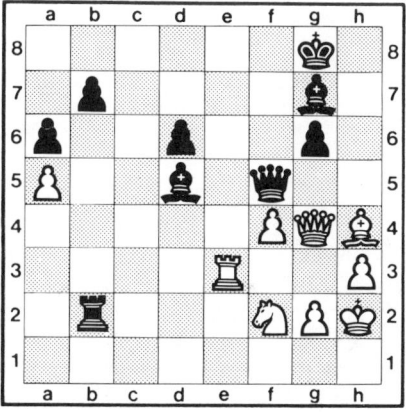

Auf den Textzug hin sieht es so aus, als könne Schwarz mit 45. ... Ld4 eine Figur gewinnen; aber nach 46. Td3 Lf2: rettet sich Weiß durch 47. Df5: gf5: 48. Lf2: Le4 49. Tg3 +.

Rogers entschied sich daher, unter Damentausch in ein Endspiel überzuleiten, das wegen der Schwäche des weißen a-Bauern und der aktiven schwarzen Figurenstellung sehr vorteilhaft für Schwarz aussah.

45. ...   Dg4:
46. hg4:   g5

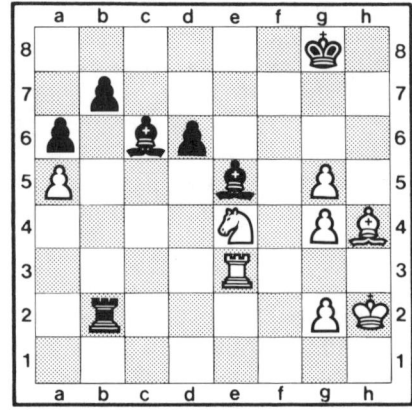

Verschlechtert um den Preis eines Bauern die weiße Formation.

Karpow meinte, als er den Zug sah: »Warum einen Bauern hergeben, wenn's nicht nötig ist!?«

Nun, das ist vielleicht nicht nur eine Frage der Spielstärke, sondern auch des Temperaments, des Charakters.

47. fg5:   Lc6

Jetzt droht Ld4 wirklich. Einzig 47. ... Le5+ 48. Kh3 Tb3 bot aber noch reelle Gewinnchancen.

48. Se4

Das schwarze Bauernopfer hat dem weißen Springer ein schönes Feld auf f6 verschafft. Trotz der Zeitnot seines Gegners entschloß sich Rogers nun, ein Turmendspiel abzuwickeln, das sich als leicht haltbar für Weiß erweist.

48. ...   Le5+

49. Lg3   Le4:
50. Le5:   de5:

50. ... Tg2:+ 51. Kh3 bot ebensowenig Gewinnchancen.

51. Te4:   Tb5
52. Ta4   Kg7
53. Kg3   Kg6
54. Kh4   b6

Versuche wie 54. ... Tb2 oder Tb1 führen nach 55. Te4 nicht weiter.

55. ab6:   Tb6:
56. Ta5   Te6
57. Kg3   e4
58. Kf2   e3 +

Remis.

Weiß: Hort
Schwarz: Kindermann
Sizilianisch

Hort: »Erste Runde, und ich habe Weiß gegen den relativ schwächsten Spieler meiner Gruppe. Da gehe ich natürlich auf einen Sieg aus: Ich will endlich mal gut abschneiden in diesem Fernsehturnier. Was ist mein erster Zug? Ich habe Lust auf was Besonderes, Springer c3, ungewöhnlich, aber ich habe damit noch nie eine Partie verloren, und vielleicht kostet es ihn schon mal ein paar Minuten Bedenkzeit.«

1. Sc3

Kindermann: »Ungewöhnlich, aber keine allzu große Überraschung für mich, denn gerade neulich habe ich in einer deutschen Schachzeitung einen Artikel von Vlastimil gelesen, in dem er sagte, der Hauptvorteil dieses Zuges sei, daß der Gegner früh Zeit verliert. Also nicht lange nachgedacht!«

1. ... c5
2. e4 Sc6

Hort: »Normal ist hier d3 oder g3, aber ich will ihn ans Denken kriegen, ich spiele etwas, das wir vor Jahren in der tschechischen Nationalmannschaft ausgebrütet haben.«

3. g4

Kindermann: »Was ist das, das ist ja phantastisch, den Zug hab ich ja noch nie gesehen, wirklich verrückt. Was steckt da für eine Idee dahinter? Naja, wenn ich ihm Zeit lasse, seinen Königsflügel auszubauen, mit Läufer g2 und Bauer f4 und Springer g nach e2, dann steht er da riesig. Ich muß also jetzt was Aktives bringen. Wie kann ich die Schwächung der Felder f4 und h4 ausnutzen? Bauer e5 würde die Felder d5 und f5 in meinem Lager schwächen. Also d5 vorbereiten.«

3. ... e6

Hort: »Der Normalzug. Aber immerhin hat es ihn eine Viertelstunde Zeit gekostet. Ich muß vorerst d5 verhindern.«

4. Lg2

Kindermann: »Wie erwartet. Mein normaler Entwicklungszug Springer f6 geht jetzt nicht wegen g5, also muß ich erst mal seinen Bauern g4 testen.«

4. ... h5

Hort: »Oha, nun bin ich an der Reihe nachzudenken, das kommt mir unerwartet, sehr komischer Zug. Aber ich kann weder g5 spielen noch gut mit h3 meinen Bauern auf g4 behaupten. Also werde ich schlagen. Natürlich verliere ich den Bauern zurück, aber vielleicht kann ich dabei seine Figuren in Unordnung bringen. Das wird sicher eine ganz bizarre Partie.«

5. gh5: Sf6

Hier hatte Hort 10, Kindermann 25 Minuten verbraucht.

6. d3 Th5:
7. Sge2 d5

55

Hort: »Oh, er spielt gut. Was für eine verrückte Stellung! Ich muß genau spielen – und mit Phantasie zugleich. Wie wär's, mit Springer f4 seinen Turm anzugreifen? Er muß nach e5 gehen, um seinen d-Bauern gedeckt zu halten. Das wäre der ulkigste Turm, den ich je gesehen habe! Aber ich weiß nicht recht, wie ich das dann weiter ausnutze, ich kann den Turm auf e5 nicht noch mal angreifen und kriege meinen schwarzfeldrigen Läufer nicht flott. Ich spiele lieber einen normalen Zug.«

    8. Sg3

Kindermann: »Ich hatte doch ein bißchen Angst vor Springer f4, aber das braucht mich jetzt nicht weiter zu kümmern.«

    8. ...   Th8
    9. Lg5

Kindermann: »Jetzt hängt d5. Ich muß sehr aufpassen. Läufer e7 sieht wie der plausibelste Zug aus, entwickelt eine Figur, hebt die Fesselung auf und pariert indirekt die Drohung auf d5.«

    9. ...   Le7

Hort: »Ein Haufen Möglichkeiten, und ich hab's nicht leicht, mich zu entscheiden. Ich könnte auf d5 nehmen; oder erst auf f6 tauschen und dann auf d5 nehmen; oder f4; oder h4, das stützt meinen Läufer. Schwächt natürlich auch Feld g4,

was mir nicht so ganz gefällt. Aber trotzdem, ich habe ein gutes Gefühl in dieser Partie.«

    10. h4

Kindermann: »Das gefällt mir; glaube kaum, daß das sein stärkster Zug war. Im Prinzip würde ich nun gerne mit d4 nebst e5 das Zentrum festlegen, aber dann könnte er mit seinem Springer von g3 nach f5 hineinhüpfen. Werde das also mit g6 vorbereiten; stoppt außerdem seinen h-Bauern.«

    10. ...   g6

Hort: »Er spielt positionell wirklich gut. Ich glaube, ich habe gar nichts, vielleicht bin ich sogar eine Idee schlechter aus der Eröffnung gekommen. Wieder viele Züge zur Auswahl: h5, auf d5 nehmen, erst auf f6 tauschen, die Dame nach d2 entwickeln. Ich habe schon fast eine Viertelstunde mehr Zeit verbraucht als er, nur noch eine gute Dreiviertelstunde bis zum 40. Zug. Irgendwie habe ich so ein Gefühl, daß es heute nicht richtig läuft bei mir.«

    11. Dd2

Kindermann: »Normaler Zug. Jetzt kann ich meinen Plan ausführen und mir Raumvorteil sichern.«

    11. ...   d4

Hort: »Wo gehe ich hin mit dem Springer? B5, d1, e2, alles nicht berühmt. Ich wünschte, ich hätte meinen h-Bauern noch auf h2, Feld g4 wird wirklich schwach. Ich habe Probleme in der Partie, aber hoffen wir auf bessere Zukunft, nach guter tschechischer Sitte.«

12. Se2   e5

Hort: »Ja, er hat jetzt Raumvorteil. Lange Rochade gefällt mir nicht, mein König stünde dann gefährdet, und ich weiß noch nicht, wohin er mit seinem geht. Vielleicht sollte ich versuchen, ins Endspiel zu gehen. Oder warten, daß er Läufer e6 zieht und dann f4 spielen mit der Drohung f5. Also einen Wartezug.«

13. a3

Kindermann: »Der schematische Entwicklungszug wäre hier Läufer e6, aber ich sollte konkret überlegen, worauf es in dieser speziellen Stellung ankommt. Sein Läufer g5 ist stark, den sollte ich tauschen, danach könnte Bauer h4 immer mal schwach werden. Springer g4 sieht nett aus, den kann er nie mit f3 verjagen, weil er dann nach e3 hineinhüpft.«

13. ...   Sg4

Hort: »Jetzt droht f6, und mein Läufer wäre hin. Ich bin tatsächlich in Schwierigkeiten. Mir bleibt nichts übrig, als einen kleinen Endspielnachteil in Kauf zu nehmen.«

14. Le7:   De7:

Hort: »h5 bringt mir nichts, dann kommt einfach Läufer e6, und ich kriege weder die Damen getauscht noch Feld f5 für meinen

Springer. Ich muß bei meinem Plan bleiben, ins Endspiel zu gehen.«

15. Dg5

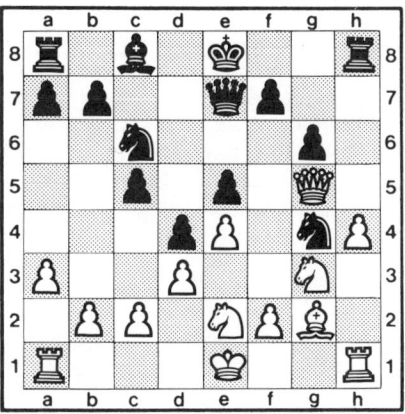

Kindermann: »Auf g5 selbst zu tauschen, wäre Blödsinn, dann wäre seine Bauernstruktur wieder in Ordnung. Ich entwickle meinen Läufer, und wenn er die Damen tauscht, sollte das Endspiel ausgezeichnet für mich stehen.«

15. ...   Le6

Hort: »Meine Güte, er steht wirklich besser, ich werde gestraft dafür, daß ich irgendwo nicht vorsichtig genug war. Muß jetzt sehr genau spielen. Aber es kostet mich alles so viel Zeit, habe bloß noch 20 Minuten übrig für 25 Züge, und er hat eine ganze Viertelstunde mehr. Muß den Springer anders postieren, der von e2 aus keine Zukunft hat.«

16. Sg1

Kindermann: »Den guten Zug hatte ich gar nicht in Betracht gezogen,

 57

er bringt endlich seinen Springer auf halbwegs ordentliche Felder, vielleicht ist mein Vorteil doch weniger groß als ich dachte. Jedenfalls muß ich meine Entwicklung abschließen.«

16. ...   0-0-0

Hort: »Jetzt droht er wahrscheinlich Bauer f6, und dann könnte ich nicht auf g6 nehmen wegen Turm dg8. Ich muß jetzt die Damen tauschen, sonst geht es meinem König in der Mitte an den Kragen.«

17. De7:   Se7:

Hort: »Wenigstens einmal kann ich was drohen in der Partie.«

18. Sf3

Kindermann: »Springer g5 muß verhindert werden. Gut, daß ich für diese feine Stellung noch 10 Minuten mehr Zeit habe als er.«

18. ...   f6

Hort: »Das Endspiel gefällt mir überhaupt nicht, ich stehe passiv und weiß nicht, was der beste Plan ist; vielleicht Läufer h3 und Turm nach g1. Könnte auch mit b3 seinen Damenflügel lahmlegen. Ich weiß nicht recht, ich verbinde erst mal die Türme, das muß ich sowieso tun.«

19. Ke2

Kindermann: »Oha, große Überraschung, ich dachte, er müsse mit b3 meinen c-Bauern stoppen. Die Chance laß ich mir nicht entgehen, das gibt eine zweite offene Turmlinie!«

19. ...   c4

Hort: »Schon wieder spielt er sehr stark, vielleicht habe ich ihn doch etwas unterschätzt. Eigentlich wünschte ich mir ja selber die c-Linie geöffnet, aber die Gefahr ist wirklich, daß d3 schwach wird. Was tun? Läufer h3 nützt mir nichts, läuft mir auch nicht weg. Springer d2 vielleicht; und zwar mit dem Springer g3, denn der hat auf dem Königsflügel weniger Zukunft als der Springer f3. Und rasch, denn ich habe nur noch 10 Minuten.«

20. Sf1

Kindermann: »Gar nicht so leicht, hier weiterzukommen. Muß mich konzentrieren, habe bloß noch eine Viertelstunde für 20 Züge, wenn er auch noch weniger hat. Was liegt in der Stellung? Phantastisch wäre es, wenn ich einen Springer nach f4 bringen könnte – unvertreibbar, und würde die ganze weiße Stellung beherrschen. Aber wie krieg ich das hin? Auf g5 antwortet er h5, und mein Springer e7 kann nicht nach g6. Er droht auch, meinen Springer g4 mit Läufer h3 und Turm g1 anzugehen. König d7 sieht gut aus, das beugt einer Fesselung auf der Diagonalen vor und räumt die c-Linie für den Turm.«

20. ...   Kd7

Hort: »Er sieht einfach alles. Jetzt bringt mir die Fesselung durch Läufer h3 nichts mehr, und die c-Linie wird sehr bedrohlich. Ich hätte tatsächlich c4 nicht zulassen sollen. Zu spät, zu spät, jetzt bin ich arg in der Klemme. Ich muß sehen, daß ich auf der c-Linie einen Turm entgegenstellen kann, vielleicht kann ich mich durch Abtausch entlasten.«

21. Sd2

Kindermann: »Schwere Entscheidung jetzt. Interessant wäre c3, Bauerntausch auf c3, und dann kann ich eventuell meinen Springer von e7 über c6 nach d4 bringen. Aber es ist nicht klar, und mein Bauer auf c3 könnte schwach werden. Lieber einfach und logisch weiterspielen. Seine Basis d3 ist für immer schutzbedürftig, und die offene c-Linie muß mir mehr zugutekommen als ihm.«

21. ...   cd3:+
22. cd3:

Kindermann: »Wenn ich jetzt die c-Linie besetze, opponiert er. Aber nein, aha, wenn er das tut, tausche ich und spiele g5, um meinen Springer über g6 nach f4 zu bringen. Sobald sein Turm h1 von der h-Linie verschwindet, kann er ja nicht mehr h5 ziehen. Sehr interessante Idee! Schnell, vielleicht fällt er in die Falle.«

22. ...   Tc8

Hort: »Was bleibt mir übrig bei meiner gedrückten Stellung und knappen Zeit, ich muß versuchen abzutauschen.«

23. Tac1

Kindermann: »Großartig, genau wie erhofft. Aber nun schnell, wir haben beide bloß noch ein paar Minuten übrig.«

23. ...   Tc1:
24. Tc1:

Kindermann: »Und nun meine stolze Pointe, g5, und er kann meinen Springer nicht daran hindern, nach f4 zu wandern. Das muß glatt gewonnen sein, zwei solche Supergäule kann er unmöglich verkraften.«

24. ...   g5

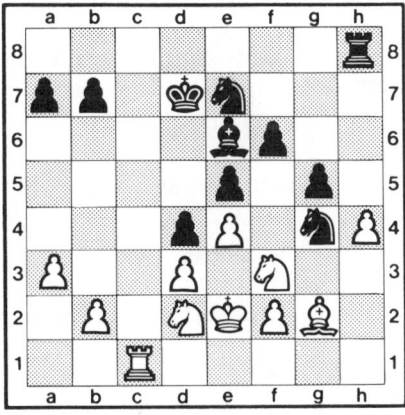

Hort: »Aua, was für eine gemeine Überraschung, den Zug habe ich ja völlig übersehen! Meine ganze Partieanlage war schief von vornherein, und das Endspiel habe ich nun total mißhandelt. O weh o weh, sein Springer kommt nach f4, sein Turm steht auf h8 bereit, das überleb ich nicht. Meine einzige Chance liegt in seiner Zeitnot, aber ich glaube nicht, daß ich die Partie noch aus dem Feuer reißen kann. Jaja, er ist ein junger Bursche, und ich bin der älteste Teilnehmer des Turniers, so geht's im Leben. Das wird kein berühmtes Turnier für mich. Aber ich mache noch ein paar Züge, schnell.«

25. hg5:

Kindermann: »Der Bauer ist unwichtig. Hinein mit dem Springer!«

25. ...   Sg6

Hort: »Was zieh ich noch? Springer e1 oder Bauer schlägt f6 oder sogar Läufer f1, alles ist miserabel. Vlastimil, Vlastimil, was hast du da bloß angerichtet. Nur rasch irgendeinen Zug, durch Aufgeben ist noch nie eine Partie gewonnen worden!«

26. Se1   Sf4 +

Hort: »Wohin, wohin? Gehe ich nach e1, dann verliere ich durch Springer schlägt f2, König c2, Turm c8 Schach, König b1, Läufer a2 meinen Turm. Gehe ich nach f3, setzt er mich sogar matt durch Springer h2 Schach, König g3, Springer e2. Ich muß nach f1.«

27. Kf1

Kindermann: »Klasse, jetzt gewinn ich sofort! Bloß nicht unnütz nachgedacht, die Stellung kann ich hinterher noch genießen.«

27. ...   Sh2 +

Hort: »Ich sollte wirklich aufgeben, fast ist es dazu schon zu spät, er setzt mich matt in ein paar Zügen. Er hat das wirklich sehr gut gespielt.«

Weiß: Garcia
Schwarz: Miles
Damenindisch

1. d4   Sf6
2. c4   e6
3. Sf3   b6
4. a3

Nachdem er im vorigen Zug bereits der Nimzoindischen Verteidigung (3. Sc3 Lb4) ausgewichen war, verhindert Garcia nun endgültig die Entwicklung des schwarzen Lf8 nach b4. Bei der Wahl der Eröffnungen spielen Fragen des Geschmacks, des persönlichen Stils eine große Rolle, aber auch die Kenntnis der Vorlieben und Schwächen des Gegners.

4. ...   La6
5. Dc2   Lb7

Dieses »Tempoverlust-Manöver«, vom englischen Vorkämpfer à tempo ausgeführt, dient dazu, die weiße Dame von der Unterstützung des d-Bauern ab- und auf die später halboffene c-Linie zu locken. Auch hier gilt: Über die Geschmäcker läßt sich nicht streiten.

6. Sc3   c5
7. e4   cd4:
8. Sd4:

 60

Während Miles, den Kopf in den Händen vergraben, nun zum ersten Mal in Nachdenken versank, stand der Kubaner auf, zündete sich die zweite in einer langen Reihe von Zigaretten an und drehte eine Runde auf dem Podium, um die Eröffnungen an den drei übrigen Brettern zu inspizieren.

8. ...   Sc6

Nach 10 Minuten Denkarbeit war nun Miles an der Reihe, sich Bewegung zu verschaffen. Er verschwand aus dem Turniersaal, kehrte nach einer Minute zurück und holte sich vom Büfett ein Glas Milch, für welches Lieblingsgetränk er berühmt ist.

9. Sc6:   Lc6:
10. Le2   Db8

Bevor er entscheidet, wohin er seinen Königsläufer entwickelt, sichert er sich die Kontrolle des Feldes e5. Von b8 aus unterstützt die Dame außerdem ein mögliches späteres Vorgehen am Damenflügel mittels a6 und b5 und braucht keine Belästigung durch den weißen Sc3 zu befürchten, mit der nach 10. ... Dc7 immer einmal zu rechnen gewesen wäre.

11. Le3

Nach 10minütigem Überlegen gespielt und doch kaum das beste. Interessante Möglichkeiten eröffnete 11. b4 a5 12. Tb1, um den Lf8 nicht

nach c5 zu lassen, oder 11. f4 Lc5 12. Lf3.

11. ...   Lc5
12. Lc5:

Hiernach erhält Schwarz bereits das bessere Spiel wegen seines Übergewichts auf den schwarzen Feldern und der Festlegung der weißen Bauern auf den weißen Feldern, d. h. Feldern der Farbe der beiderseitigen Läufer. Gut war 12. Dd3 mit der möglichen Folge 12. ... De5? 13. f4, bzw. 12. ... Db7 13. Lf3.

12. ...   bc5:
13. 0-0   De5
14. f3

Denn 14. f4 scheitert an 14. ... Dd4 + nebst Se4:. Besser war aber 14. Lf3, was dem Weißen genügend aktives Spiel gelassen hätte (Plan Tad1, g3, Lg2 nebst f4). Jetzt wird Weiß auf den schwarzen Feldern lahmgelegt.

44. ...   Tb8
15. Tad1   g5
16. Tf2   Tg8
17. Lf1   h5
18. Dd2

In gedrückter Stellung hat Weiß das aussichtsreichste Manöver gefunden: Der Läufer steht den eigenen Figuren nicht mehr im Weg und kann später eventuell auf die lange Diagonale gebracht werden, der Tf2 überdeckt b2 und kann auf eine der zentralen Linien schwenken. Wahrscheinlich übersah oder unterschätzte Miles die taktische Möglichkeit, die sich hieraus für Weiß ergab.

18. ...   h4
19. Sd5

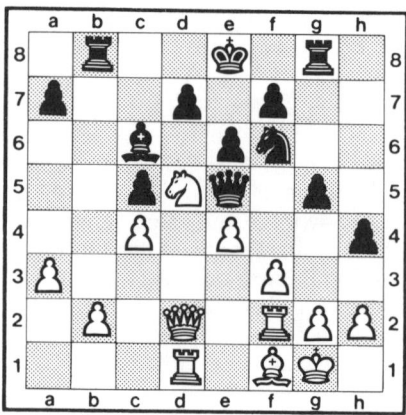

Auf 19. ... ed5: 10. ed5: könnte sich nun wegen der auf der e-Linie drohenden Fesselung der Lc6 nicht in Sicherheit bringen. Wollte Schwarz diese taktische Wendung vermeiden, so hätte er 18. ... Kf8 spielen sollen. Jetzt kann sich Weiß durch den Vorstoß seines rückständigen b-Bauern und durch Tausch eines Figurenpaares entlasten.

Miles vergrub hier seinen Kopf in beiden Händen, während Garcia betont ruhig am Brett saß, rauchte und ein Pokerface à la Capablanca machte.

19. ...   Tg6

Auf 19. ... La4 20. Te1 hätte Schwarz sich der lästigen Drohung eines weißen Damenausfalls nach a5 gegenübergesehen.

Beide Spieler hatten hier eine Stunde Bedenkzeit verbraucht.

20. b4   Td8

Er mußte sich gegen 21. Sf6: + Tf6: 22. b5 verteidigen, wonach d7 schutzlos geworden wäre. Mit einem Mal ist die Initiative auf Weiß übergegangen: Folge des Versäumnisses von Schwarz im 18. Zug.

Man merkte Miles seine innere Spannung an: Mit heftigen Bewegungen und wehendem Schopf eilte er vom Podium und aus dem Saal, und als er eine Minute später zurückkam, griff er sich im Vorübergehen, hastig und fast ohne hinzugucken, einen Happen vom Büfett.

21. Sf6: +   Tf6:
22. b5   La8

Vielleicht wollte er den weißen a-Bauern später nicht mit Tempogewinn nach a6 vorrücken lassen. In der Partiefolge kehrt der Läufer aber 2 Züge später nach b7 zurück, so daß sogleich Lb7 ein Tempo gespart hätte.

23. Dd6

Tauscht die dominierend im Zentrum postierte schwarze Dame ab. Zwar sind in dem resultierenden Endspiel fast alle weißen Bauern auf der Felderfarbe der Läufer fixiert, aber die bewegliche Majorität am Damenflügel und der Druck gegen d7 geben Weiß mindestens gleiche Chancen.

23. ...   Dd6:
24. Td6:   Lb7
25. Tfd2

Ein schematischer Zug, der die Aussichten auf Vorteil wieder zunichte macht. 25. h3 hätte die folgenden gefährlichen Aktivitäten von Schwarz am Königsflügel im Keime erstickt. Zwar sind dann sämtliche weißen Königsflügelbauern auf der Farbe des gegnerischen Läufers festgelegt, aber diesem fehlt es an Terrain, dies wirksam auszunutzen. Nach 25. h3 Ke7 26. Tfd2 e5 27. Tf6: Kf6: könnte, wenn überhaupt einer, nur der Weiße die Partie gewinnen: Er hätte nicht nur die Durchbruchsmöglichkeiten mit dem a- und b-Bauern, sondern könnte im geeigneten Moment mittels g3, gh4: und f4 Linien am Königsflügel öffnen.

25. ...   h3

Sofort macht Miles sich das Versäumnis seines Gegners zunutze. Der »stärkste englische Spieler dieses Jahrhunderts« gilt als großer Endspielkönner.

26. Le2   hg2:
27. Kg2:   Ke7
28. Kg3

Er will die Möglichkeit g5–g4 entschärfen. Zugleich könnte jetzt einer späteren Verdoppelung der schwarzen Türme in der h-Linie mit Lf1 der Wind aus den Segeln genommen werden.

28. ...   Tf4
29. a4   f5
30. e5

Es mochte verlockend sein, die Schwäche d7 zu fixieren, d6 zu überdecken und zugleich endlich einen der Bauern auf ein schwarzes Feld zu bringen. Dennoch überwiegen die Nachteile dieses Zuges bei

weitem: Die Aktivierung des Tf4 auf der 4. Reihe und des Lb7 auf der langen Diagonalen, zusammen mit den vorgerückten f- und g-Bauern, bietet Schwarz taktische Möglichkeiten, die ihn in klaren Vorteil bringen.

30. ...   Th4
31. h3   f4 +
32. Kh2

Auf 32. Kg2 hätte Schwarz mit 32.... g4 33. hg4: Tg4: + 34. Kf2 Tg5 bei besserer Stellung einen Bauern gewonnen. Daß g5–g4 auch nach 32. Kh2 möglich war, hatte der Kubaner übersehen: Es war aber auch diabolisch genug!

32. ...   g4

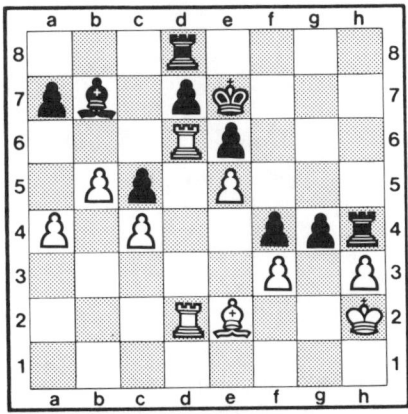

Ein Hammer! Die Idee ist 33. fg4: Th3: + 34. Kh3: Th8 matt. Dennoch bestand die wahrscheinlich beste Chance von Weiß darin, den Bauern zu nehmen und nach 33. ... Th3: + 34. Kg1 zu spielen. Wenn dann 34. ... Te3, so 35. Kf2 Te5: 36. Lf3 mit Remischancen. Aussichtsreicher für Schwarz wäre daher 34. ... f3 nebst 35. ... Tg3 +. – Überrumpelt, wählte Garcia eine Fortsetzung, die klar hätte verlieren sollen.

33. Lf1   Lf3:
34. Kg1

Weiß gibt in der Schrecksekunde also gleich einen zweiten Bauern auf; und Schwarz hätte ihn nehmen sollen, z. B. 34. ... gh3: 35. Kh2 Lb7 36. Lh3:? Lf3 mit der unparierbaren Drohung Th3: + nebst Matt oder Figurenplus. Miles war sich hier seines Sieges wohl schon so sicher, daß er ohne genaueres Rechnen annahm, die beiden verbundenen Freibauern würden leicht gewinnen.

34. ...   g3
35. Lg2   Lh5

Droht f3. Auch Läufertausch hätte gewinnen sollen, z. B. 35. ... Lg2: 36. Kg2: Th5 37. Kf3 Te5: 38. Kf4: g2.

36. T2d3   Lg6
37. Td1   Th5
38. Ta6   Te5:
39. Ta7:   Lh5
40. Tf1   Tf5
41. Le4

Die Zeitnot, nicht gerade rasend zu nennen aber drückend genug, ist überstanden: Miles hatte nach seinem 40. Zug noch weniger als 2, Garcia noch gut 5 Minuten übrig. Für den Rest der Partie bekam nun jeder der beiden eine weitere Stunde.

41. ...   Tff8
42. Kg2   Le2
43. Lf3

Die Freibauern blockiert zu halten, ist lebenswichtiger als Qualität und Bauer c4.

43. ...   Lf1: +
44. Kf1:   e5

Anstatt auf f1 die Qualität zu verspeisen, hätte 43. ... Lc4: wahrscheinlich einen leichteren Sieg ermöglicht. Hier aber hätte Schwarz 44. ... Kf6 spielen sollen, um mit d7–d5 die Wirkung des weißen Läufers zu unterbrechen. Miles muß sich seines Sieges ganz sicher gefühlt und zu spät erkannt haben, wie gefährlich der Läufer den weißen a-Bauern zu unterstützen drohte.

45. Kg2   Tf6
46. Ta6

Bei Turmtausch würde Weiß nun sogar gewinnen!

46. ...   Tf7

Mit der Durchbruchsidee Tg8, e4, f3 +, Qualitätsopfer auf f3 nebst g2.

47. Ta8   Ta8:
48. La8:   Kd8

Der König muß sich sofort auf den Weg machen, um den a-Bauern aufzuhalten, bevor er nach a7 gelangt.

49. a5   Tf6
50. Ld5

Der Läufer muß dem Turm die einzige Linie versperren, über die er ins weiße Lager eindringen könnte.

50. ...   Kc8
51. b6

Nicht aber a6: Dann könnte der schwarze König über b8 und a7 nach b6 wandern, die weißen Freibauern wären unschädlich gemacht und die Stellung leicht gewonnen für Schwarz.

51. ...   Td6
52. h4

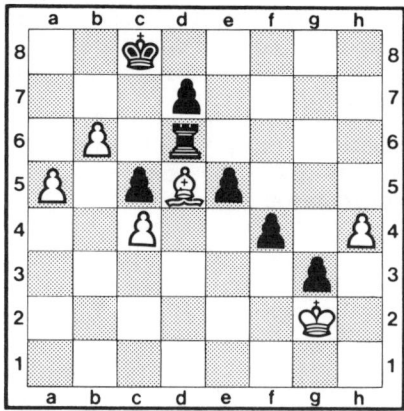

Der schwarze Turm darf nun nie die 6. Reihe verlassen, da sonst a6 käme und der a-Bauer nicht zu stoppen wäre. Der schwarze König ist an die Bewachung des b-Bauern gebunden, und die schwarzen Freibauern sind blockiert: Wenn Schwarz noch gewinnen will, muß er jetzt ins Bauern- bzw. Damenendspiel überlenken, bevor der h-Bauer einen weiteren Schritt getan hat.

52. ...   Td5:
53. cd5:   Kb7

Gleich mit dem c-Bauern zu laufen, kommt auf Zugumstellung heraus, da b7 das einzige Feld ist, auf das der schwarze König dem Schach

der auf h8 entstehenden weißen Dame ausweichen kann. Tatsächlich verfiel Miles hier aber einer »optischen Täuschung«, indem er glaubte, a6 verhindern zu müssen, um nicht durch h8D mattgesetzt zu werden. Dabei hätte Weiß nach 53. ... c4 gar keine Zeit zu diesem Extrazug (a6) gehabt!

54. h5   c4
55. h6   c3
56. h7   c2
57. h8D   c1D
58. De5:

Das materielle Gleichgewicht ist wiederhergestellt, aber Schwarz ist am Zug, und das ist oft entscheidend, wenn bei beidseits offner Königsstellung Damen auf dem Brett sind. Hier allerdings findet Weiß gerade noch einen schmalen Pfad zum Remis.

58. ...   Dc2 +
59. Kh3

Nicht Kf3, da nach 59. ... Df2 + 60. Kg4 g2 die schwarze Dame beim Schutz ihres Königs mitwirken würde. Die in der Partie folgende Dauerschachvariante wäre dann nicht möglich.

59. ...   Dh2 +
60. Kg4   g2

Diagramm siehe Seite 66

61. Dc7 +   Ka6
62. Dc4 +

Klarer und sicherer als 62. Da7 + Kb5 63. Dd7: +.

 65

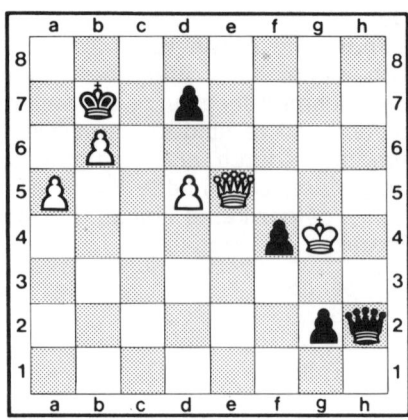

64. Dc4 +   Kb6:
65. Db4 +

und Remis: Weiß gibt Dauerschach auf den Feldern a4, b4, c5 und f8. Zum Schluß hatte Miles seine Bedenkzeit bis auf 7 Minuten verbraucht, während Garcia noch eine halbe Stunde übrig hatte.

Meinte ein Experte: »Seltsam, daß Miles da den Sieg verpatzte, wo er doch als Spezialist für schwierige Endspiele gilt.«

»Das ist es ja«, antwortete ein andrer Experte, »das *war* kein schwieriges Endspiel!«

62. ...   Ka5:
63. Dc5 +   Ka6

Zweite Runde (3. 11. 83)

In der Gruppe A führte nach der 1. Runde Karpow vor Browne und Rogers. Seine erste Partie gegen den Amerikaner konnte also bereits eine Vorentscheidung über den Gruppensieg bringen.
In der Gruppe B hatte Kindermann nach seinem überraschenden und überraschend glatten Startrundensieg gegen Hort zum zweiten Male Schwarz, gegen Miles, den Mitfavoriten, der in der 1. Runde eine Gewinnstellung zum Remis verdorben hatte.

Weiß: Karpow
Schwarz: Browne
Englisch

1. c4	c5
2. Sf3	Sf6
3. Sc3	e6
4. g3	b6
5. Lg2	Lb7
6. 0-0	Le7
7. d4	cd4:

Auf die Eröffnung schien Browne sich vorbereitet zu haben: Diese ersten Züge führte er fast à tempo und mit energischem Nachdruck aus.

8. Dd4:	d6

Der Springer b8 soll nach d7 entwickelt werden. Obwohl der Springerzug nach c6 mit Tempogewinn verbunden wäre, ist er an dieser Stelle ungebräuchlich: Die halboffene c-Linie und die lange Diagonale würden verstellt, und nach Sbd7 ist Sc5 eine wichtige Möglichkeit.

9. Lg5	a6

Karpow: »Die Stellung hatte ich schon verschiedentlich in meiner Turnierpraxis. Die Idee ist, auf f6 zu tauschen und dann einige Tempi zu gewinnen, weil Bauer d6 sehr schwach wird.«

10. Lf6:

Browne: »Mit dem Bauern zurückzuschlagen, würde meine Bauernstruktur ruinieren. Außerdem gewinnt der Angriff meines Läufers auf seine Dame erst mal ein Tempo.«

10. ...   Lf6:

Karpow: »Ich spiele Dame f4. Daß er auf c3 tauscht und mir einen Doppelbauern in der c-Linie macht, brauche ich in diesem Fall nicht zu fürchten, denn er könnte anschließend d6 nicht verteidigen.«

11. Df4

Browne: »Hm, ne kleine Überraschung. Ich dachte, er würde Dame d3 versuchen, den neuesten Zug, aber nichts Besonderes. Was hat er vor? Mal sehen; ich könnte passiv spielen und wahrscheinlich remisieren, aber ich bin in Kampfeslaune heute, ich möchte wirklich eine interessante Partie liefern. Bloß keine Sorgen machen. Ich fresse seinen Springer auf f3 und schau mal, was er macht, immerhin habe ich Andersson damit geschlagen, und in einer weiteren Partie stand ich gleich, aber hab's verdorben. Ich denke, der Zug ist in Ordnung.«

11. ...   Lf3:

Karpow: »Ja, ich hätte mich erinnern sollen, er spielte das gegen Andersson. Wie nehme ich jetzt wieder? Mit dem Läufer, das behält mehr Felder unter Kontrolle.«

12. Lf3:

Browne: »Er muß irgend eine Neuerung in petto haben, denn das ist erst einmal gespielt worden, und die Partie gewann ich mit Schwarz. Egal, mein Turm ist angegriffen, und ich habe nur einen Zug.«

12. ...   Ta7

Karpow: »Jetzt muß ich gegen d6 drücken.«

13. Tfd1

Browne: »Natürlich, wie erwartet. Wenn ich jetzt Turm d7 spiele, würde ich mir die Möglichkeit zu Läufer e5 noch offenhalten. Aber ich will das ja sowieso spielen, denn nach Läufer e7 müßte ich bloß verteidigen, und ich will doch aktives Spiel, es soll was los sein auf dem Brett. Und gegen Andersson war Läufer e5 ja gut; er wird irgendwo einen neuen Zug haben, wahrscheinlich gleich hier, Dame d2 wahrscheinlich, und wenn er später seinen Läufer gezogen hat, kann er meinen auf e5 mit f4 in den Schwitzkasten nehmen. Ziemlich verpflichtend der Zug, kann leicht ne verzwickte Lage draus werden. Aber ich habe Lust zu dem Zug, ich muß es versuchen.«

13. ...   Le5

Karpow: »Jetzt kommen im Prinzip zwei Damenzüge in Frage; wenn ich nach e3 gehe, spielt er Turm c7, und dann kann ich nicht auf b6 nehmen, weil Turm schlägt c4 gut für Schwarz wäre; ich brauche den c-Bauern, um seinen d-Bauern festzunageln. Wenn ich aber nach d2 gehe, habe ich Druck und ein paar Drohungen gegen d6, ja, das ist besser.«

14. Dd2

Browne: »Oh, wie vermutet; ja, er hat sich das zu Hause ausgetüftelt. (Anmerkung: Die Vermutung, sein Sieg sei die Frucht einer Heimanalyse, wies der Weltmeister nach der Partie weit von sich.) Jetzt sieht Rochade ziemlich gut aus; und wenn ich's schnell spiele, wird er annehmen, ich hätte die ganze Variante ausanalysiert, und das wird ihm zu denken geben. Also kein weiteres Zögern!«

14. ...   0-0

Karpow: »Richtig, zu Turm c7 oder d7 wäre hier kein Grund gewesen. Ich zentralisiere weiter.«

15. Tac1

Browne: »Guter Zug! Ich hoffte ein bißchen auf Springer e4. Was nun? Auf Turm c7 würde er Springer e4 ziehen, und dann müßte ich wohl meinen Turm sowieso nach d7 bringen, also warum erst einen Zug verlieren. Aber wie ist es mit b5? Wenn er nimmt, nehm ich wieder, nimmt er dann mit dem Springer, freß ich a2, frißt er dann d6, krieg ich b2. Klarer Fall!«

    15. ...   b5

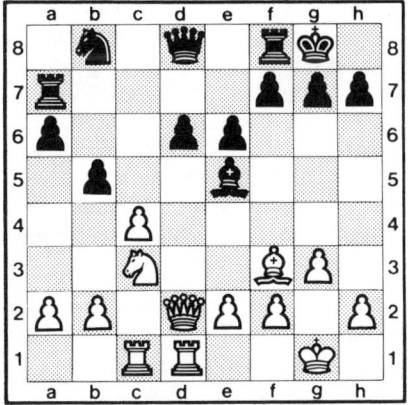

Karpow: »Sehr aktiv gespielt. Habe damit gerechnet, aber vielleicht ist es gar nicht so gut für Schwarz, denn ich stehe viel besser zentralisiert da und bin überhaupt besser entwickelt. Habe da eine hübsche Idee, erst seinen Turm anzugreifen, um dann mit den Bauern am Damenflügel klar Schiff machen zu können.«

    16. De3   Td7
    17. cb5:   ab5:
    18. b4

Legt die Schwäche b5 fest. Sie und die Wirkungslosigkeit seines Springers sind für Schwarz die akutesten Probleme. Die weißen Figuren dominieren den schwarzen Damenflügel völlig.

    18. ...   Lc3:

Sonst wäre Bauer b5 sofort gefallen.

    19. Tc3:   d5

Schränkt wenigstens vorläufig den weißen Läufer ein.

    20. Dc5

Die Gabeldrohung d4 wird unter Angriff auf b5 pariert.

    20. ...   Df6

Indirekte Deckung von b5.

    21. Tdc1

Browne: »Ja ja ja, er findet einen richtigen Zug nach dem andern. Ich wünschte, er hätte den Turm von c3 weggezogen! B5 hängt, und wenn ich mit Turm b7 decke, kommt Dame d6, und ich bin total eingeschnürt, keinen Schimmer einer Aktivität mehr; nein, nein, das sieht saumäßig schlecht aus.

Was sonst? Mir bleibt nichts übrig, als seinen Turm mit meinem d-Bauern zu kicken. Er wird dann nach d3 gehen – wenn er sonstwohin geht, habe ich Bauer d3. Also los! Danach habe ich e5, Dame e6 und vielleicht e4. Der Plan sieht noch am besten aus, vielleicht kriege ich doch ein bißchen Spiel.«

    21. ...   d4

Karpow: »Seltsam, er macht meinem Läufer wieder Luft, das muß ausgezeichnet sein für Weiß! Mein Turm muß jetzt nach d3, um Bauer d3 zu verhindern.«

22. Td3

Browne: »Ja, er gibt mir keine Chance, spielt immer das einfachste und klarste, aber immer stark. Wie decke ich jetzt den b-Bauern? Nach Dame f5 tauscht er einfach die Tanten, dann Turm c5, und alle meine Stücke stehen rum wie gar nichts. Keine Wahl, ich muß versuchen, aktives Spiel zu kriegen.«

22. ...   e5

Karpow: »Ist da – nein, keine Gefahr, ich nehme einfach auf b5 und habe zwei verbundene Freibauern.«

23. Db5:

Browne: »Oh nein, mein Gott, Jesus, das habe ich ja total übersehen: Auf Dame e6 spielt er jetzt einfach Turm c5, auf Bauer e4 dann Turm e5, ich fresse seinen Turm auf d3, er meine Dame, ich ziehe d2, dann kommt Dame d3; in dem Endspiel habe ich zwei Türme für die Dame, aber kann überhaupt nichts mehr machen gegen seine beiden Freibauern am Damenflügel. Wie konnte ich das nur übersehen, das gibt's doch gar nicht, wie konnte ich bloß so einen Fehler machen?

Meine Güte. Also was sonst kann ich machen?

Auf Turm e8 kommt Läufer d5, meine Güte, und ich bin wieder aufgeschmissen. Was kann ich bloß machen?

Ist verdammt schwierig jetzt, vielleicht schon verloren, ich habe überhaupt nichts, bin auf einmal total hinüber. Turm e7 sieht wenigstens nicht ganz so trübe aus, Läufer d5 bringt ihm dann nicht ganz so viel, und vielleicht kann ich meinen Springer nach d7 herauskriegen. Nein, ich mach doch lieber Dame e6.«

23. ...   De6

Karpow: »Jetzt geht Dame c4, und nach e4 nehme ich einfach auf e6 und dann auf e4 und gewinne leicht. Aber er könnte auch selber auf c4 die Damen tauschen, dann Turm a7 nebst Springer d7, und er ist noch nicht ganz chancenlos, weil sein Springer über b6 nach a4 kommt und meine Freibauern lahmlegt.

Also hier besser Turm c5, und wenn er wirklich mit e4 abwickelt, kriege ich ein Endspiel Dame und Läufer gegen Türme und Springer, das ich mit den beiden Freibauern kinderleicht gewinne.«

24. Tc5

Browne: »Au Junge, auf f6 kommt jetzt Läufer d5, auf e4 gewinnt Te5, also was macht man da? Junge-jungejunge, vielleicht Dame schlägt a2, und nach Turm schlägt e5 Dame a1 Schach, sein König zieht, und dann Turm nach c7 und c1; aber nein, das geht nicht, er hat dann Turm e8, und dann ist es restlos verloren, schreckliche Stellung. Ich muß wenigstens die Zentralbauern behalten, vielleicht kriege ich dann irgendwann doch Spiel mit e4. Turm e7, dann kann auch mein Springer endlich ziehen.«

24. ...   Te7

Karpow: »Okay, jetzt ist es ein leichter Gewinn. Ich ziehe einfach Läufer d5, gewinne ein Tempo und verhindere, daß sein Springer zieht.«

25. Ld5

Browne:»Auf Dame f6 kommt Turm f3, und er hat zu viel Druck auf f7. Meine Zeit wird knapp, ich muß mich entscheiden. Nach h3 vielleicht? Aber dann kann er immer mit Läufer g2 ein Tempo gewinnen. Ich bleibe doch lieber im Zentrum.«

25. ...   Dd6

Karpow: »Jetzt will ich mit meinen Freibauern marschieren. Und zwar geht der a-Bauer voran, das verhindert Springer a6 wegen Turm c6, und Springer c7 verliert dann eine Figur für Schwarz.«

26. a4

Browne: »Hm, was ist das, ich erwartete Turm f3. Vermutlich will er Springer a6 nebst Springer c7 verhindern. Springer d7 geht auch nicht, denn nach Turm c6 müßte ich Dame b8 spielen, und wenn ich in dieser Stellung die Damen tausche, kann ich ebensogut aufgeben, scheußlich. Ich muß versuchen, ein paar Joker in der Hinterhand zu behalten; werde f5 vorbereiten.«

26. ...   Kh8

Karpow: »Okay; wie ist jetzt Dame c4? Das gibt Druck auf f7 und die Drohung Turm c8, zum Beispiel Springer d7, Turm c8, und er hat gar keine Züge mehr. Sieht sehr gut aus.«

27. Dc4

Browne: »Merkwürdig, er hat nicht a5 gespielt. Vermutlich hofft er auf f5, um dann Turm c8 zu bringen, und wenn ein Turmpaar getauscht wird, habe ich überhaupt keine Chance mehr, ich muß so viele Figuren wie möglich auf dem Brett behalten und warten, ob er einen Fehler macht. Aber Dame d8, ja, und auf Bauer a5 Springer d7, sein Turm geht nach c6 oder c7, dann e4 und Springer e5, und ich gewinne Material, meine Güte was für ein toller Trick! Ich glaube ja nicht, daß er da reinfällt, aber wer weiß.«

27. ...   Dd8

Karpow: »Aha, er will endlich seinen Springer entwickeln. Wahrscheinlich ist es gut, den Läufer nach g2 zurückzuziehen, dann auf Springer d7 Turm d5, das gewinnt; natürlich, das Spiel ist sowieso gewonnen, in jeder Variante. Aber am einfachsten wird es sein, einfach mit dem Bauern weiterzulaufen.«

28. a5

Browne: »Oha, er gestattet mir das!? Sieht doch ziemlich gefährlich für ihn aus. Hat er eine Widerlegung? Ich habe keine Zeit, lange herumzurechnen, ich muß es versuchen, habe auch sonst keinen vernünftigen Zug, f5 droht nicht mal e4.«

28. ...   Sd7

Karpow: »Immerhin, er hat es fertiggebracht, seinen Springer mal zu ziehen. Wohin mit meinem Turm? Turm b5 ist sicherer, aber Turm c6 gefällt mir besser, kontrolliert die c-Linie und läßt den b-Bauern beweglich. Aber ich muß aufpassen. Er spielt dann e4, ich nehme mit dem Turm auf d4, dann Springergabel auf e5, und ich verliere die Qualität. Aber nein, ich gehe dann einfach mit der Dame nach c5, er schlägt den Turm, ich nehme mit dem Läufer wieder, Dame c7 einziger Zug, und dann zerschmettere ich ihn mit Turm d7, denn sein Turm auf f8 ist ja ungedeckt.«

29. Tc6

Browne: »Was ist das, er läßt mich e4 spielen und dann Springer e5 mit Qualitätsgewinn!? O weh, er will wohl die Qualle opfern und dann mit seinem starken Läufer und den beiden Randbauern gewinnen. Aber was sonst soll ich versuchen?«

29. ...   e4
30. Td4:

Browne: »Wie ist jetzt Bauer e3? Nein, er spielt f4 und stoppt meinen Springer. Ich muß die Qualität mitnehmen, zumindest steht dann das Material gleich.«

30. ...   Se5

Karpow: »Wie vorausgesehen; Dame c5 ist die einzige gute Antwort.«

31. Dc5

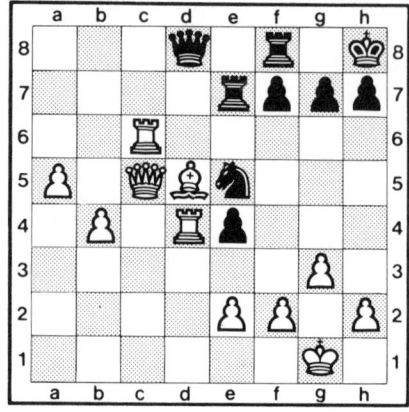

Browne: »Wenn ich jetzt seinen Turm fresse, nimmt sein Läufer wieder, c7 ist das einzige Feld für meine Dame, und dann spielt er einfach b5 und b6, und ich habe überhaupt kein Gegenspiel, völlig chancenlos. Jesses, und ich habe keine Zeit, bloß noch ein paar Minuten.

O Gott, noch schlimmer: Nach Springer schlägt c6, Läufer schlägt c6, Dame c7 macht er einfach Turm d7, und ich bin sofort hinüber.

Also irgendwas anderes, Turm d7, um ihn auf der d-Linie zu fesseln, vielleicht, vielleicht kommt da noch irgendein Trick in Sicht.«

31. ...   Td7

Browne: »Aber was mach ich jetzt eigentlich auf Turm a6? f5, Turm a8, das ist ganz hoffnungslos, meine Güte meine Güte. Ein Fehlerchen hab ich gemacht in der Partie, und sofort hatte ich nicht die Spur einer Chance mehr, bin schrecklich gebreitet worden. Keine Zeit übrig obendrein, und er hat noch so viel er will. Seine Züge waren nicht schwer zu finden, aber er hat natürlich sehr gut gespielt. Keine Tricks mehr, wirklich keine; nein, ich muß aufgeben.«

Und bevor der Weltmeister seinen nächsten Zug ausführte, streckte ihm Browne die Hand hinüber.

Weiß: Chandler
Schwarz: Rogers
Skandinavisch

Gegen den Commonwealth-Champion hatte Chandler, der frischgebackene neuseeländische Großmeister, auf seinen kriegerischen Bill-Cheung-Pullover verzichtet. Ein Signal der Friedfertigkeit war das jedoch nicht: Nach anderthalb Stunden stand Rogers auf Verlust, und nach weniger als drei Stunden war die Partie beendet.

1. e4	d5
2. ed5:	Dd5:
3. Sc3	Da5
4. d4	Sf6
5. Lc4	c6
6. Ld2	Lf5
7. Sf3	

Abzüge des Sc3 bringen nichts Besonderes ein, z. B. 7. Sd5 Dd8 8. Sf6:+ gf6: mit einem für Schwarz nicht ungünstigen Abspiel der Caro-Kann-Verteidigung (siehe Finalpartie Karpow – Miles!).

7. ...	e6
8. De2	Lb4
9. Se5	

Auf 9. ... Lc2: würde nun 10. Sf7: folgen.

9. ...	Sbd7
10. Sd7:	Sd7:
11. a3	

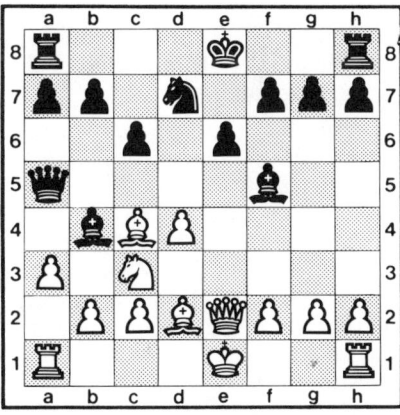

Offenbar bestrebt, aus der als nicht ganz vollwertig angesehenen Eröffnung des Gegners Vorteil herauszuholen, hatte Chandler hier bereits 50 Minuten Bedenkzeit verbraucht, gegenüber 12 seines Gegners.

Hier würde 11. ... Lc2: an 12. Tc1 mit Figurengewinn scheitern. Nach 11. ... 0-0-0 12. 0-0 Lc3: 13. Lc3: Dc7 dagegen hätte Schwarz eine etwas schlechtere, aber durchaus spielbare Stellung gehabt, während 11. ... 0-0-0 12. 0-0-0 ihm sogar einen sehr aussichtsreichen Angriff erlaubt hätte: 12. ... La3: 13. a3: Da3: + 14. Kb1 Sb6 (nicht 14. ... b5 15. La2 b4 16. Se4 Sf6 17. Lc1, und Schwarz kommt nicht zu b4–b3) mit den unmittelbaren Drohungen Db4 + und Td4:. Statt dessen unterlief Rogers ein Versehen, das ihn eine Figur und somit praktisch die Partie kostete.

| 11. ... | Sb6 |
| 12. 0-0 | |

Nun verlöre 12. ... Lc3: 13. Lc3: die Dame ebenso wie 12. ... Le7 13. Sb5 oder 13. Sd5. Relativ am aussichtsreichsten war daher die Partiefortsetzung.

12. ...	Sc4:
13. ab4:	Db4:
14. Ta4	Db2:
15. Ta2	

Hindert Schwarz daran, einen dritten Bauern für die Figur zu kassieren.

15. ...	Db6
16. Dc4:	0-0
17. Lf4	Tfd8
18. Le5	

Droht erneut Damenfang mittels 19. Tb1.

18. ...	Td7
19. Sa4	Dd8
20. Sc5	Te7
21. Te1	b6
22. Se4	Le4:
23. Te4:	Dd5
24. Dd5:	ed5:

Die aktive Postierung der weißen Figuren zwang Schwarz dazu, Material abzutauschen. Das resultierende Endspiel ist für Weiß kein Problem.

25. Te3	a5
26. Kf1	b5
27. Tg3	g6
28. f4	a4
29. Tc3	Te6
30. g4	Kf8

30. ... f5 31. gf5: gf5: hätte vielleicht etwas längeren Widerstand geleistet. Nach 32. Tg3 + nebst c3 wären aber die schwarzen Freibauern blockiert, der weiße König könnte nach a3 wandern, um sie vollends unschädlich zu machen, und Weiß würde über die g- bzw. h-Linie ins schwarze Lager eindringen.

31. f5	gf5:
32. gf5:	Th6
33. f6	Ta6,

und ohne Chandlers nächsten Zug abzuwarten, streckte der Australier ihm die Hand zur Aufgabe übers Brett.

Weiß: Garcia
Schwarz: Hort
Damenindisch

1. d4	Sf6
2. Sf3	e6
3. c4	b6
4. a3	

Garcia scheint Respekt vor der Nimzoindischen Verteidigung zu haben: Hier ist er ihr aus dem Weg gegangen, und 3 Runden später, in der Revanchepartie gegen Hort, spielte er sie selber.

4. ...	Lb7
5. Sc3	d5
6. cd5:	Sd5:

In der 5. Runde lenkte Karpow gegen Browne mit 6. ... ed5: in weniger ausgefahrene Gleise über.

7. e3	Sd7
8. Ld3	c5
9. e4	S5f6

Nach 9. ... Sc3: 10. bc3: würde Weiß mit seinen Mittelbauern alle Zentralfelder beherrschen. 9. ... cd4: wäre nicht gut wegen 10. Sd5: ed5: 11. e5.

10. 0-0	cd4:
11. Sd4:	a6
12. Lc2	

Beugt Sc5 vor.

| 12. ... | Dc7 |
| 13. De2 | Tc8 |

Schwarz behält sich solange als möglich vor, wohin er seinen Königsläufer entwickelt.

| 14. Td1 | Ld6 |

15. Sdb5 scheitert jetzt daran, daß der schwarze Läufer auf h2 mit Schach zwischennehmen kann. Die erzwungene Schwächung der weißen Königsstellung verstärkt die Wirkung des weißfeldrigen schwarzen Läufers.

| 15. g3 | 0-0 |
| 16. f3 | |

Eine weitere Lockerung. Auf sofort Läufer e3 hätte Schwarz mit h5 zugleich Sg4 drohen und auf die Angriffsmarke g3 losgehen können.

| 16. ... | Tfd8 |
| 17. Le3 | Db8 |

Die Dame entfernt sich prophylaktisch aus dem Radius der weißen Springer und von der c-Linie, auf der sie früher oder später einem weißen Turm gegenüberstehen würde.

| 18. Lb3 | Sf8 |

Überdeckt e6 gegen allfällige Opfer und verschafft dem Td8 bessere Sicht. Ein grober Fehler wäre hier Se5 gewesen, wegen f4 nebst e5 und Figurengewinn für Weiß.

| 19. Tac1 | |

Auch Weiß steht nun voll zentralisiert da. In der folgenden Phase des Lavierens geht es für Weiß darum, die Schwäche des schwarzen Damenflügels auszunutzen, während Schwarz vor allem aus der gelockerten weißen Königsstellung Kapital zu schlagen sucht. Beide Spieler hatten hier schon 1 Stunde Bedenkzeit verbraucht.

19. ...   h6

Beugt Läufer g5 vor und ermöglicht unter Umständen ein Vorgehen am Königsflügel mit g5, Kg7 und Sg6.

20. Df2

Droht Sde2, wonach Schwarz seinen b-Bauern vorrücken und dem Weißen die Diagonale a7–g1 überlassen müßte.

20. ...   S6d7

Nach 21. Sde2 könnte b6 nun mit La8 gehalten werden. Zugleich macht der Springer Anstalten, das prachtvolle Feld e5 zu besetzen, von dem Weiß ihn wegen Sg4 vorerst nicht vertreiben könnte.

21. La2

Macht den weißen b-Bauern wieder beweglich und ermöglicht eine eventuelle Stützung des weißen Zentrums durch Lb1, ohne die c-Linie zu verstellen.

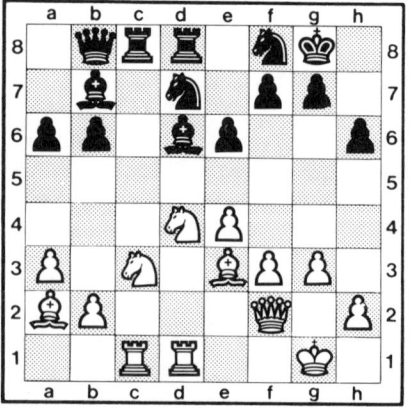

21. ...   Se5

Droht, sich mit Sc4 das Läuferpaar zu sichern.

22. Sce2   b5

Entfernt den b-Bauern aus der Schußlinie des schwarzfeldrigen weißen Läufers und schafft dem Se5 von neuem den Stützpunkt c4.

23. Tc8:

Weiß entlastet sich durch Abtausch, muß aber dabei dem Gegner die Kontrolle der c-Linie überlassen.

23. ...   Tc8:
24. Sc1

24. Sc3 hätte dem Gegner den neuen Plan an die Hand gegeben, a5 nebst b4 durchzusetzen.

24. ...   Td8

In dieser Stellung dürfte Schwarz einen minimalen Vorteil dadurch besitzen, daß seine Läufer gemeinsam gegen den gelockerten weißen Königsflügel gerichtet sind und daß sein beherrschend postierter Se5 vorläufig nicht zu vertreiben ist. Wahrscheinlich sah Hort aber nicht recht, wie er weiterkommen sollte, bzw. auf welcher Linie sein Turm günstiger stünde, und opponierte erst einmal seinen Turm auf der d-Linie, um zu sehen, worauf Weiß hinauswollte.

25. De2

Jetzt ist immer einmal mit f4 zu rechnen. Der schwarze Turm kehrt daher nach c8 zurück, um dem Springer das Feld c4 zu sichern.

    25. ...   **Tc8**
    26. Lf2

Überdeckt den g- und e-Bauern, und der Läufer würde nach Sg4 nicht mehr hängen. Bauer f4 statt dessen wäre schlecht, weil die lange Diagonale empfindlich geschwächt würde.

    26. ...   **Le7**

Entfernt vorsichtshalber den Läufer von der d-Linie und sichert sich die Möglichkeit, jederzeit die d-Linie mittels Td8 zu neutralisieren.

    27. Sd3   **Sd3:**

Sehr in Betracht kam auch das konsequente Sc4. Aber Hort hat noch einen Springer, den er nach e5 bringen kann!

    28. Td3:   **Sg6**
    29. Td2

Bereitet Turmtausch vor. 29. Se6:, um mit 29. ... fe6: 30. Le6: + Kh7 31. Lc8: zwei Figuren für Turm und zwei Bauern herzugeben, wäre nicht gut gewesen, weil die Schwäche der langen Diagonale den Weißen daran gehindert hätte, seine Mehrbauern vorrücken zu lassen.

    29. ...   **Se5**
    30. Tc2   **Lf6** .
    31. f4

Weiß kann der Versuchung nicht länger widerstehen, dem Superspringer auf e5 einen Tritt zu geben. Geduldiges Klammern (z. B. mit 31. Kg2) wäre aber vorzuziehen gewesen, denn der unscheinbare Geselle auf b7, der so lange auf Granit biß, wird jetzt unheimlich wach und kräftig.

    31. ...   **Tc2:**
    32. Sc2:

Auf 32. Dc2: wäre wieder Sg4 sehr günstig für Schwarz.

    32. ...   **Sd7**

Nun hängt b2, und Schwarz plant mit Sc5 den weißen e-Bauern zum Vorgehen zu zwingen, wonach es dem weißen König auf der langen Diagonalen an den Kragen ginge. Mit einem Mal findet sich Weiß in einer äußerst kritischen Lage.

    33. Se1   **Dc7**

Verschafft dem Springer das Feld c5 und droht auf c1 einzusteigen. Am hartnäckigsten wäre jetzt Sd3 gewesen. Beide Spieler kamen hier in heftige Zeitnot.

    34. Lb1

Ein Verlustzug. Hort gewinnt nun mindestens einen Bauern.

34. ...   Dc1

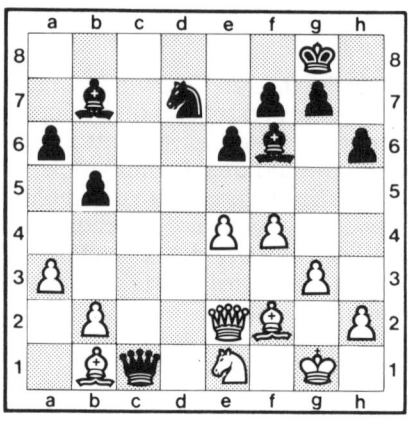

35. Lc2

Eine Falle: Auf 35. ... Db2: käme 36.
e5, und wegen der Drohung Lh7 +
müßte Schwarz mit 36. ... Le5: eine
Figur gegen drei Bauern geben.

35. ...   Lb2:
36. Dd3

Stiert nach d7 und schielt nach h7.

36. ...   Sf8
37. a4

Erzwungen, wenn nicht ein zweiter
Bauer verlorengehen sollte.

37. ...   ba4:
38. La4:   Dc3
39. Dc3:   Lc3:
40. Sd3   a5

Beim Kontrollzug hing auf beiden
Seiten das Blättchen. Die technische Aufgabe ist nicht ganz einfach für Schwarz, aber Hort löst sie
sicher.

41. Sc5   La8
42. Kf1   g5
43. Ke2   Sg6
44. Le3   gf4:
45. gf4:   Se7
46. Kd3   Le1
47. Lc2

Seinen e-Bauern will Weiß auf e4
behaupten, um den schwarzen Figuren nicht die Felder d5 und f5 als
Operationsbasen zu überlassen.

47. ...   Lc6
48. Kc4   Sc8
49. Sd3   Lh4
50. Kd4   Ld8
51. Lc1   Lb6 +

Endlich wirken die beiden Läufer
im Verbund!

52. Ke5   Lc7 +
53. Kd4   Sd6
54. f5

54. Se5 würde dem König das Feld
e5 versperren, so daß Schwarz ihn
zunächst mit 54. ... Lb6 + zurück-
treiben könnte. 54. Sf2 kam wegen
54. ... Lb6 + 55. Ke5 Sc4 + mit Figurengewinn nicht in Betracht, und
auf 54. Sc5 wäre die Fesselung
54. ... Lb6 sehr unangenehm gewesen; Schwarz hätte dann in ein
leicht gewonnenes Endspiel mit
Läufern gleicher Farbe überlenken
können. Weiß setzte seine Remis-
hoffnungen wohl in die aktive Stellung seines Königs.

54. ...   ef5:
55. ef5:   Sf5: +
56. Kc5   Le4

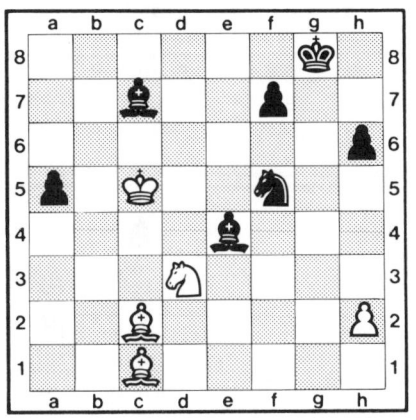

Hier sieht die Partie klar gewonnen aus für Schwarz: Der weiße König kann sich keiner der schwarzen Figuren nähern, der weiße Springer ist gefesselt, und zu allem Überfluß hängt h2. Allerdings steht der weiße König viel aktiver als sein schwarzer Kollege.

57. h3	Kh7
58. Ld2	Se7
59. Kc4	f5

Auf 59. ... Kg6 hätte Weiß 60. Se5 + gespielt und sich mit dem Läuferpaar sehr gute Remischancen gesichert.

60. Ld1	Sg6
61. Sc5	Lg2
62. Se6	

Jetzt fällt der a-Bauer, so daß Weiß sich nur noch um einen Kriegsschauplatz zu kümmern braucht. Zudem hat der schwarze König Schwierigkeiten, ins Freie zu gelangen.

62. ...	Le5
63. La5:	Lh3:
64. Lc2	Se7
65. Ld2	Lg4
66. Sf8 +	Kg7
67. Sd7	La1
68. Kc5	h5
69. Kd6	Sg6

Der schwarze König sitzt in einem Käfig. Andererseits schirmt ihn der La1 momentan gegen Belästigungen ab, und der weiße Kollege schafft es nicht, den Rubikon zu überschreiten: Auf 70. Ke6 käme 70. ... f4 +.

70. Sc5	Sf8
71. Lg5	Lf6
72. Lf4	h4

Der entferntere der beiden Mohikaner schüttelt probeweise seine Beine ...

73. Se6 +	Se6:
74. Ke6:	Kg6
75. La4	h3
76. Le8 +	Kg7

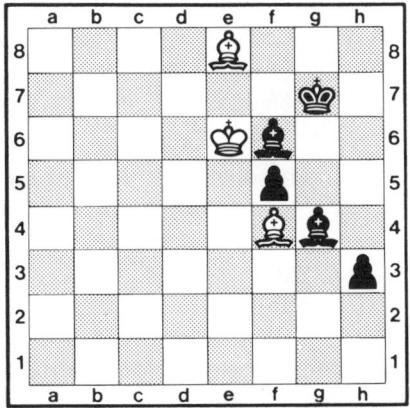

77. Lc6

77. Le5 scheiterte an 77. ... Le5:
78. Ke5: Lf3.

77. ...	Ld4
78. Le5 +	

Das erleichtert dem Schwarzen seine Aufgabe, da sein König zum h-Bauern gelangt. 78. Le8 war zäher.

78. ...	Le5:
79. Ke5:	Kg6
80. Kf4	Kh5
81. Lh1	Kh4
82. Ld5	Ld1

Auf 83. Kf5: würde der weiße Läufer mit 83. ... Kg3 nebst 84. ... Lf3 ausgeschaltet.

83. Lh1	Lc2

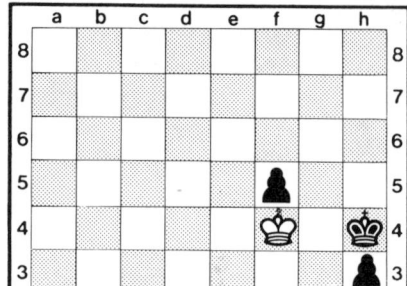

Weiß gab auf: Sein Läufer wird mit 84. ... Le4 beseitigt oder abgedrängt, und dann läuft der h-Bauer ein.

Weiß: Miles
Schwarz: Kindermann
Englisch

1. c4	e5
2. Sc3	Sc6
3. e3	

Um einem schwarzen Aufbau mit g6 und Lg7 vorzubeugen.

3. ...	Sf6
4. Sf3	Lb4
5. Sd5	

Der weniger ehrgeizige »Normalzug« wäre hier 5. Dc2. Die beiden wiederholen bis zum 7. Zug einschließlich ihre Partie aus Biel 1983, mit der Miles den Schönheitspreis des Turniers gewann. Die Absicht, jene Scharte auszuwetzen, mag Stefan in dieser Partie zusätzlich beflügelt haben.

5. ...	e4
6. Sg1	0-0

Hier verständigten sich die beiden kurz darüber, auf welcher Seite des Brettes der Aschenbecher stehen solle.

7. a3	Ld6
8. Dc2	

In Biel spielte Miles den neueren Zug 8. Se2. Nun droht Weiß auf f6 zu tauschen und den e-Bauern zu verspeisen.

8. ...   Te8
9. Se2   b6

Den Russen Romanischin sah Kindermann an dieser Stelle einmal b5 spielen (in einer Blitzpartie gegen Bischoff, den deutschen »Blitzkönig«). Aber warum sollte er das Fianchetto nicht auf ruhige Weise vorbereiten, zumal damit gleichzeitig dem Vorstoß c4–c5 entgegengearbeitet wird.

10. Sec3   Lb7

Denn der Bauerngewinn 11. Sf6: + Df6: 12. Se4: wäre wegen 12. ... Dg6 arg gewagt, z. B. 13. d3 Sd4!

11. b4   a5
12. b5   Se5
13. Lb2

13. Se4: wäre hier schlecht wegen 13. ... Sd5: 14. Sd6: d6: 15. cd5: Ld5: bzw. 13. ... Sd5: 14. cd5: Ld5: mit sehr aktivem Spiel für Schwarz.

13. ...   Sd5:
14. cd5:

Auf 14. Sd5: wäre 14. ... Dh4 stark gewesen.

14. ...   f5

Die Variante 14. ... Dh4 15. De4: Sg4 16. Df3 Sh2: 17. Dh3 gefiel Kindermann nicht besonders. Mit dem einfachen Textzug jedoch sichert sich Schwarz die bessere Stellung. Der Bauer e4, der die weißen Figu-

ren einengt, ist nun zuverlässig gedeckt, Schwarz ist voll entwickelt, und der weiße König muß einen Angriff fürchten, egal, auf welche Seite er rochiert.

15. 0-0-0

Auf 15. Le2 plante Kindermann 15. ... c6, mit der möglichen Folge 16. bc6: dc6: 17. dc6: Lc6: 18. Sb5 Ld5 19. Sd6: Dd6:, und Schwarz stünde überlegen.

15. ...   De7

Eine andere Idee, die vielleicht im Interesse eines Königsangriffs den Vorzug verdiente, war 15. ... a4.

16. a4   c6

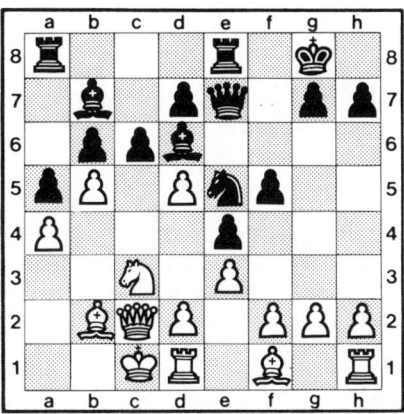

Öffnet den schwarzen Türmen die c-Linie, auf der sich der weiße Rädelsführer und seine Komplizin befinden.

17. d4   ed3: e. p.

Auch 17. ... Sg4 kam sehr in Betracht.

18. Ld3:   cb5:
19. Lb5:   Tac8

19. ... Tec8 hätte sich noch die Möglichkeit La6 offengehalten. Da Schwarz aber auf der c-Linie verdoppeln will, wäre es aufs selbe herausgekommen.

20. Db3

Verhindert Sc4 und nagelt den Ld6 fest. Miles verteidigt sich in seiner schwierigen Lage sehr umsichtig.

20. ...   Tc5
21. Kb1   Tec8
22. Td4

Verhindert wieder Sc4.

22. ...   Sg4

Schwarz plant jetzt, den Bauern d5 konzentrisch anzugreifen.

23. Td2   Df7
24. Tc1

Mit Remisangebot. Interessant wäre hier 24. Le2 gewesen, mit der Möglichkeit, unter Umständen auf b6 zu nehmen, sowie der Idee, daß der Springer nach 24. ... Sf2: 25. Tf1 weder nach e4 noch nach g4 zurück kann. Schwarz hätte dann aber mit 25. ... Tc3: 26. Lc3: Se4 einen mörderischen Angriff erhalten.

24. ...   Le5
25. Lf1

Nach der Partie meinte Miles, er habe hier nicht mehr gewußt, was er ziehen solle.

25. ...   Sf6

Er spielt folgerichtig auf seinen Plan, d5 in die Hand zu bekommen. Sehr stark wäre auch 25. ... Df6 gewesen.

26. f3   Lc3:
27. Tc3:   Tc3:
28. Lc3:   Sd5:

Um den Preis des Bauern hat Weiß einen Großteil des Druckes abgeschüttelt und besitzt das Läuferpaar. Auch scheinen bei flüchtigem Hinsehen die schwarzen Einheiten ein wenig zerstreut. Kindermann, der bis zur Zeitkontrolle nur noch 10 Minuten hatte, wirkte aber wie die Gelassenheit selbst und spazierte rauchend an den übrigen Brettern vorbei, während Miles nach und nach sein Bedenkzeitplus verbrauchte.

29. Ld4

Natürlich nicht 29. Lc4 Sc3: +.

29. ...   Sc3 +
30. Kb2   Db3: +

Kindermann sah, daß er nach Damentausch und Ld5 + einen 2. Bauern mit Schach würde schlagen können. Was Wunder, daß er, noch dazu bei knapper Zeit, diese Möglichkeit ohne weiteres ergriff. Mit 30 ... Ld5 31. Da3 Sa2 hätte er den englischen Champ in eine in ihrer Hilflosigkeit beinahe rührende Lage versetzen können. Doch hätte auch die Textfortsetzung zum Gewinn führen sollen.

31. Kb3:   Ld5 +
32. Kb2

Der Versuch 32. Lc4 kostet nach 32. ... Tc4: 33. Lc3: Le6 ebenfalls einen 2. Bauern, aber unter für Schwarz günstigeren Umständen als in der Partie.

32. ...   Sa4: +
33. Ka3

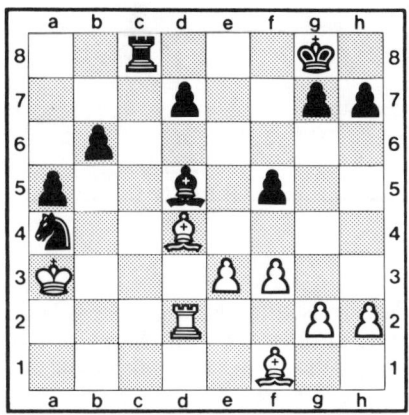

Der Konsolidierungsversuch 33. ... Sc5 wäre nun an 34. Lc5: Tc5 35. Td5: Td5: 36. Lc4 gescheitert. Schwarz muß daher in ein Endspiel mit Turm und 2 Bauern gegen die beiden Läufer einwilligen.

33. ...   Lc6
34. Tc2   Te8
35. Tc6:   dc6:
36. Ka4:   c5
37. Lb2   Te3:
38. Lc4 +   Kf8
39. Kb5   Te1
40. Ld3   g6

Beide schafften die Zeitkontrolle mit einem Rest von nur wenigen Sekunden auf der Uhr. Wenn in dieser Stellung einer Gewinnchancen hat, dann ist es Schwarz. In einer Turnierpartie mit normaler Bedenk-zeitbeschränkung hätte er nun abbrechen und die stärkste Fortsetzung in Ruhe ausanalysieren können. Unter den Spielbedingungen von Bath, wo es ohne Unterbrechung weiterging mit einer zusätzlichen Stunde Bedenkzeit für jeden Spieler, gelang es Kindermann zwar schließlich, eine einfache Gewinnstellung zu erreichen; aber dann fehlte ihm die Zeit, seine Chance wahrzunehmen. Schade, denn hätte er seine 2. Schwarz-partie hintereinander gewonnen, dann wäre ihm die Qualifikation fürs Finale praktisch schon sicher gewesen.

41. Kb6:   Td1
42. Lb5   Td2
43. Le5   Tg2:

Die Frage ist nun, ob es Schwarz gelingt, am Königsflügel einen 2. Bauern einzuheimsen, solange der weiße König noch mit seiner Bauernernte am Damenflügel beschäftigt ist.

44. Ka5:

Um nach Verspeisen des letzten Bauern näher am Zentrum zu stehen.

44. ...   Tf2

Denn auf sofortiges 44. ... g5 käme 45. Ld3.

45. Lc6   g5
46. Kb5   Ke7
47. Kc5:

Auf 47. Lg3 wäre 47. ... Tb2 + 48. Kc5: f4 gefolgt, und Weiß hätte seinen h-Bauern ebenfalls verloren.

| 47. ... | Ke6 |
| 48. Lc3 | |

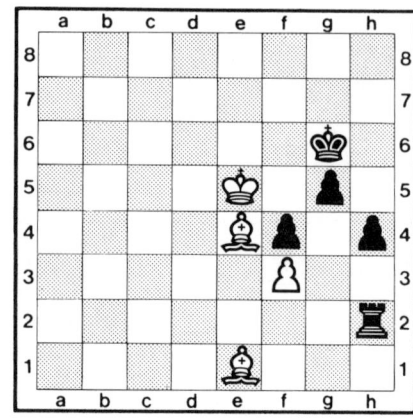

Auf 48. Lg3 ist 48. ... Tc2 + 49. Kb5 f4 noch günstiger als in der eben angeführten Variante, weil der weiße König einen Schritt weiter vom Kriegsschauplatz entfernt steht.

48. ...	Th2:
49. Ld5 +	Ke7
50. Kd4	Kf6

Die Annäherung des weißen Königs erlaubt auch dem schwarzen, Anschluß an den Schauplatz des Geschehens zu gewinnen.

51. Ke3 +

Wann darf ein König schon mal Schach bieten? Aber 51. Lc4 war wahrscheinlich genauer; der Läufer hätte dann unmittelbar auf die Diagonale b1–h7 schwenken können.

| 51. ... | Kg6 |
| 52. Le1 | f4 + |

Ein sehr wichtiger Zug, durch den der weißfeldrige Läufer von der Verteidigung seines Hinterlandes ausgesperrt wird.

53. Kd4	h5
54. Ke5	h4
55. Le4 +	

Bereits wieder knapp an Bedenkzeit, fürchtete Stefan hier, sich in ein Mattnetz zu verstricken, falls er mit dem König an den Rand ginge. Nach 55. ... Kh6 56. Kf6 Te2 57. Lb4 hätte aber schon 57. ... Te4: zum Siege ausgereicht: Der h-Bauer ist nicht mehr abzufangen.

| 55. ... | Kf7 |
| 56. Lh4: | |

Denn nach Normalzügen wie 56. Kf5 käme 56. ... Tg2, und der h-Bauer würde unhaltbar ins Tor rollen.

| 56. ... | gh4: |
| 57. Kf4: | Tg2 |

Auch diese Stellung bietet noch Gewinnchancen, die aber angesichts der knappen und unerbittlich weiter schrumpfenden Bedenkzeit sehr schwer zu realisieren waren.

 84

58. Lf5	Kf6
59. Lh3	Tg1
60. Lg4	Tb1
61. Lh3	Tb4 +
62. Ke3	Ke5
63. Lg4	Tb3 +
64. Kf2	Kf4
65. Kg2	Tb2 +
66. Kh3	

Mit 66. ... Td2 hätte Kindermann nun eine Falle stellen können:

67. Lh5 verlöre dann nämlich den f-Bauern nach 67. ... Tf2 68. Lg4 Kg5. Sehr fraglich allerdings, ob er mit der ihm noch verbliebenen 1 (knappen) Minute den danach technisch möglichen Gewinn hätte durchsetzen können.

66. ...	Kg5
67. Lc8	Tb1
68. Kg2	Kf4
69. Lg4	

Noch einmal hat Schwarz die Chance zu Tb2 + nebst Td2.

69. ...	Tc1
70. Kh2	Tc7
71. Kh3	Tc2
72. Ld7	Tc3
73. Lg4	Kg5
74. Kg2	Tc1
75. Kh2	Kf4
76. Kg2	Ke3
77. Kh3	Th1 +
78. Kg2	Tc1
79. Kh3	Kf4

Remis gegeben. Beide »Fallbeile« hingen, und das Risiko, durch Zeitüberschreitung zu verlieren, wollte keiner der beiden auf sich nehmen.

Dritte Runde (4. 11. 83)

In Gruppe A hatte Karpow nach 2 Runden schon einen ganzen Punkt Vorsprung. Ein 3. Sieg, gegen den nominell Schwächsten der Gruppe, hätte ihm die Finalteilnahme so gut wie gesichert. Browne dagegen mußte versuchen, die »rote Laterne« abzugeben.

In Gruppe B hatte der führende Kindermann zum erstenmal Weiß, gegen das vorläufige Schlußlicht Garcia. Über den Ausgang der Begegnung zwischen Hort und Miles, die sich über die Jahre hinweg schon runde zwei Dutzend schwerer Schlachten geliefert hatten (zum Vorteil von Vlastimil), wagte niemand eine Prognose. Klar war nur, daß derjenige, der diese Partie verlöre, mit nur 1 Punkt aus 3 Partien so gut wie ausgeschieden sein würde.

Weiß: Rogers
Schwarz: Karpow
Damengambit (Katalanisch)

Der nach ELO-Wertung schwächste Spieler des Turniers gegen den stärksten der Welt; das Schlußlicht der Gruppe, das gegen die Großmeister Browne und Chandler einen halben Punkt erzielt hatte, gegen den Weltmeister, der beide, wenn auch mit etwas Glück, geschlagen hatte: Wetten auf diese Partie wären wohl ziemlich drastisch zuungunsten des Australiers ausgefallen.

Der aber wählte einen ruhigen, soliden Aufbau, durch den Karpow jeder Möglichkeit beraubt wurde, die Partie zu komplizieren. Sie blieb farblos und endete kurz nach der Zeitkontrolle mit dem Resultat, das sicher nur einer der beiden angestrebt hatte: Remis.

1. d4	Sf6
2. c4	e6
3. g3	

Vermeidet Nimzo- und Damenindisch!

3. ...	d5
4. Lg2	Le7
5. Sf3	0-0
6. 0-0	dc4:
7. Dc2	a6
8. a4	Ld7
9. Se5	Lc6
10. Sc6:	Sc6:

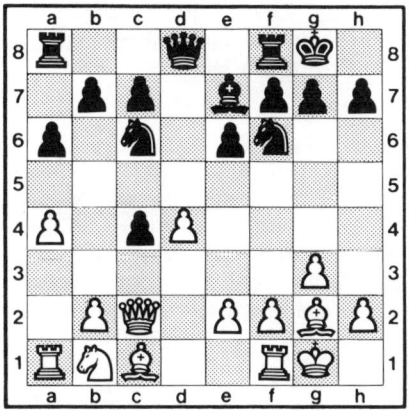

Schwarz ist seinen weißfeldrigen Läufer losgeworden, der in solchen Stellungen leicht einmal von den eigenen Bauern verrammelt werden kann. Eine ehrgeizige Fortsetzung wäre nun 11. Lc6: bc6: 12. Dc4: gewesen, mit der Idee, auf die schwarzen Bauernschwächen am Damenflügel zu spielen. Nach 12. ... Dd5 stünde Schwarz aber nicht schlechter; die halboffenen b- und d-Linien sowie die Möglichkeit c7-c5 böten ihm mehr als genug aktive Spielmöglichkeiten.

11. e3	Sa5
12. Sd2	Sd5
13. Sc4:	Sc4:
14. Dc4:	a5

So sind die weißen Bauern am Damenflügel festgelegt, und Schwarz kontrolliert ein für allemal das Feld b4.

15. b3	Dd7
16. La3	La3:
17. Ta3:	

Mit dem Verzicht auf den Vorstoß e4 und dem Abtausch der schwarz-feldrigen Läufer hat Weiß klargemacht, daß er nicht mehr als Remis anstrebt. Die einzigen ernstzunehmenden Möglichkeiten für Schwarz, das Spiel zu komplizieren, bestehen nun im Angriff auf das weiße Zentrum mittels c5 oder e5. Während Karpow dies vorbereitet, baut sich Rogers so auf, daß die Öffnung des Zentrums zu weitgehendem Abtausch führen muß.

17. ...	c6
18. Ta1	Sb4
19. Tfd1	Tac8
20. Tac1	Tfd8
21. Lf3	Dc7
22. Kg2	De7
23. h4	b6

Nimmt der weißen Dame ihre letzte Operationsbasis am Damenflügel (c5).

24. De2	Td6
25. Kh2	

Weiß hat seine »Auffangstellung« eingenommen und wartet mit Pendelzügen von König und Dame ab, bis Karpow sich endlich zur Öffnung des Zentrums entschließt; und das heißt in diesem Falle: zur Remisabwicklung.

25. ...	Tcd8
26. Kg2	Dd7
27. Dc4	g6
28. Kg1	h5
29. Kg2	De7
30. De2	T8d7
31. Dc4	Dd8

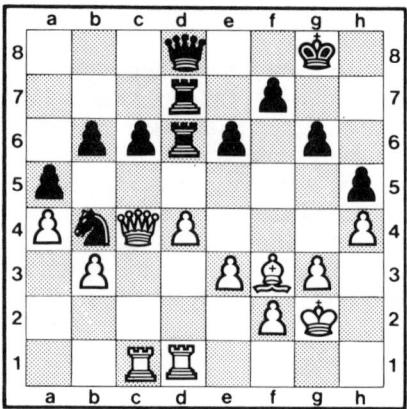

Die Triplierung sieht furchterregend aus, aber – aufs Aussehen alleine kommt's nicht an.

32. De2	Kg7
33. Kg1	De7
34. Kg2	c5

Aha!

35. dc5:	Td1:
36. Td1:	Td1:
37. Dd1:	Dc5:

Schwarz hat hier einen minimalen Vorteil aufgrund seiner aktiveren Figurenstellung und seiner beweg-licheren Leichtfigur. Aber Weiß kann mühelos alle Einbruchsfelder des Springers sichern.

38. Le4	De5
39. Lf3	Dc3
40. Le4	De5

40. ... f5 bietet keine Gewinnchancen, da dann der schwarze König den Schachgeboten der gegnerischen Dame preisgegeben wäre.

41. Lf3	Db2
42. Le4	

Remis auf Vorschlag von Karpow.

Später am Abend, nachdem er mit seiner Freundin eine Flasche Wein auf das freudige Ereignis geleert hatte, wurde Rogers von einem Kiebitz zu seinem Resultat beglückwünscht. »Oh«, war seine fröhliche Antwort, »du solltest sehen, wie ich ihn in der zweiten Partie fertigmache!«

Sein T-Shirt mit dem Aufdruck »KARPOV RULES OK?« allerdings hatte er, nach langem Zweifeln, zur heutigen Partie lieber nicht angezogen, um seinen mächtigen Gegner nicht durch den vieldeutigen Slogan zu provozieren.

Weiß: Browne
Schwarz: Chandler
Abgelehntes Damengambit

Browne schien an diesem Tag Schwierigkeiten mit der Uhr zu haben. Am Morgen hatte er bereits knapp das Frühstück verpaßt, und zum Partiebeginn erschien er 2 Minuten verspätet. Die Eröffnung spielte er dann aber fast im Blitztempo, als ob er zeigen wolle, daß er entschlossen sei, ausnahmsweise einmal nicht in Zeitnot zu kommen.

Vielleicht wollte er dem Gegner auch den Eindruck geben, speziell vorbereitet zu sein, um ihn zu verleiten, Bedenkzeit zu investieren.

Chandler aber erwiderte die hastig-lauten, von aggressiver Energie überladenen Bewegungen, mit denen der Amerikaner seine Züge ausführte, mit betont ruhiger Sammlung, und so ging das Eröffnungsstadium bis etwa zum 14. Zug ungewöhnlich rasch vorüber.

1. d4   d5
2. c4   e6
3. Sf3   c5

Denn seine Partie gegen Karpow aus der 1. Runde bot wahrlich keinen Grund, ihn von »seiner« Eröffnung abzubringen.

4. cd5:   ed5:
5. Sc3   Sc6
6. g3   Sf6
7. Lg2   Le7
8. 0-0   0-0
9. dc5:   Lc5:
10. Lg5   d4
11. Lf6:   Df6:
12. Sd5   Dd8
13. Sd2

Das also war offenbar die Variante, die Browne sich für diese Partie vorgenommen hatte.

13. ...   Te8

Der vorgerückte schwarze d-Bauer mag eine Angriffsmarke darstellen, aber der zurückgebliebene weiße e-Bauer tut dies auch!

14. Tc1   Lb6
15. Te1   Lg4
16. Sc4   Lc5

Bis hierher hatte die Partie Weiß 30, Schwarz 42 Minuten gekostet.

Um den d-Bauern als Kristallisationspunkt ist eine große Spannung entstanden; er könnte schwach werden, wenn es Weiß gelänge, die beiden ihn deckenden Leichtfiguren zu beseitigen oder zu vertreiben. Andererseits muß Weiß selbst stets daran denken, daß der Isolani einmal vormarschieren könnte und daß sein eigener e-Bauer unter Beschuß steht. Und seine beiden Springer bestreichen zwar alle schwarzen Felder weit und breit, aber sie sind auch potentielle Angriffsobjekte für den Gegner.

17. a3

Droht mit b4 den Lc5 abzutauschen oder von der wichtigen Diagonale a7–g1 zu vertreiben.

17. ...   a6

Öffnet dem Lc5 das Schlupfloch a7 und schützt zugleich den Sc6 gegen den Vorstoß b4–b5.

18. b4   La7
19. Dd2

Verstärkt den Einfluß auf den schwarzen Feldern, und nach der Entfesselung des e-Bauern muß Schwarz gelegentlich mit der Möglichkeit e2–e4 rechnen.

19. ...   Tc8
20. Df4

 89

Das Berechnen dieses Zuges brachte Browne um seinen anfänglichen Bedenkzeitvorteil; für die nächsten 20 Züge hatte er nun noch 40 Minuten, Chandler 1 Stunde. Die Doppeldrohung Dg4: und Sd6 (mit gleichzeitigem Angriff auf f7!) läßt Schwarz nun praktisch keine Wahl.

20. ...   Le6
21. Dd6   Lb8

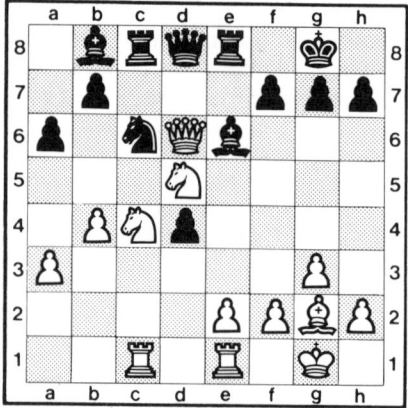

Die beiden letzten Läuferzüge kosteten Chandler eine halbe Stunde. Zunächst einmal ist jetzt der Damentausch erzwungen.

22. Dd8:   Tcd8:
23. Sdb6

Das Ergebnis der Abwicklung scheint auf den ersten Blick Schwarz zu begünstigen: Die weißen Springer wirken etwas deplaziert, Schwarz steht optimal zentralisiert, sein vorgerückter d-Bauer ist beweglich und vielleicht eher stark als schwach. Die Kompensa-

tion von Weiß besteht im Druck gegen c6 und b7; ferner hat der La7 fast keine Wirkung, und der d-Bauer ist eben doch ein Isolani.

23. ...   La7
24. Sa4

Er will den Springer über b2 nach d3 zurück ins Spiel bringen. Auf 24. ... b5 käme 25. Lc6:.

24. ...   Lc4:
25. Tc4:   d3

Der e-Bauer ist gefesselt! Plötzlich wird aus dem isolierten Sorgenkind ein brandgefährlicher Freibauer.

Beide hatten hier noch knapp 20 Minuten bis zur Zeitkontrolle.

26. e3

Erzwungen: Lf3 oder e4 ließe den schwarzen Leichtfiguren viel zu viel Raum. Aber auch gut: La7 und Te8 beißen nun auf Granit.

26. ...   Se5
27. Tc7

Die Frage ist, ob Schwarz seinen Freibauern d3 irgendwie entscheidend verwerten kann. Wenn nämlich nicht, wenn der Freibauer gestoppt oder vernichtet wird, dann müßte wegen der Schwäche des schwarzen Damenflügels Weiß in Vorteil kommen.

27. ...   b5

 90

Auf 27. ... Tc8 käme nicht 28. Tb7: d2 29. Td1 Tc1 30. Sb2 Sd3, sondern 28. Tec1, z. B. 28. ... d2 29. Tc8: oder 28. ... Tc7: 29. Tc7: d2 30. Sb2 Lb6 31. Tc2 Td8 32. Sd1 nebst Kf1–e2.

Der Textzug ist eine Radikalkur, mit der Schwarz immerhin das Problem seines schlechten Läufers löst.

28. Ta7: ba4:
29. Tc7

Und nicht 29. Ta6: d2 30. Td1 Sc4 nebst Sb2.

29. ... Tc8
30. Tc5

Browne fand diesen starken Zug, der den schwarzen Türmen die c-Linie blockiert, mit nur 5 Minuten auf der Uhr. 30. ... Tc5: 31. bc5: Tc8 wäre jetzt nicht gut wegen 32. f4 Sc4 33. c6.

Hort schlug später 30. ... a5 vor mit der Idee, auf der a-Linie zu einem weiteren Freibauern zu kommen. 31. Ta5: geht dann nicht wegen 31. ... d2 nebst Tc1; und nach 31. Td5 ab4: 32. ab4: Tcd8 ist es nicht klar, ob Weiß besser steht.

Mit 31. Tec1 hätte Weiß jedoch auch hier seinen Vorteil klargestellt; 31. ... d2 scheitert dann an 32. Tc8:; auf 31. ... Tcd8 käme 32. Ta5:, und nach 31. ... Tc5: 32. bc5: käme es zu ähnlichen Bildern wie in der Partie.

In der Partie wählte Chandler nun eine Fortsetzung, die den Springer auf seinem starken Feld e5 zemen-

tieren sollte und seinem König zugleich ein Luftloch schuf. Die beiden Züge mit dem g-Bauern stellten jedoch keine neuen Drohungen auf und bedeuteten somit einen Zeitverlust, der es dem Amerikaner gestattete, sich zu konsolidieren und vorteilhaft abzuwickeln.

30. ... g5
31. Td1

Bindet den schwarzen Springer an seinen Platz und verhindert, daß d3–d2 mit Tempogewinn geschehen kann.

31. ... g4
32. Lb7 Tc5:
33. bc5:

Nun ist der weiße nicht weniger gefährlich als der schwarze Freibauer, und nach indirektem Tausch der beiden gegeneinander wird die weiße Stellung zwei große Vorzüge aufweisen: Die schwarzen Bauern sind auf der Felderfarbe des Läufers festgelegt, und der schwarze Doppelbauer auf der a-Linie bedeutet praktisch einen weißen Mehrbauern am Königsflügel.

33. ... a5
34. Le4 Tc8
35. c6 h5

Sonst bliebe der König an die Deckung von h7 und der Springer an die von g4 gebunden.

36. Kf1 Kf8
37. Ke1 Ke7
38. Tc1 Kd6
39. Kd2 Tb8
40. c7

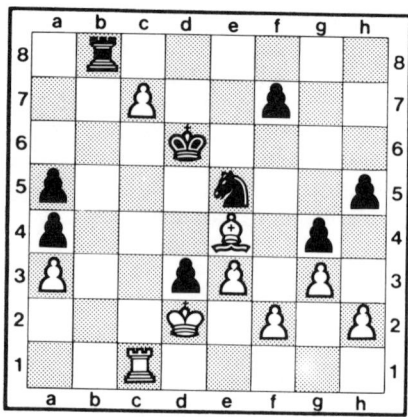

47. ...	f5
48. Lb7	Kd6
49. Ld5	Sd7
50. e4	fe4:
51. Le4:	

Weiß hat seinem Läufer wieder das Feld e4 und seinem König die zusätzliche Einbruchsroute e4–f5 verschafft. Brownes Bedenkzeit schmolz aber schon wieder verdächtig zusammen.

| 51. ... | Se5 |
| 52. Ld5 | Sd3 |

Zwingt Schwarz zum Abtausch der Türme und Freibauern, wonach das Endspiel dem Schwarzen nur noch minimale Remischancen bietet. Zudem hatte Browne nun wieder eine volle Stunde Bedenkzeit.

40. ...	Tc8
41. Ld3:	Tc7:
42. Tc7:	Kc7:
43. Kc3	Kc6
44. Kd4	Kd6

Mit 44. ... Sf3 + auf den h-Bauern loszugehen, hätte sich nach 45. Ke4 Sh2: 46. Le2 als Selbstmord erwiesen.

| 45. Le4 | f6 |

Erzwungen, da 45. ... Ke6 46. Kc5 ebenso wie 45. ... Sc6 + 46. Kc4 die a-Bauern kostet.

| 46. Lg2 | Ke6 |
| 47. h4 | |

Auf 47. Kc5 könnte Schwarz mit 47. ... Sd3 + im Trüben fischen.

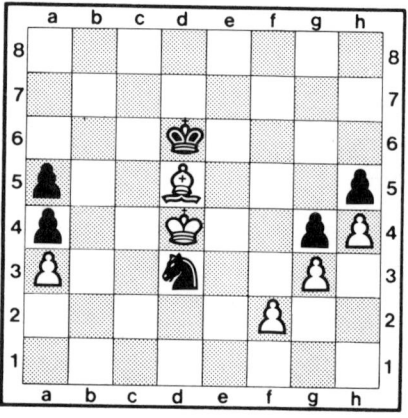

Eine witzige Ressource: Das Königsendspiel hielte Schwarz nach 53. Kd3: Kd5: 54. f4 gf3: e. p. 55. Ke3 Ke5 56. Kf3: Kf5 57. g4 + hg4: 58. Kg3 nun gerade noch remis; nach Abholen des h-Bauern käme sein König rechtzeitig zum Damenflügel, um entweder den weißen König vor seinem a-Bauern einzusperren oder aber das Feld b8 zu gewinnen.

| 53. f4 | Sc1 |

53. ... gf3: e. p. hätte nach 54. Lf3: den h-Bauern gekostet.

54. Lc4   Sb3 +

Der Springer entwischt aus seinem Käfig, ehe Weiß mit Kc3 den Riegel vorschiebt.

55. Kc3   Sc5
56. Ld3

Schirmt g3 gegen den Springer ab und bedroht die schwarzen Königsflügelbauern.

56. ...   Ke7
57. Kd4   Sb3 +

Nach 57. ... Kd6 58. Lg6 wäre es glatt aus. Aber auch so steht Weiß natürlich klar auf Gewinn.

58. Ke5   Kf7
59. Kf5   Sc5
60. Lb1

60. Lc2 wäre genauer gewesen, aber hier diktierte bereits wieder die Zeitnot die Geschehnisse.

60. ...   Sd7
61. Kg5   Sf6
62. Lf5   Kg7
63. Lg6   Sd5

Um die Königsflügelbauern ist es getan, aber Schwarz hofft weiter auf die Zeitnot des Gegners.

64. Lh5:

Viel besser war 64. Kh5:. Auf 64. ... Sc3 hätte dann 65. Ld3 den Springer kaltgestellt.

64. ...   Sc3
65. Kg4:   Sb5
66. Le8   Sa3:
67. La4:   Sc4
68. Kg5

Natürlich sollte auch diese Stellung leicht für Weiß gewonnen sein, aber das quicklebendige neuseeländische Pferdchen schlug noch eine Menge raffinierter Kapriolen; und Browne durfte von Glück sagen, daß sein Gegner nun ebenfalls in höchste Zeitnot kam und schließlich, als beide nur noch wenige Sekunden auf der Uhr hatten, einen sofort entscheidenden Fehler beging.

68. ...   Sb2
69. Lb3   a4
70. La2   Sd3
71. h5   Sf2

Auf 71. ... Sb4 72. h6 + Kh8 73. Lb1 a3 73. f5 wären die weißen Bauern zu schnell. Und schlimmer noch: Weiß, »in extremis«, hätte keinerlei Schwierigkeiten, die richtigen Züge zu finden.

72. h6 +   Kh8
73. f5   a3
74. f6   Se4 +
75. Kg6   Sc5
76. g4   Sd7
77. g5   Sf8 +
78. Kf7   Sg6

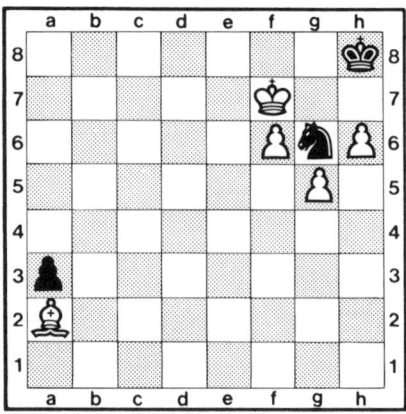

79. Lb1   Se5 +
80. Ke6   Sg6

Eine Spur zu hastig...

81. Lg6:

... denn nach 81. ... a2 82. f7 macht Schwarz zwar zuerst eine Dame, aber Weiß setzt ihn mit 83. f8D matt.

Schwarz gab auf.

Die Stadt Bath veranstaltete an diesem Abend das jährliche Feuerwerk zur Feier der Erinnerung an Guy Fawkes, der 1605 um Haaresbreite das englische Parlament in die Luft gesprengt hätte.

Schwarz, ebenfalls in äußerster Zeitnot, hat es tatsächlich noch geschafft, eine Pattfalle aufs Brett zu zaubern. Für Browne um so kritischer, als er kein Remis gehabt hätte, wenn hier sein Blättchen gefallen wäre; denn in seinem a-Bauern hatte Chandler noch Material, das theoretisch zum Mattsetzen ausreichte.

Die ungeheuren Schwärme von Knallfröschen und Raketen, die während der letzten Stunde dieser Partie salvenweise vor den Fenstern des Turniersaales losgingen, bildeten für die Konzentration der noch bei der Arbeit befindlichen Spieler (Browne – Chandler und Kindermann – Garcia) sicher ein erhebliches Hindernis.

Weiß: Kindermann
Schwarz: Garcia
Französisch

1. e4   e6
2. d4   d5
3. Sd2   a6

Eine Modevariante. Für ein prophylaktisches Vorrücken seines a-Bauern bewies Garcia in diesem Turnier eine gewisse Vorliebe (vgl. seine Partien der ersten beiden Runden)!

4. Sgf3   c5
5. ed5:

Die Enzyklopädie der Schacheröffnungen empfiehlt 5. dc5:.

5. ...   ed5:
6. Le2   Sc6
7. 0-0   c4

Nach einem Entwicklungszug des schwarzfeldrigen Läufers hätte Weiß auf c5 mit Tempogewinn tauschen können.

 94

8. Te1   Le7
9. b3

Von Stefan Kindermanns Partien wurde man es allmählich gewohnt, daß sie im Eröffnungsstadium am langsamsten Gestalt annahmen. Hier hatte er bereits 33 Minuten überlegt, sein Gegner eine einzige.

9. ...   cb3:

Auf 9. ... b5 10. a4 c3 wollte Stefan nicht 11. Sf1 spielen, worauf der Gegner den Damenflügel mit 11. ... b4 abgeriegelt hätte, sondern dachte daran, mit 11. ab5: ein interessantes Figurenopfer zu bringen.

Nach längerem Nachdenken schienen ihm aber die Folgen von 11. ... cd2: 12. Ld2: Sb8 nicht klar genug. Er hätte daher 9. ... b5 mit 10. bc4: beantwortet, mit der möglichen Fortsetzung 10. ... bc4: 11. Se5 Sd4: 12. Sdf3 Se6 13. a4 mit sehr guter Kompensation für den geopferten Bauern.

Man sieht, er rechnet sich so einiges aus, wenn er schon im Eröffnungsstadium lange Denkpausen einlegt, und sitzt nicht etwa nur da und hat seine Zugpflicht vergessen!

10. ab3:   Sf6
11. Sf1

Von wo er, je nach Bedarf, nach e3 oder nach g3 wandern kann.

11. ...   0-0

Während diese Partie erst langsam in Gang kam, hatte am Nachbarbrett Miles mit den schwarzen Steinen seinem »Angstgegner« (sofern es für Tony so etwas überhaupt gibt) Hort bereits ein Remis abgenommen. Bei einem Sieg des Kubaners über Kindermann hätten nach dem 1. Umgang nun alle vier wieder punktgleich gestanden!

12. La3

Hier hatte der Münchner schon 50, sein Gegner erst 12 Minuten verbraucht.

12. ...   La3:
13. Ta3:

Um nicht nach 12. Sg3 mit Se4 und Lb4 auf den schwarzen Feldern invadiert zu werden, hatte Weiß die schwarzfeldrigen Läufer getauscht. Momentan steht nun der Ta3 etwas unglücklich.

13. ...   Se4
14. Se3

Auf 14. Ld3 gefiel ihm 14. ... Lg4 nicht.

14. ...   b5
15. Ta1

15. Lb5: würde an 15. ... Sc3 scheitern.

15. ...   Ta7

15. ... b4 hätte die »petite combinaison« 16. Sd5: Dd5: 17. Lc4 Df5 18. Ld3 erlaubt (18. ... Sc3 19. Lf5: Sd1: 20. Le4, bzw. 18. ... Te8 19. Te4: Te4: 20. Sd2). Sehr in Betracht kam aber 15. ... Sc3 16. Dd2 b4, z. B. 17. Se5 Se2:+ 18. Te2: Se5: 19. e5: mit kleinem weißem Vorteil.

16. Ld3   Te7

Das Manöver Ta8–a7–e7 brachte Guillermito auch in seiner Partie der folgenden Runde gegen Miles

95

aufs Brett. Besser war an dieser Stelle wohl 16. ... Sc3 17. Dd2 b4 mit unklarer Stellung. Jetzt kann Weiß die Initiative ergreifen.

17. c4

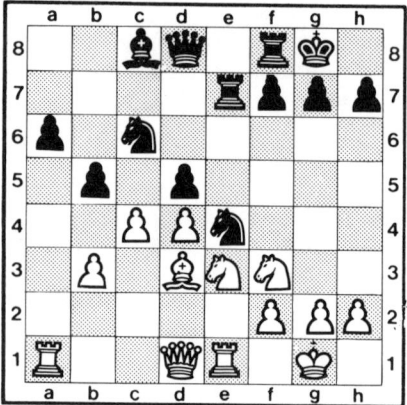

| 17. ... | dc4: |
| 18. bc4: | Sc3 |

18. ... Sd4: ging nicht wegen 19. Sd5, und 18. ... Sb4 war nicht gut wegen 19. Le4: Te4: 20. Db1 De7 21. c5 Sc6 22. d5 nebst 23. d6. Der Textzug verliert den h-Bauern, aber dürfte noch die chancenreichste Abwicklung darstellen.

19. Dc2

Unklar war 19. Lh7: + Kh7: 20. Dc2 + Se4 21. Sd5 Lf5.

| 19. ... | b4 |
| 20. d5 | |

Kindermann hatte hier noch eine halbe Stunde, Garcia noch über 50 Minuten bis zur Zeitkontrolle.

20. ...	Se5
21. Se5:	Te5:
22. Lh7: +	Kh8
23. Ld3	

Die Partie dreht sich nun um die Frage, wessen Freibauern die gefährlicheren sind. Der h-Bauer, den Schwarz verloren hat, spielt dagegen zunächst eine untergeordnete Rolle.

23. ...	Tfe8
24. Dd2	a5
25. Sc2	Te1: +
26. Te1:	Ld7
27. h3	

Infrage kam hier 27. Te3, z. B. 27. ... Te3: 28. fe3: Df6 29. Df2 Df2: + 30. Kf2:, wobei der weiße König zwei Tempi schneller als in der Partie im Zentrum stünde. Am besten war aber wohl 27. Kf1 (Te1: + 28. Ke1:).

27. ...	Te1: +
28. De1:	Df6
29. De3	b3
30. Da7	

Weiß tanzt auf dem Drahtseil, aber findet den richtigen Schritt. Die Doppeldrohung Da8 + nebst Matt und Dd7: zwingt die schwarze Dame zurück. Auf 30. ... Se2 + käme 31. Kh1.

30. ...	Dd8
31. Sa3	Sa2
32. Dd4	Sb4
33. Lb1	

Nachdem es Weiß gelungen ist, die schwarzen Freibauern zu stoppen und seine Dame zu zentralisieren, bekommt er Oberwasser. Bis zum 40. Zug hatte er allerdings keine 2 Minuten Zeit mehr.

| 33. ... | Dg5 |
| 34. De3 | De3: |

Bauer b3 hing!

| 35. e3: | La4 |

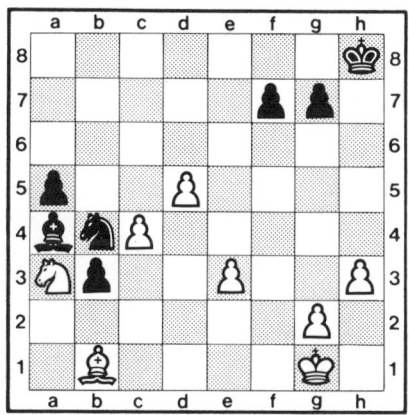

Droht 36. ... Sc2, wonach ein Tausch auf c2 eine Figur verlöre.

36. d6

Pariert die Drohung, weil nach 36. ... Sc2 37. Sc2: bc2: 38. Lc2: Lc2: der d-Bauer durchliefe.

In seiner hochgradigen Zeitnot konnte sich Kindermann leider nicht vergewissern, daß mit 36. Kf2 ein leichter Sieg sicherzustellen gewesen wäre. Auf 36. ... Sc2 käme dann 37. Sb5 mit der Drohung, den König nach d2 zu bringen und dann auf c2 zu tauschen. Der weiße e-Bauer wäre gedeckt, und 37. ... Lb5: 38. cb5: Sa3 ginge nicht wegen 39. b6 nebst Einmarsch des b-Bauern – und zwar des weißen!

Zum zweiten Mal hintereinander also brachte die Zeitnot den »besten deutschen Noch-Nicht-Großmeister« um den Erfolg seiner guten Partieführung. Nach dem Partiezug kann der schwarze König die weißen Freibauern unschädlich machen.

| 36. ... | Kg8 |
| 37. Kf2 | |

Zu spät!

37. ...	Kf8
38. Ke2	Ke8
39. Kd2	Kd7
40. c5	

Uff, wenigstens ist die Uhr geschafft!

40. ...	Kc6
41. Sc4	Kc5:
42. Sa5:	Kd6:
43. Kc3	Sc2
44. Sc4 +	Kc5
45. Sb2	

Außerhalb des Gebäudes fand derweilen, wie erwähnt, eine unregelmäßige Serie lauter Explosionen statt.

45. ...	Lc6
46. Sd3 +	Kd6
47. Lc2:	bc2:

Der animierenden Knallerei zum Trotz, die von draußen hereintönte, steckte in der Stellung kein Pulver mehr; auch wenn der Kubaner hier

Remis ablehnte und sich noch ein paar Züge zeigen ließ.

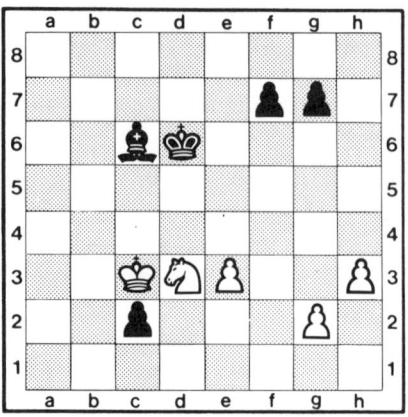

48. g3	La4
49. e4	f6
50. h4	Lc6
51. Kc2:	Le4:
52. Kd2	

Remis.

Weiß: Hort
Schwarz: Miles
Nimzoindisch

1. d4	Sf6
2. c4	e6
3. Sc3	Lb4
4. Dc2	c5
5. dc5:	0-0
6. Sf3	Sa6

In mehreren früheren Partien zwischen den beiden hatte Hort gegen die Nimzoindische Verteidigung 4. Dc2 gespielt, und jedes Mal hatte Tony Miles Prügel bezogen. Die Variante mit Sa6 hatte er sich nie aufs Brett zu bringen getraut, weil er dachte »das gibt's nicht, dagegen *muß* er ja was haben«.

Diesmal riskierte er es, und siehe da: Vlastimil hatte doch keine Geheimwaffe in petto und fand trotz emsigen Brütens keinen Weg, raschen Ausgleich für Schwarz, Verflachung und schnellen Remisschluß zu vermeiden; während Miles kaum 5 Minuten für seine 17 Züge verbrauchte.

| 7. Ld2 | Sc5: |
| 8. e3 | |

Diesen und den vorangegangenen Zug ließ Hort sich bereits eine gute halbe Stunde kosten.

| 8. ... | b6 |

Miles zeigt als Schwarzer eine deutliche Vorliebe für Stellungen mit fianchettiertem Damenläufer.

9. Le2	Lb7
10. 0-0	Sce4
11. Se4:	Le4:
12. Ld3	Ld3:
13. Dd3:	Ld2:
14. Dd2:	Tc8

Weiß kann d7–d5 mit völligem Verflachen der Stellung nicht verhindern.

15. Tac1	d5
16. cd5:	Dd5:
17. Dd5:	Sd5:
18. a3,	

und die beiden schüttelten sich die Remishände. Nach Austausch einiger freundschaftlicher Bemerkungen übers Brett hinweg verschwand Miles schwungvollen Schrittes aus dem Turniersaal, während Hort noch eine ganze Weile in sich versunken sitzen blieb. Offenbar war es ihm nicht leicht, zu verdauen, daß jemand ihm mit solch leichter Hand ein Remis abknöpfte, als Nachziehender und fast ohne nachdenken zu müssen!

Vierte Runde (5. 11. 83)

Nach dem 1. Umgang führte Karpow in seiner Gruppe klar mit 2½ Punkten vor Browne mit 1½. Und nachdem Chandler ihn in ihrer ersten Partie um ein Haar »vorgeführt« hätte, würde er sicher sein Letztes geben, diese Scharte auszuwetzen. Browne hingegen *mußte* gewinnen, wenn er noch eine realistische Chance auf den Gruppensieg behalten wollte.

In der ausgewogeneren Gruppe B führte Kindermann, nachdem er zwei Gewinnstellungen zum Remis verschaukelt hatte, dennoch mit 2 Punkten vor Hort und Miles mit je 1½. Theoretisch hätten alle vier noch an die Spitze gelangen bzw. Gleichstand erreichen können. Die Runde war also sehr spannungsgeladen.

Weiß: Chandler
Schwarz: Karpow
Italienisch

Zur Revanchepartie erschien Chandler ohne das herausfordernde Bild des Kung-Fu-Meisters auf seiner Brust.

    1. e4   e5
    2. Sf3   Sc6
    3. Lc4

Im Fernsehturnier des Vorjahres, dem »TV-Worldcup 1982« in Hamburg, erzielte der Engländer Dr. Nunn mit dieser Eröffnung Remis gegen den Weltmeister, und der tunesische Internationale Meister Bouaziz ein Fast-Remis, indem es ihm gelang, bis auf Turm und Springer beiderseits alle Figuren abzuholzen; ehe er dann doch geschlachtet wurde.

3. ...	Lc5
4. 0-0	Sf6
5. d3	d6
6. c3	0-0
7. Lg5	a6
8. Lb3	

Karpow: »Diese Fesselung ist nicht sehr angenehm. Ich könnte den Läufer mit h6 verjagen. Er geht nach h4, ich spiele g5, – kann er da auf g5 seinen Springer opfern? Nein, geht wohl nicht; ich nehme, er nimmt mit dem Läufer, dann kommt König g7. Falls dann König h1, um seinen f-Bauern flott zu machen, kommt Turm h8, und falls er den f-Bauern wirklich nach f4 zieht, habe ich Springer g4 mit Mattdrohung auf h2. Ich kann also diesen lästigen Läufer abdrängen.«

| 8. ... | h6 |

Gegen Dr. Nunn verzichtete Karpow 1982 auf dieses Manöver. Bouaziz dagegen unterließ die Läuferentwicklung nach g5 und brachte statt dessen seinen Damenspringer über d2 und c4 nach e3.

| 9. Lh4 | g5 |

Chandler: »Das ist die Art Stellung, über die ich mir vor der Partie den Kopf zerbrochen habe. Er schwächt seinen Königsflügel, aber es ist unklar, ob ich das ausnutzen kann, ich war mir auch nicht sicher, ob er das wirklich spielen würde. Daß das Opfer auf g5 nicht geht, ist leicht zu sehen.«

| 10. Lg3 | |

Karpow: »Wenn mein schwarzfeldriger Läufer nun auf g7 stünde, ein-

gesperrt von meinen Bauern, wäre er schlechter als seiner. So aber, auf der Diagonale a7–g1, ist meiner sehr stark, während seiner nichts ausrichten kann, solange ich meine Bauern auf e5 und g5 behalte. Mit d4 könnte er versuchen, meinen Bauern auf e5 zu beseitigen; um dem vorzubeugen, ziehe ich meinen Läufer zurück, dann geht d4 nicht wegen Springer schlägt e4.«

| 11. ... | La7 |

Chandler: »Er verhindert d4. Ich muß meine Entwicklung beenden.«

| 12. Sbd2 | |

Karpow: »Das ist ein wichtiger Moment. Wenn ich ihn zu d4 kommen lasse, kommt er sicher in Vorteil. Springer h5 kann ich nicht ziehen wegen Springer schlägt e5, und wenn ich dann auf g3 nehme, schlägt er auf c6 und steht auf Gewinn. Auf Dame e7 geht er mit seinem Springer über c4 nach e3, von wo aus er die schönen Felder f5 und d5 hat. Aber ich kann seinen Königsspringer fesseln, das erschwert ihm d4 und ermöglicht mir eventuell Springer h5.«

| 12. ... | Lg4 |

Chandler: »Ich kann diesen lästigen Läufer mit h3 angreifen, aber er geht einfach nach h5, und die Fesselung besteht nach wie vor. Lieber ziehe ich meinen König in die Ecke, dann ist der f-Bauer entfesselt, und ich kann die f-Linie öffnen, falls er Springer h5 zieht und auf g3 tauscht.«

| 13. Kh1 | |

Karpow: »Springer h5 jetzt gefällt mir nicht, er spielt einfach h3, hebt die Fesselung seines Springers auf, und alle weißen Felder in meinem Lager werden schrecklich schwach. Außerdem ist es Unsinn, seinen toten Läufer gegen meinen aktiven Königsspringer abzutauschen. Ich gehe mit meinem Läufer beiseite, er kann mich dann nicht mit h3 anrempeln, und vielleicht kann ich den Läufer auch mal auf g6 gebrauchen, um gegen e4 zu drücken.«

13. ...   Lh5

Chandler: »Ich hoffte auf den schablonenhafteren Zug Springer h5. Dieser Läuferzug tut eigentlich gar nichts, aber ist sehr schwierig zu erwidern. Ich kann weder die Fesselung aufheben noch die Schwächen seiner Bauernformation ausnutzen. Springer c4 kommt in Betracht. Aber ich ziehe lieber erst die Dame.«

13. De1

Karpow: »Er kann jetzt seinen Springer d2 nicht bewegen, weil ich dann auf f3 tauschen würde und die Capablanca-Stellung bekäme, mit einem beweglichen Springer gegen seinen hilflos eingemauerten Läufer g3. Ich spiele jetzt König g7: Das schützt meinen Königsflügel, ermöglicht – falls nötig – einen Turmschwenk auf die h-Linie und entfesselt den f-Bauern, womit ich meinen Plan vorbereite, im Zentrum vorzugehen.«

13. ...   Kg7

Chandler: »Noch so ein unscheinbarer Zug, der nicht viel auszurichten scheint. Ich möchte Springer c4 spielen, muß das aber erst vorbereiten, damit er mir nicht einen Doppelbauern in der f-Linie macht, wonach mein Läufer g3 für immer aus dem Spiel wäre.«

14. Ld1

Karpow: »So kommt er in absehbarer Zeit nicht zur Verbindung seiner Türme. Klarer Fall, ich gehe nach g6 zurück.«

14. ...   Lg6

Chandler: »Jetzt kann ich endlich meinen Springer d2 aktivieren.«

15. Sc4

Karpow: »Ich muß nun d5 oder f5 vorbereiten, um sein Zentrum zu knacken. Turm e8 ist dazu ein sehr nützlicher Zug; stützt e5 und wirkt zugleich gegen ein späteres d4, weil nach Bauerntausch sein e-Bauer gleich ein weiteres Mal angegriffen wäre.«

15. ...   Te8

Chandler: »Jetzt braucht mein Läufer nicht mehr f3 zu bewachen.«

16. Lc2

Karpow: »d4 ist immer noch sein Hauptplan, und der einzige, den ich zu fürchten habe. Auch kann er seinen Springer über e3 nach f5 bringen. Mit Dame d7 kann ich das Feld f5 überdecken, und dann meinen Damenturm ins Spiel bringen, um zu d5 zu kommen.«

16. ...   Dd7

Chandler: »Ich komme nicht recht weiter mit meinen Plänen, am Königsflügel Linien zu öffnen; jetzt verwehrt er meinem Springer das Feld f5. Und mein Läufer auf g3 ist wirklich nicht viel mehr als ein totes Stück Holz. Aber ich entwickle mich mal weiter und ziehe die Dame nach d2; vielleicht kann ich später mal auf g5 opfern.«

17. Dd2

Karpow: »Will er h4 spielen? Nein, danach hätte ich Springer h5, und falls er mit dem Bauern auf g5 schlägt, käme Springer schlägt g3 Schach, die Diagonale meines schwarzfeldrigen Läufers würde geöffnet, und ich hätte Mattdrohungen auf der h-Linie. Ich kann also unbesorgt weiter zentralisieren und d5 vorbereiten.«

17. ...   Tad8

Chandler: »Wie kommt es bloß, daß die Weltmeister immer so gute Stellungen haben? Seine Türme sind schon im Zentrum, seine beiden Läufer stehen viel günstiger als meine, und er ist bereit, in der Mitte mit d5 durchzubrechen!

Ich weiß es ja, aber was kann ich machen? Turm e1 verhindert d5 noch für den Augenblick, aber er hat dann b5 und kann nach Springer e3 doch d5 spielen. Vielleicht kann ich etwas Gegenspiel am Damenflügel kriegen, ihn da ablenken.«

18. a4

Karpow: »Aha, er sieht, daß er am Königsflügel keine Fortschritte

macht, also versucht er's am Damenflügel. Mit b4–b5 und danach wahrscheinlich d4 könnte er ganz gutes Spiel kriegen. Aber ich stehe viel besser zentralisiert als er, wahrscheinlich ist es Zeit, etwas am Königsflügel zu unternehmen, Springer h5: d4 geht dann nicht, weil ich erst auf g3 und dann auf e4 nehmen würde.«

18. ...   Sh5

Chandler: »Was jetzt? a5, um seinen Springer mit Läufer a4 zu fesseln, gefällt mir nicht. Ich käme danach nur sehr schwer zu d4, und unterdessen kann er mich selbst mit f5 attackieren. Auf b4 nimmt er auf g3 und spielt d5, klassischer Durchbruch im Zentrum, aber ich kann wirklich nichts Besseres finden; ich glaube, ich riskier's und hoffe, daß die Öffnung der Stellung mich nicht gleich umbringt. Ich darf auch nicht zu weit mit der Bedenkzeit zurückfallen.«

19. b4

Karpow: »Das ist jetzt interessant. Die Stellung meiner Figuren kann ich nicht weiter verbessern, sie stehen alle schon optimal. Er droht b5; dies ist also der Augenblick für mich, im Zentrum loszuschlagen. Ich könnte f5 spielen, er muß schlagen, ich nehme mit der Dame wieder und stehe etwas besser. Aber wie ist d5? Wenn ich die d-Linie öffne, kommen alle meine Figuren voll zur Geltung, auch die Türme. Wenn er dann mit einem Springer auf e5 schlägt, nehme ich auf g3 mit Schach zwischen und gewinne eine Figur. Schlägt er e5 aber mit seinem Läufer, kommt f6 und zwei seiner Figuren hängen, so daß er eine verliert. Ja, d5 ist sehr stark.«

19. ...　　　　d5

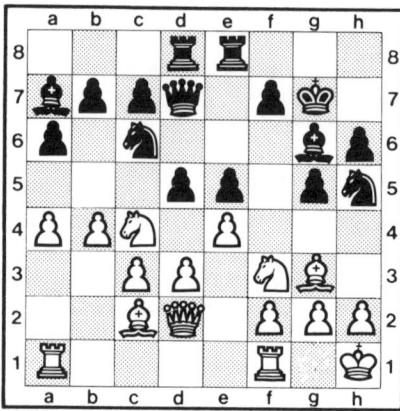

Chandler: »Oh, jetzt verstehe ich, er muß nicht mal gleich auf g3 nehmen, weil auf Läufer schlägt e5 Schach f6 kommt. Wenn ich nicht sofort einen Bauern verlieren will, bleibt mir also nichts anderes übrig, als auf d5 zu tauschen.«

20. ed5:　　　Dd5:

Chandler: »Jetzt hat er mehrere Drohungen auf einmal: Dame schlägt c4, Läufer schlägt d3, Bauer e4. Ich stehe verflixt wackelig. Meine einzige Chance ist b5 mit der Hoffnung auf etwas Gegenspiel; wenn er auf b5 die Bauern tauscht, greift mein Turm a1 seinen schwarzfeldrigen Läufer an.«

21. b5

Karpow: »Der einzige ernstzunehmende Versuch, der ihm noch

übrigblieb. Den Bauern b5 zu schlagen, kommt nicht in Frage, weil er nach Bauerntausch und Dame schlägt b5 Läufer a4 zieht und anschließend auf c6 schlägt; dann hängen mein Läufer a7 und mein e-Bauer. Nein, ich muß im Zentrum spielen.

Alle meine Figuren sind aktiv, ich muß besser stehen, es kann sich nur darum drehen, jetzt den genauesten Zug zu finden. Ich könnte g4 spielen, der Springer geht nach h4, dann nehme ich auf g3 und auf c4, aber es ist nicht genug, er kriegt die Figur auf c6 zurück, da muß mehr drin sein. Aber e4 sieht sehr stark aus und ist der natürliche Zug, der auch noch meinen e-Turm in den Kampf eingreifen läßt. Auf c7 kann er dann nicht nehmen wegen e schlägt f3 mit der Drohung auf g2, und wenn er die mit g4 pariert, gewinne ich mit Dame schlägt c4. Auf c7 zu nehmen, verliert also ganz klar für Weiß.

Er kann e4 auch nicht schlagen wegen Dame schlägt c4 mit Angriff auf seine Dame, Figurengewinn.«

21. ...　　　　e4

Chandler: »Das sieht verdammt ernst aus. Schlage ich auf c6, revanchiert er sich auf f3, droht Turmgewinn durch f mal g2 Schach und Figurengewinn durch Dame schlägt c4; und obendrein, wenn ich auf f3 wiedernehme, kommt Dame schlägt f3 Schach, König g1, Läufer e4, und ich bin matt. Dahin also hat mein geplanter Königsangriff geführt.

Was sonst? Ich muß Springer e3 versuchen, dann hängen seine Dame und sein Springer, vielleicht hab ich noch ein paar Tricks.«

22. Se3

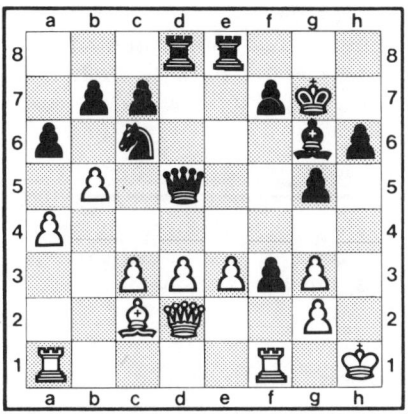

Karpow: »Einziger Zug, und auch meine Antwort ist erzwungen.«

22. ...   Le3:
23. fe3:

Karpow: »Die Stellung gefällt mir ausgezeichnet. Ein ganzer Sack voller Möglichkeiten. Aber zuerst tausche ich meinen Randspringer gegen seinen wieder zum Leben erwachten Läufer.«

23. ...   Sg3: +
24. hg3:

Karpow: »Wenn ich jetzt mit dem Bauern auf d3 nehme, schlägt er auf c6, ich auf c2, er tauscht die Damen und schlägt auf b7, dann spiele ich Turm b8 und stehe glatt auf Gewinn. Aber ich stehe so überlegen, daß eigentlich noch ein schnellerer Gewinn drin sein müßte. Wenn ich auf f3 schlage, muß er auf c6 nehmen, oh, das ist sehr hübsch, dann habe ich Turm schlägt e3 und drohe Turm e2 mit Matt; er muß also auf e3 nehmen, dann gewinne ich den Turm mit der Gabel auf g2 zurück, nehme auf c6 und habe zwei Bauern mehr bei überlegener Stellung. Ja, das ist am stärksten.«

24. ...   ef3:

Chandler: »Unerwartet, denn nach e schlägt d3 sah ich kaum eine Chance mehr. Vermutlich hat er noch was Besseres gesehen, aber mir bleibt nichts übrig, wenn ich nicht eine Figur zu wenig behalten soll, muß ich auf c6 schlagen, ich habe auch bloß noch eine Viertelstunde Zeit, nur halb soviel wie er.«

25. bc6:

Karpow: »Jetzt Turm schlägt e3.«

25. ...   Te3:

Chandler: »Oh Regen goldner Münzen, er spielt wie ein Kapitalist, kassiert alle meine Bauern! Er läßt mir nicht mal mehr was, die Zinsen zu zahlen. Wenn ich jetzt auf f3 nehme, schlägt er da mit dem Turm, ich muß was gegen das Abzugsschach tun und c6 fällt auch noch. Völlig hoffnungslos. Da schlage ich besser auf e3 und habe wenigstens meine Dame auf der e-Linie, obwohl ich auch da zwei Bauern zuwenig behalte.«

26. De3:   fg2: +
27. Kh2   gf1:S +

Als Karpow hier – supergenau wie immer – einen Springer statt einer Dame machte, ging ein raunendes Erstaunen durch die Zuschauerreihen...

Chandler: »Aha, er versucht, die Partie mit einer Unterverwandlung ins Fernsehen zu bringen, um die 50 Pfund Prämie einzustreichen. Naja, mir bleibt keine Wahl.«

28. Tf1:

Karpow: »Auch wenn ich jetzt mit dem Bauern auf c6 schlage, stehe ich natürlich auf Gewinn. Aber ich kann ruhig mit der Dame schlagen und meine Bauernstellung intakt lassen. Das Damenschach auf e5 tut mir nichts, die einzige Variante, vor der ich mich hüten muß, ist f6, weil er dann Dame e7 Schach hätte.«

28. ...   Dc6:

Chandler: »Wenigstens ein Schach.«

29. De5 +   Kg8

Chandler: »Jetzt könnte ich versuchen, mit Läufer b3 ein paar Schwindelchancen zu kriegen, aber wahrscheinlich kann er schlichtweg auf d3 mit dem Turm nehmen und ist mit seinen Mattdrohungen auf g2 schneller. Vielleicht schütze ich erst die 2. Reihe und hoffe, daß er mich im nächsten Zug zu Läufer b3 kommen läßt.«

30. Tf2

Karpow: »Jetzt ist es ganz einfach, er läßt mich über die e-Linie auf die Grundreihe eindringen, das Matt auf h1 kann er dann nur durch Turm g2 decken, dann kommt Dame f3 mit neuer Mattdrohung auf h5.«

31. ...   Te8

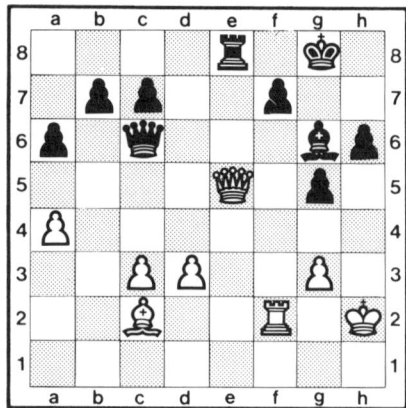

Chandler: »Wie schnell und selbstverständlich er das wieder gezogen hat!

Ich muß mit der Dame nach d4, dann kommt Turm e1 und zwingt mich zu völlig passiver Verteidigung, und bei zwei Bauern weniger ist das absolut hoffnungslos. In der Partie hat er mich wirklich überspielt. Ich gebe auf.«

Weiß: Rogers
Schwarz: Browne
Katalanisch

Browne ließ sich auf dieselbe Variante ein, mit der der australische Internationale in der Runde zuvor dem Weltmeister ein Remis abgeknöpft hatte. Erst im 12. Zug wich er ab, konnte aber dem Unentschieden schließlich ebensowenig entrinnen wie Karpow.

1. d4	Sf6
2. c4	e6
3. g3	d5
4. Lg2	Le7
5. Sf3	0-0
6. 0-0	dc4:
7. Dc2	a6
8. a4	Ld7
9. Se5	Lc6
10. Sc6:	Sc6:
11. e3	Sa5
12. Sd2	c5

Karpow spielte 12. ... Sd5.

13. dc5:	Tc8
14. b4	

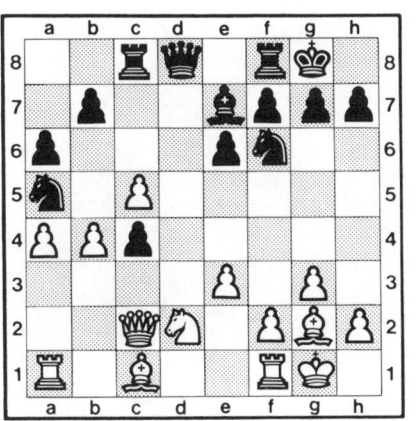

14. ...	cb3:
15. Sb3:	Sb3:
16. Db3:	Sd7
17. La3	Lc5:
18. Lb7:	Tb8
19. Tab1	De7

Die beiden lassen dem Kommentator wirklich keine Gelegenheit, eine Erläuterung anzubringen. Der Abtausch dreier weiterer Figurenpaare ist nun praktisch forciert.

20. Lc5:	Sc5:
21. Da3	Tb7:
22. Tb7:	Db7:
23. Dc5:	Tc8
24. Tc1	h6
25. Da5	Kh7
26. Dd2	De4
27. Dd7	Df3
28. Dd3 +	g6
29. Tb1	a5
30. Db5	Tc2
31. Tf1	

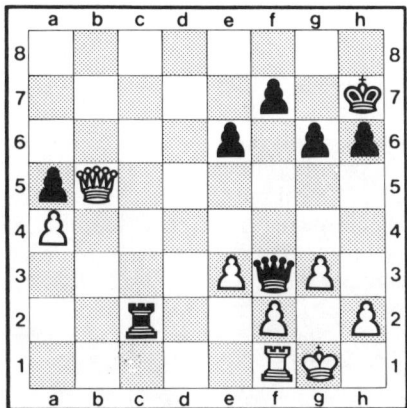

31. ...	Df5
32. Df5: +	gf5:
33. Td1	Ta2

Zum erstenmal der Schatten eines Initiativchens; aber auch der reicht nur gerade zum Remis.

34. Td4   Kg6

Und die Gegner einigten sich auf 75 Pfund pro Nase (= die von der BBC und dem NDR ausgesetzte Remisprämie).

So farblos die Partie auch verlief, so war sie doch sicher kein »geschobenes« Remis. Um eine auch nur halbwegs realistische Chance zu behalten, den in seiner Vorgruppe führenden Weltmeister noch einholen zu können, hätte er diese Partie unbedingt gewinnen müssen. Offenbar hatte er bei häuslicher Vorbereitung geglaubt, das Spiel mit 12. ... c5 mehr komplizieren zu können, als es ihm dann tatsächlich gelang. Beim Nachspielen fragt man sich allerdings, woran Walter hier seine Bedenkzeit verschwendete: Bis auf 7 Minuten hatte er sie beim Friedensschluß verbraucht.

Weiß: Kindermann
Schwarz: Hort
Sizilianisch

1. e4   c5
2. Sf3   Sc6
3. d4   cd4:
4. Sd4:   Sf6
5. Sc3   d6
6. Lg5

An dieser Stelle verdient einmal die bisher gewichtigste theoretische Neuerung des hoffnungsvollen deutschen Nachwuchsspielers erwähnt zu werden, der *Kindermann-Angriff* 6. Sd5.

Die Idee, die in 7. Sb5 besteht, heckte Stefan vor bereits 6 Jahren als Schuljunge aus. Der deutschen Damenmannschaft brachte die Variante bei der Olympiade in Buenos Aires 1978 die Bronzemedaille ein, indem die entscheidende Partie

der letzten Runde mit ihr gewonnen wurde. Als kritische Variante bezeichnet der Urheber 6. Sd5 Sd5: 7. ed5: Da5+ 8. Ld2 Dd5: 9. Sb5 De6+ 10. Le2 Dd7 11. 0-0, wobei Weiß für den geopferten Bauern eine nicht ungefährliche Initiative hat.

6. ...	e6
7. Dd2	a6
8. 0-0-0	Ld7
9. f4	

Hort: »Ich werde meine alte Geheimwaffe spielen, h6. Die Variante hat zwar ihre Nachteile, aber ›Nobody is perfect‹, wie es am Schluß eines alten Kinofilms heißt, also auch diese Variante nicht; und ich kenne sie sehr genau.«

9. ...	h6

Kindermann: »Ein etwas angestaubter Zug, aber nicht alles, was nicht brandneu ist, muß deswegen schlecht sein. Jetzt auf f6 zu nehmen, wäre dumm, weil er mit der Dame zurückschlagen könnte, ohne seinen d-Bauern aufzugeben. Meinen schwarzfeldrigen Läufer gebe ich nur her, wenn ich dafür seine Bauernstruktur schwächen kann.«

10. Lh4

Hort: »Der normale Zug wäre jetzt Läufer e7, aber das hätte ich auch gleich machen können, ohne h6. Ich fühle mich gut aufgelegt heute und möchte ihm Probleme stellen. Ich spiele etwas, das ich von früher her kenne.«

10. ...	b5

Kindermann: »Ziemlich aggressiv. Aber kann ich ihm nicht jetzt einen Doppelbauern in der f-Linie machen? Ich nehme auf f6, mal sehen, er nimmt mit der Dame, dann Bauer e5, und wenn er den schlägt, kommt Springer mal b5 mit Gewinnstellung, weil sein Läufer auf d7 hängt. Er muß also mit dem Bauern auf f6 wiedernehmen, und dann habe ich etwas, worauf ich spielen kann.«

11. Lf6:

Hort: »Aha, er weiß, wo es langgeht. Na, ich vertraue auf mein Läuferpaar.«

11. ...	gf6:

Kindermann: »Jetzt droht er immer mal b4. In dieser Stellung gehört mein Läufer nach d3, aber sofort kann er da nicht hin, weil der Springer d4 hängen würde. Was mache ich mit dem? Lieber tausche ich ihn ab, als daß ich nach f3 zurückgehe; denn wenn ich später mal f5 ziehe, um den Doppelbauer festzulegen, würde sein Gaul sonst ein tolles Feld auf e5 kriegen.«

12. Sc6:

Hort: »An diesen Zug Bedenkzeit zu verschwenden, wäre idiotisch.«

12. ...	Lc6:

Kindermann: »Jetzt bedroht er durch b4 indirekt meinen e-Bauern. Läufer d3 wäre also ein plausibler Zug. Aber Dame e1 ist auch nicht ohne, denn wenn er dann b4 spielt, bringe ich ihn mit Springer d5 schon in Schwierigkeiten. Und wenn meine Dame schon auf die e-Linie soll, dann lieber nach e1 als nach e3, damit sie später nicht von Läufer h6 belästigt werden kann.«

13. De1

Hort: »Ich sehe, er denkt sich was bei seinen Zügen, ich habe es in der ersten Runde ja schon am eigenen Leibe erlebt. Ich muß aufpassen, er hat jetzt dieses typische sizilianische Manöver drin, den Rösselsprung nach d5, muß aufpassen, daß er den nicht wie einen Joker aus dem Ärmel zieht, zum Beispiel nach Dame b6. Aber ich weiß ein gutes Verhütungsmittel dagegen!«

13. ...   De7

Kindermann: »Gute Parade. Wieder droht er b4, aber nun kann ich problemlos meinen Läufer entwickeln.«

14. Ld3

Hort: »Nicht einfach, er bringt mich ans Nachdenken. Sein König steht natürlich viel sicherer als meiner, darum muß ich mich kümmern. Natürlich bin ich optimistisch, ich muß ja unbedingt diese Partie gewinnen, wenn ich ernsthaft eine Chance behalten will, ins Finale zu kommen. Ich habe mehrere nützliche Züge an dieser Stelle, aber am ehesten gibt es ihm Probleme auf, wenn ich meinen Turm auf die offene g-Linie ziehe.«

14. ...   Tg8

Kindermann: »Wenn ich jetzt auf Nummer sicher gehe und g3 ziehe, hat er es geschafft, mir den Damen-

ausflug nach h4 zu verderben, mit dem ich eventuell mal seine Krümelbauern am Königsflügel einsammeln könnte. Auch könnte ich dann nicht mehr mit einem Turm auf der 3. Reihe entlangpatrouillieren, und es gäbe ihm eine Angriffsmarke für h5–h4. Da ist es wohl besser, den Bauern mit dem Turm zu decken und die Möglichkeit g4 offenzuhalten.«

15. Tg1

Hort: »Irgendwann muß ich lang rochieren, aber jetzt hätte er darauf die Antwort a4, und ich könnte meinen b-Bauern nicht vorstoßen wegen Läufer schlägt a6 Schach. Also erst einmal Läufer b7. Macht zugleich die c-Linie für die Schwerfiguren frei.«

15. ...   Lb7

Kindermann: »Offenbar will er lang rochieren, richtig, was sonst. Gut, ich kann ihn nicht dran hindern. Stelle erst mal meinen König beiseite, ehe es auf der c-Linie oder auf der Diagonalen h6–c1 brenzlig wird.«

16. Kb1

Hort: »Jetzt bringe ich erst mal meine Dame auf ein besseres Feld und ermögliche Läufer e7; Springer d5 hat er ja nicht mehr, nachdem mein Läufer sich von c6 zurückgezogen hat.«

16. ...   Dc7

Kindermann: »Welchen Plan soll ich jetzt verfolgen? Es ist nicht leicht, durch seinen kompakten

Bauernblock durchzubrechen. f5 ist auf lange Sicht wohl die richtige Idee, um seinen Doppelbauern unter Druck zu setzen. Eine gute Vorbereitung dafür ist Bauer g4, das ermöglicht gleichzeitig meinen Türmen Eilmärsche über die 3. Reihe, von einem Flügel zum andern.«

17. g4

Hort: »Wie schlau er ist! Er denkt sicher daran, einen Turm über die 3. Reihe nach c3 zu bringen, sobald ich rochiert habe. Aber so schnell geht das auch nicht. Erst mal muß ich mit dem König aus dem Zentrum.«

17. ...　　　0-0-0

Kindermann: »Wieder eine sehr schwierige Entscheidung. Soll ich ihn mit a4 angehen? Aber er hat dann b4, denn a6 ist jetzt gedeckt, und wenn mein Springer wegzieht, folgt d5, und seine beiden Läufer werden aktiv. Ich muß verhindern, daß er mir den Springer von c3 vertreibt.«

18. a3

Hort: »Aha, er hat Angst, das ist ein gutes Zeichen. Ich kann zwar selbst bis jetzt nicht viel machen, aber ich bin optimistisch. Gehe mit meinem König beiseite, das macht das Feld c8 für einen Turm frei.«

18. ...　　　Kb8

Kindermann: »Ein anderer Zug bietet sich nicht an, also bringe ich wie geplant erst mal einen Turm auf die 3. Reihe, da steht er gedeckt und parat für Schwenks nach beiden Seiten.«

19. Tg3

Hort: »Was er kann, kann ich schon lange, ich verbessere meine Turmstellung.«

19. ...　　　Tc8

Kindermann: »O verflixt, jetzt zwingt er mich zu einer klaren Entscheidung. f5 ist ein bißchen unbehaglich, weil es das Feld e5 ganz in seine Gewalt gibt. Andererseits sehe ich nicht, wie ich ohne diesen Zug weiterkommen soll.«

20. f5

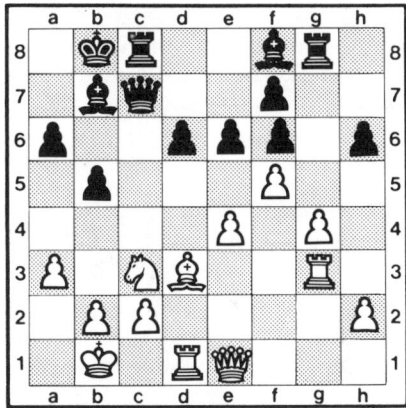

Hort: »Thematischer Zug, er geht meinen Bauernblock an, indem er ihn festlegt. Meine Bauernstellung sieht ja tatsächlich ein bißchen komisch aus, fast alle auf der 6. Reihe, aber andererseits beherrschen sie viele Felder. Und sein Zug f5 hat mir ein für alle Mal Kontrolle über das Feld e5 gegeben. Natürlich setze ich da keinen Bauern hin, absurd, das würde ihm das Feld d5 ausliefern und meinen schwarzfeldrigen Läufer töten. Nein, nach e5 soll eine Figur. Am liebsten ein Springer, aber Springer habe ich leider keine mehr. Ein Turm wäre auch gut auf e5, obwohl er verrückt aussähe da mitten drin. Komisch, in unserer ersten Partie hätte ich ihn zwingen sollen, mit einem Turm nach e5 zu gehen, und jetzt würde ich es selber gerne tun! Aber es wird sich schwer machen lassen. So wie es steht, muß ich zufrieden sein, die Dame auf dieses beherrschende Feld zu bringen.«

20. ...   Dc5

Kindermann: »Das war sicher das stärkste. Ich muß jetzt meinen Springer so umgruppieren, daß er Druck auf e6 ausübt. Ich laß ihn also über e2 nach f4 galoppieren.«

21. Se2

Hort: »Jaja, jeder hat's gesehn, aber was kann ich dran ändern? Erst mal die Dame auf das Superfeld.«

21. ...   De5

Kindermann: »Das war klar. Jetzt muß ich Springer f4 erst vorbereiten: mit Dame f2. Auf e4 mit dem Läufer zu nehmen, wird er dann nicht wagen wegen der Fesselung Turm e3.«

22. Df2

Hort: »Ich muß scharf aufpassen. Alles darf ich reinlassen, den Sonnenschein und alles sonst, nur nicht seine Dame nach b6, sobald sie da Schaden anrichten könnte. Und ich muß mein totes Holz auf dem Königsflügel ins Gefecht bringen.

Läufer e7 werde ich spielen, dann kommt Springer f4; wenn ich dann meinen Turm von g8 wegziehe, muß ich achtgeben, daß er nicht auf e6 tauschen und mir mit Springer g6 eine tödliche Gabel verpassen kann. Aber solange ich weiß, wovor ich mich hüten muß, ist es okay.«

22. ...   Le7

Kindermann: »Jetzt will er wohl in der c-Linie verdoppeln. Da sehe ich gerade einen taktischen Witz: Wenn ich meinen Springer nach f4 und meinen Turm nach e1 stelle, dann kann ich plötzlich wieder Springer d5 bringen; wenn er den mit dem Bauern frißt, kriege ich seinen Läufer auf e7 und stehe gleich mit einem Turm auf der Siebten; und wenn er mit dem Läufer schlägt, könnte die lange Diagonale seinem König sehr gefährlich werden. Jedenfalls muß erst einmal mein Springer Stellung beziehen.«

23. Sf4

Hort: »Wie erwartet. Ich bringe jetzt meinen Turm auf die e-Linie, denn auf der c-Linie kann ich so arg viel doch nicht ausrichten, und ich glaube, daß die Partie auf der e-Linie entschieden wird, die ist der Schauplatz für die Hauptschlacht.«

23. ...   Tce8

Kindermann: »Oh, das ist ein guter Zug und macht mir schon im voraus einen Strich durch meine Rechnung mit Springer d5. Jetzt muß ich wohl doch allmählich meinen e-Bauern überdecken.«

24. Te1

Hort: »Ich habe so ein Gefühl, als müßte er bald irgendwo zu packen sein. Ich brauche jetzt einen nützlichen Zug, der zugleich seine Aufmerksamkeit ablenkt, und der ihn zu weiterem Nachdenken zwingt, damit seine Zeit noch knapper wird, bis der entscheidende Moment da ist. Läufer d8 behagt mir, das verstärkt die Wirkung meines e-Turmes, und ich werde den Läufer auf b6 oder auch auf c7 gut gebrauchen können.«

24. ... Ld8

Kindermann: »Er fängt an, mich in der e-Linie zu massieren. Ich überdecke erst mal meinen Turm, indem ich ihn eins vorwärts setze; zugleich überdeckt er dann meine Bauern auf der zweiten Reihe.«

25. Te2

Hort: »Jetzt droht er womöglich bald wieder Springer d5. Er spielt wirklich gut; aber darauf mußte ich ja gefaßt sein. Meine größte Chance ist die Bedenkzeit, denn er hat nur noch 8 Minuten bis zur Zeitkontrolle und ich noch mehr als dreimal so viel. Aber was muß ich tun? Ich würde gerne die Diagonale b8–h2 öffnen, auf der könnte mein schwarzfeldriger Läufer reiche Beute machen. Ich biete Damentausch an. Wenn er annimmt, muß ich mit meinem Läuferpaar gut stehen; wenn er ablehnt, kann ich wenigstens meinen Läufer nach b6 bringen.«

25. ... Dc5

Kindermann: »Davor hatte ich Angst. Und ich muß mich rasch entscheiden, denn wie üblich rennt mir die Zeit davon.«

26. Df3

Hort: »Wahrscheinlich nicht der beste Zug, aber er hält alles beisammen, und ich kann nicht viel ausrichten. Und ich darf meinen Bauern f6 nicht vergessen, sobald ich den Läufer von d8 wegziehe, nach c7 oder nach b6, könnte er f6 mit Springer h5 angreifen. Und von f6 aus – falls er mal dahin gelangt – hätte er vielleicht ein fatales Schach auf d7. Warum soll ich nicht erst mal meinen König weiter aus dem Aktionsradius dieses Springers bringen? Auf den schwarzen Feldern darf er sich ja sicher fühlen.«

26. ... Ka7

Kindermann: »Was soll das? Aber im Hinblick auf meine Zeitknappheit ist es ein guter Zug, denn er zwingt mich, einen Plan zu finden und offenzulegen. Ja, c3 spiele ich, das beugt nicht nur eventuellen Aktivitäten gegen meine Königsstellung vor, sondern gibt mir auch die Möglichkeit, meinen Läufer nach b3 zu bringen. Vielleicht kann ich ihn am Ende doch zwingen, sich mit seinem Bauern e6 zu erklären.«

27. c3

Hort: »Er spielt auch in Zeitnot sehr gut. Wenn ich diese Partie gewinne, wird es sicher nicht einfach. Aber ich hoffe es doch und muß es versuchen, denn das ist praktisch meine letzte Aussicht, in dem Turnier zu Lorbeeren zu kommen. Wär doch miserabel, wenn mein letztes

Turnier in diesem Jahr auch mein schlechtestes würde.

Ich muß sehen, ihm Probleme zu stellen, er hat nur noch ganz wenig Zeit. Ich will auf der e-Linie verdoppeln, vielleicht kann ich dann unversehens mal auf f5 schlagen und einen Bauer kassieren.«

27. ...   Te7

Kindermann: »Mit dem Damenzug nach f3 habe ich meinen e-Bauern gefesselt, und wenn er auf f5 nimmt, muß ich mit dem g-Bauern wieder nehmen, und e4 wird schwach. Rasch, die Fesselung aufheben und dabei den Turm e2 und die Grundreihe gedeckt halten.«

28. Df1

Hort: »Hm, er zeigt wieder Angst, aber macht dabei sehr sinnvolle Züge. Ich sehe keinen besseren Plan, als in der e-Linie zu verdoppeln. Ich hoffe ja doch, daß er die Stellung in Zeitnot verdirbt. Aber ich muß mich beeilen, ich habe auch nur noch 10 Minuten.«

28. ...   Tge8

Kindermann: »Das Damoklesschwert, daß er auf f5 schlagen könnte, wird mir langsam unheimlich. Ich sollte einen seiner Türme von der e-Linie ablenken, damit der Druck da nachläßt. Mit dem Springer f6 angreifen, dann wird er den Turm von e7 wegziehen müssen.«

29. Sh5

Hort: »f6 muß ich verteidigen. Dame e5 kommt nicht infrage, da stünde sie wieder dem weißen Turm gegenüber, daher kam sie ja gerade erst. Also muß ich den Turm von e7 wegziehen. Nach d7 am besten, dann komme ich zu d5 gerade wenn seine Zeitnot am schlimmsten ist.«

29. ...   Td7

Kindermann: »Nun die Absicht von c2–c3, schnell.«

30. Lc2

Hort: »Er genügt wohl nur irgendwie seiner Zugpflicht. Oder will er nach b3, um gegen e6 zu drücken? Das kann ich durch Dame c4 verhindern, aber dann hat er Läufer d3, das bringt mich nicht weiter, Remis durch Zugwiederholung will ich nicht, nicht in dieser Stellung, nicht bei seiner Zeitnot, nicht bei dem Turnierstand. d5, um alles aufzubrechen, ist am kompliziertesten, ich habe selber keine Zeit, es weiter durchzurechnen, aber das wird ihm die meisten Probleme machen!«

30. ...   d5

Kindermann: »Was nun, was nun? Ah, ich sehe was. Springer g7 greift seinen Turm e8 an. Nach g8 kann der nicht, weil ich dann auf e6 einfach einen Bauern gewinnen würde mit ziemlich klarer Stellung. Geht er aber nach e7, dann scheine ich mit Springer h5 mindestens Zugwiederholung zu haben, als Notbremse, falls nicht noch was Besseres auftaucht.«

31. Sg7

Hort: »Habe ich ganz übersehen. Was mache ich jetzt? Ich hätte doch nach c7 gehen sollen mit meinem Turm, dann hätte ich diesen Springer jetzt mit Turm g8 wieder hinauswerfen können. Ach, ich bin gar nicht zufrieden mit mir, und dabei fühlte ich mich so gut während der ganzen Partie und wollte um jeden Preis gewinnen und war überzeugt, es am Ende zu schaffen. Und nun hat er schon diese Zugwiederholung drin, nur weil ich's in seiner Zeitnot zu sehr forciert habe.

Vlastimil, Vlastimil, nun bist du der älteste Turnierhase hier, und alle deine Turniererfahrung hindert dich doch nicht, immer wieder dieselben Fehler zu machen!«

31. ...   T8e7

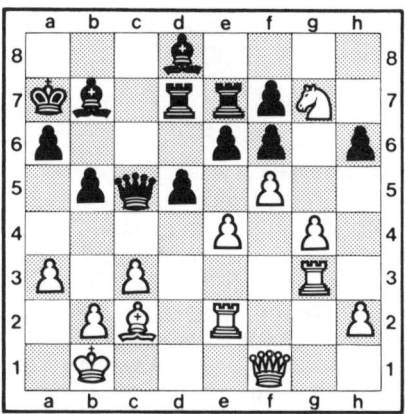

Kindermann: »Schnell zurück, für diesmal muß ich mit Remis zufrieden sein.«

32. Sh5

Hort: »Wieder ist f6 angegriffen, und ich kann ihm den Bauern doch nicht einfach lassen, Läufer c7, Springer schlägt f6, Turm d7 zieht; nein, verlieren will ich die Partie denn auch nicht, auch wenn meine Chancen aufs Finale so oder so hin sind, alle Chancen hin, alle Träume ausgeträumt. Nein, mir bleibt kein anderer Zug übrig.«

32. ...   Te8

Kindermann: »Okay, zurück nach Buffalo, eh die Klappe fällt.«

33. Sg7

Hort: »Was soll ich machen?«

33. ...   T8e7

Kindermann: »e5 wäre vielleicht eine verrückte Möglichkeit, aber ich kann das jetzt nicht näher ansehen. Remis erzwingen, ehe ich durch Zeit verliere, ich behalte ja die Führung in meiner Gruppe.«

34. Sh5   Te8

Remis.

Vor Horts Fehler im 30. Zug war die Stellung mindestens ausgeglichen für Schwarz. Im 32. und 34. Zug hätte Kindermann mit e5 in eklatanten Vorteil kommen können; z. B. 32. e5 ef5: (32. ... fe5: verliert nach 33. f6 einen Turm) 33. Lf5: Tc7 34. e6, und Schwarz ist fast bewegungsunfähig. Durch die beiderseitige Zeitnot fand die Partie ein abruptes und unlogisches Ende.

Weiß: Miles
Schwarz: Garcia
Modernes Benoni
(Zugumstellung aus Königs-
indisch)

1. c4   g6
2. d4   Sf6
3. Sc3   Lg7
4. e4   d6
5. Ld3   0-0
6. Sge2   c5
7. d5   e6
8. 0-0   ed5:
9. cd5:

So ist eine Stellung von Benoni-
Charakter entstanden, was einen
heißen Kampf erwarten läßt.

9. ...   a6
10. a4

Die Aktivierung der schwarzen
Majorität auf dem Damenflügel
durch b7–b5 darf Weiß nicht ohne
weiteres zulassen.

10. ...   Te8
11. f3   Sbd7
12. b3

Garcia: »Kann ich diese Schwächung der langen Diagonalen
irgendwie kombinatorisch ausnutzen? Auf Springer schlägt d5 nimmt
er mit dem Bauern zurück, dann
Turm schlägt e2, die weiße Dame
nimmt wieder, ich kriege zwar den
Springer auf c3, aber behalte nicht
genug für die Qualität. Also einen
ruhigen Zug: b6 verhindert, daß er
meinen b-Bauern mit b5 lahmlegt,
ich kriege etwas Platz am Damenflügel und kann vielleicht später b5
durchsetzen.«

12. ...   b6

Miles: »Okay, a5 hat er verhindert,
aber flexibel wie ich bin, war das ja
nicht meine einzige Chance in der
Stellung. Wie wär's, mit dem Turm
aus der langen Diagonale zu gehen, nach b1, vielleicht kann ich ihn
dann auch bald mal mit b4 aufs
Köpfchen hauen.«

13. Tb1

Garcia: »Bin nicht sicher, was jetzt
am besten ist. Auf Springer e5
nimmt er wahrscheinlich einfach
seinen Läufer nach c2 zurück und
droht dann immer f4. Aber nachdem ich mir die 7. Reihe noch nicht
besonders verstellt habe, taugt es
vielleicht was, den Damenturm ins
Zentrum zu bringen.«

13. ...   Ta7

Miles: »Hallo, was geht denn da
vor!? Er macht nicht mal mehr einen
Versuch, b5 durchzusetzen. In Ordnung, ich werde mich gerne gleich
noch einmal als flexibel erweisen.
Eines Tages wird sich das alles
öffnen, schaufeln wir lieber gleich
unsere Stücke aus dem Weg, in
die Ecke mit dem King, damit es
nicht irgendwann einmal gemeine
Schächelchen entlang der Diagonalen gibt.«

14. Kh1

Garcia: »Ich bleibe bei meinem
Plan, Springer f8, um den Turm ins
Zentrum zu fahren.«

14. ...   Sf8

Miles: »Was zum Teufel macht er da? Will er tatsächlich bloß seinen Turm nach e7 bringen? e4 ist doch gar kein Angriffsobjekt, an das er sich ernsthaft heranmachen könnte, das ist doch ungefähr dreihundertmal gedeckt!

Naja, normalerweise würde ich da gerne Läufer g5 spielen, um h6 zu provozieren, aber in diesem Falle könnte ihm das zupaß kommen, um den Springer von f8 nach h7 zu bringen. Ich gehe lieber nach e3, das ist ein gutes Feld, solange er nicht irgendwas Niederträchtiges auf der e-Linie veranstalten kann.«

15. Le3

Garcia: »Was, er traut sich, den Läufer ungedeckt auf die e-Linie zu stellen!? Warum das? Aber ich bringe erst mal wie geplant meinen Turm in die Mitte, dann ist immer noch Zeit genug, zu überlegen, wie ich seinen Läuferzug ausnutze.«

15. ...   Tae7

Miles: »Mein schwarzfeldriges Läufertier steht wirklich prächtig da, ideal für meinen Plan, ihn am Damenflügel aufzuknacken. Später mal kann ich ihn ganz sicher auf g1 parken. Aber erst mal laß ich ihn da, er wirkt zugleich nach dem Königsflügel hin. Nach Dame d2 habe ich meine Türme verbunden, h6 ist verhindert, und in manchen Varianten könnte Läufer g5 lästig für ihn sein.«

16. Dd2

Garcia: »Nachdem ich auf b5 verzichtet habe, ist es offenbar mein einziger vernünftiger Plan, mit f5 die e-Linie aufzubrechen. Ich muß also den Springer ziehen, um den f-Bauern beweglich zu machen.«

16. ...   S6d7

Miles: »Jetzt muß ich ihm die Luft rauslassen aus dem einzigen Plan, den er in der Stellung hat. Springer g3 räumt eine Figur aus der Schußlinie seiner Türme und verhindert vorerst f5, denn dann käme Läufer g5, und er verliert glatt einen Bauern.«

17. Sg3

Garcia: »Wenn ich jetzt f5 ziehe, fesselt er meinen Turm mit Läufer g5. Ich könnte zwar eine Figur dazwischenziehen, aber ich gehe doch lieber mit der Dame nach c7; wer weiß auch, wann es mal gut ist, d6 gedeckt und einen Motor für c4 zu haben.«

17. ...   Dc7

Miles: »Ich wünschte, er würde mal aufhören, herumzufuhrwerken; ich kapiere nicht ganz, was er da vorhat. Hm, ich bin sehr versucht, meinen Turm von f1 nach c1 zu bringen und ihn geradewegs mit b4 und a5 anzugehen; vielleicht sollte ich auch meinen Läufer erst aus der Schußlinie seiner Türme bringen, nach g1. Aber es wäre auch hübsch, f6 zu erzwingen, das würde seinen Läufer einmauern, und Befreiung durch f5 ist anschließend nicht in Sicht für ihn, das würde wie gehabt einen Bauern kosten. Ja, ich denke, das ist mir ein Tempo wert, ihm seinen schönen Fianchettoläufer auszusperren.«

18. Lg5

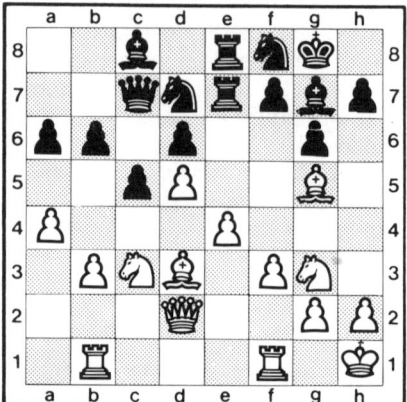

Garcia: »Oh, er läßt mich ein Tempo gewinnen? Er muß doch gleich wieder zurück, was hat er denn davon?«

18. ...   f6

Miles: »Gegönnt, gegönnt, sticht mir ins Auge, wie er da rumsteht. Den Läufer zurück auf den heimatlichen Parkplatz.«

19. Le3

Garcia: »f5 sofort kann ich jetzt nicht spielen, weil er mit Läufer g5 einen Bauern gewinnen würde. Aber ich setze meinen Springer auf sein Traumfeld und dränge erst mal seinen weißfeldrigen Läufer ab.«

19. ...   Se5

Miles: »Ich kapiere immer noch nicht, was er eigentlich vor hat. Okay, den Läufer lasse ich ihm nicht; wohin mit dem guten Stück? Auf c2 kontrolliert er f5, von e2 aus drückt er gegen a6 und b5. Werfen wir 'ne Münze: nach e2.«

20. Le2

Garcia: »Habe ich jetzt f5 drin? Bin nicht ganz sicher. Safety first – zuerst gehe ich nach f7, so daß meine Türme wieder freie Sicht haben, dann droht es wirklich.«

20. ...   Sf7

Miles: »Hoppla, das war doch ein bißchen unvorsichtig, jetzt kommt er tatsächlich zu f5. Hätte meinen Läufer doch nach c2 rangieren sollen, dann hätte er ewig und drei Tage lang stillhalten müssen mit seinem f-Bauern. Egal, seine Figuren sehen merkwürdig genug aus so auf einem Haufen, es ist bestimmt überfällig, ihn auf dem Damenflügel in Stücke zu blasen. b4 sofort oder erst Turm fc1? Mal sehen: Turm fc1, f5, b4, und wenn er auf e4 nimmt, nehme ich mit dem Springer von c3 zurück und sein Figurenkloß ist zu gar nichts nütze. Also hinüber mit Schwung, alles auf den Damenflügel!«

21. Tfc1

Garcia: »Was ist das, er konzentriert alle seine Figuren auf meinen Damenflügel und läßt seinen Königsflügel ziemlich schutzlos. Demnach sollte ich dort angreifen, jawohl, den h-Bauern voran!«

21. ...   h5

Miles: »Was ist da los? Das droht doch gar nichts – h4 zwingt höchstens meinen Springer dahin, von wo er meinen schwarzfeldrigen Läufer deckt. Also nichts wie ran, knack die Nuß mit b4!«

22. b4

Garcia: »Kann das gut sein? Er vergeudet Zeit auf dem Damenflügel, während ich mit 2 Türmen, 2 Springern und einem Läufer auf seinen König losgehe!? Weiter wie geplant!«

22. ...   h4

Miles: »Naja, zum Figurenopfern ist es noch zu früh, ich muß zurück.«

23. Sf1

Garcia: »Jetzt folgerichtig weiter und die e-Linie geöffnet!«

23. ...   f5

Miles: »Kann immer noch nicht erkennen, daß er da was drinhätte. Zeit für den dicken Hebel!«

24. a5

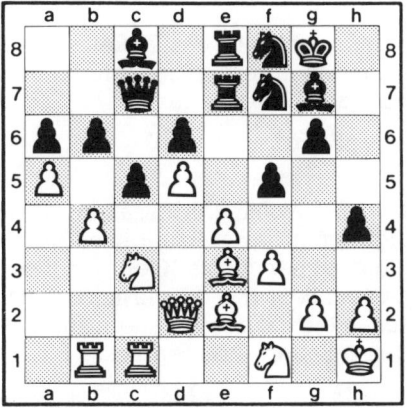

Garcia: »Oh, das ist wahr, er will auf meinem Damenflügel durchbrechen; dagegen muß ich mich verteidigen. Einen der beiden Bauern zu schlagen, gefällt mir nicht, er hat dann zuviel Druck. Springer d7 geht nicht wegen a schlägt b6 nebst b schlägt c5. Aber b5 sollte möglich sein und die Sache einigermaßen geschlossen halten.«

24. ...   b5

Miles: »Kann er sich das erlauben? Wir werden's ja sehen. Tausch auf c5 sieht jetzt wie der gegebene Zug aus.«

25. bc5:   dc5:

Miles: »Figurenopfer auf dem Damenflügel sehen jetzt ziemlich aussichtsreich aus, zum Beispiel Springer schlägt b5, danach Turm schlägt c5 nebst Läufer schlägt b5, ich kriege drei Bauern für das Stück, und mein a-Bauer ist riesig.

Aber er hat immerhin diesen Durchbruch im Zentrum, irgend eine friedlichere Lösung würde ich vorziehen, wenn's eine gibt. d6 gefällt mir, wenn er da mit dem Springer nimmt, gewinnt Springer d5, nimmt aber die Dame, gewinnt Springer d5 immer noch die Qualle oder so, allerdings kriegt er dann eine Masse Spiel mit c4.

Aber ich könnte dann ja einfach die Damen tauschen und auf c5 mit dem Läufer nehmen, das sieht nicht übel aus; mein Springer kommt nach d5, sieht nach einer niedlichen Endspielinitiative aus, und was wichtiger ist: Er kann nirgendwo was erreichen. Das Figurenopfer mag korrekt sein, mir paßt es nicht, ich will auf Nummer sicher gehen heute.«

26. d6

Garcia: »Das habe ich gar nicht bedacht, ist das ein Bauernopfer oder was? Muß es mir zeigen lassen, erst mal muß ich mit der Dame schlagen, das ist erzwungen.«

26. ...   Dd6:
27. Dd6:   Sd6:

Miles: »Und jetzt schnappen wir uns lieber das Bäuerchen wieder, eh es davonläuft.«

28. Lc5:

Garcia: »Hm, da also lag der Hase im Pfeffer. Bleibt mir nichts übrig, als die Fesselung mit Turm d7 aufzuheben. Zugleich kann Springer d5 meinem Turm keinen Tritt versetzen.«

28. ...   Td7

Miles: »Jetzt hinein mit dem Springer, dann drohen so billige kleine Gemeinheiten wie Tausch auf d6 nebst Turm schlägt c8, und Springer b6 sofort droht sowieso. Hmmm, das sieht lecker aus!«

29. Sd5

Garcia: »Ich muß seine direkten Drohungen parieren. Wenn ich mich nur konsolidieren kann, stehe ich gar nicht so übel mit dem Druck auf e4 und meinem gedeckten Freibauern b5. Habe auch 10 Minuten mehr Zeit als er übrig, noch eine halbe Stunde für die nächsten 10 Züge, das sollte dicke reichen!«

29. ...   Lb7

Miles: »Komisch, ich habe das Gefühl, daß hier was Entscheidendes drin sein sollte, aber ich seh's noch nicht.

Auf Turm d1 scheint er Läufer e5 zu haben, und falls dann f4, kommt Springer schlägt e4, und ich habe den Salat. Das hier ist die Sorte Stellung, wo man Schlag auf Schlag bringen muß. Wenn ich ihn Atem holen lasse, verschwindet e4, und alles fängt an, rückwärts zu schwimmen. Hoffentlich habe ich da nichts falsch gemacht. Egal wie, nicht zurück jetzt, vorwärts!«

30. Sb6

Garcia: »Das läßt mir nur eine Möglichkeit.«

30. ...   T7d8

Miles: »Ich kriege so ein Gefühl, ich könnte es hier mal wieder verpaßt haben. Aber nicht zu ändern jetzt, ranhalten, nachsetzen!«

31. Ld6:   Td6:

Miles: »Und auf die 7. Reihe, das sollte ihn ärgern, allzu viele Felder hat sein Läufer ja nicht.«

32. Tc7

Garcia: »Wohin geh ich, a8, c6? Das Figurenopfer mit Bauer schlägt e4 taugt sicher nichts. Geh nach c6, das schließt die c-Linie und stützt schon einmal den b-Bauern, falls er den a-Bauern kriegen sollte.«

32. ...   Lc6

Miles: »Turm bc1 zwingt ihn jetzt zu Läufer d7, das bringt mir nichts Besonderes. Aber Turm d1, das droht so ein oder zwei Sachen; und wenn er den Turm d6 mit dem andern deckt, tausche ich und gewinne mit Springer c8 eine Figur wegen der Möglichkeit Turm schlägt c6, Turm schlägt c6, Springer e7 Schach. Wenn er aber tauscht, hilft er mir, meinen Läufer nach b3 zu aktivieren.«

33. Td1

Garcia: »Tc1 war, was ich erwartete. Ich muß mich jetzt sehr sorgfältig verteidigen. Turm f6 ginge vielleicht, aber nach Turm c1 wäre dann mein Läufer c6 schwer zu verteidigen. Aber ich sehe einen Trick – gespannt, ob er hineinfällt.«

33. ...   Td1:
34. Ld1:

Garcia: »Jetzt kann ich den Läufer c6 nicht decken wegen der Fesselung auf der Diagonalen a2–g8. Wegziehen könnte ich ihn nach a8, aber da ist er außer Spiel. Aber Läufer d7 müßte funktionieren, wenn er den mit dem Springer schlägt, fessele ich ihn auf der 7. Reihe und gewinne die Figur zurück. Das Endspiel müßte dann doch mindestens haltbar sein.«

34. ...   Ld7

Miles: »Guter Gott, was ist das? Ich wußte noch gar nicht recht, wie ich nach Läufer a8 fortsetzen sollte, aber so, warum sollte ich die Figur nicht mitnehmen können?

Klar, nach Springer schlägt d7 will er mich auf der Siebten fesseln – nicht auf der d-Linie, denn dann käme das Zwischenschach des Läufers auf b3.

Aber warte mal, was ist mit dem Tier auf e4, hat das nicht Stiefel Größe 48 an!? Springer schlägt d7, Turm e7, Läufer Schach und König h8, dann e5 – wenn's funktioniert, ist das der Killer. Schlägt er dann mit dem Springer auf d7, gewinnt e6 eine Figur. Schlägt er mit dem Turm, kommt Turmtausch, und mein Bauer in seinen Siebenmeilenstiefeln marschiert geradewegs nach Hause.

Und Läufer schlägt e5 geht auch nicht, dann käme Springer nimmt f8, Turm schlägt c7, Springer schlägt g6 Schach mit drei Figuren für den Turm; oder noch einfacher Turm c8, und ich behalte meine Mehrfigur. Hmmm, lecker, das hat er bestimmt übersehen; diesmal laß ich mir den Skalp nicht entgehen.«

35. Sd7:   Te7
36. Lb3 +

Garcia: »Nicht schwer zu entscheiden: Nach h7 darf ich nicht, dann könnte er meinen Springer mit Schach schlagen.«

36. ...   Kh8

Miles: »Und jetzt der Mann in den dicken Stiefeln!«

37. e5

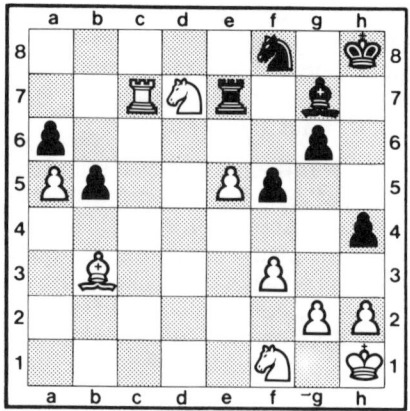

Garcia: »Oha, e5, das habe ich übersehen! Er droht e6, also muß ich die Figur sofort zurücknehmen.«

37. ...   Td7:

Miles: »Nanu, habe ich irgendwas übersehen? Ich tausche einfach, dann e6, und der Bauernbursche läuft nach Hause. Sein Springer muß ziehen, nach f6, dann e7, und er kann Läufer f7 nicht verhindern. Ich gewinne glatt eine Figur; und seinen b-Bauern kann ich leicht mit meinem Läufer stoppen.«

38. Td7:   Sd7:

Miles: »Okay, Junge, lauf und bring die Sache zu Ende!«

39. e6

Garcia: »Ach das war seine Idee, er will durchmarschieren. Aber mein Springer ist ja auch noch da.«

39. ...   Sf6
40. e7

Garcia: »Jetzt Läufer h6, das schließt seinen Springer ein und läßt mich meinen König nähern.«

40. ...   Lh6
41. Lf7

Garcia: »Jemineh, jetzt begreife ich erst, daß ich eine Figur verliere und auch mit meinem b-Bauern nichts ausrichten kann. Unglaublich, und dabei sind wir doch beide nicht in Zeitnot gewesen! Nun, das ist hoffnungslos. Ich gebe auf.«

Am späten Abend begegnete jemand Miles und fragte ihn, wie er sich fühle. »Besser«, strahlte er, »hab endlich mal eine Partie gewonnen! Jetzt brauche ich bloß noch 2 zu gewinnen, eine morgen und eine im Finale!« Ob er in die sibyllinischen Bücher geguckt hatte?

Fünfte Runde (6. 11. 83)

In der Gruppe A war vor dieser Runde die Qualifikation de facto entschieden, nachdem Karpow seinen Vorsprung auf bereits 1½ Punkte ausgebaut hatte. Rogers dürfte versuchen, seine sang- und klanglose Niederlage gegen Chandler aus der 2. Runde gutzumachen.

In der Gruppe B führten Kindermann, der bereits zum dritten Mal in Zeitnot einen Gewinn ausgelassen hatte, und Miles punktgleich einen halben vor Hort. Bei einem Remis der beiden hätte Vlastimil gleichziehen können; es stand also zu erwarten, daß er auf Biegen und Brechen versuchen würde, ein zweites Mal gegen den Kubaner zu gewinnen.

Weiß: Browne
Schwarz: Karpow
Abgelehntes Damengambit
(Zugumstellung)

Browne (der um 3 Minuten zu spät erschienen war): »Ich spiele immer 1. d4, erst recht bei dieser knappen Zeitbeschränkung. Irgendwie glaub ich nicht, daß er abgelehntes Damengambit spielen wird.«

1. d4

Karpow: »Das hat er noch jedes Mal gegen mich gespielt, und ein paar Mal schon hatten wir Nimzoindisch, okay.«

1. ...   Sf6

Browne: »Natürlich, wie immer. Springer f3 wäre nun möglich, aber c4 ist schärfer; falls er Königsindisch spielt, weiß er dann nicht, wohin ich mit dem Springer will.«

2. c4

Karpow: »Um noch eine Chance zu haben, ins Finale zu kommen, muß er die Partie gewinnen. Wenn ich jetzt e6 ziehe, läßt er wahrscheinlich Nimzoindisch zu, mal sehen.«

2. ...   e6

Browne: »Ja, auf die Weise legt er sich noch nicht fest. Auf Springer c3 hat er wohl Nimzo vor, aber ich werde Springer f3 bringen, und dann kommt wahrscheinlich Damenindisch mit b6 und Läufer b7. In unserer letzten Partie, in der ich Weiß hatte, gab es abgelehntes Damengambit, das hatte ich sehr gut vorbereitet und kriegte eine sehr bequeme Stellung, so denke ich, daß er diesmal was anderes versuchen wird. Das einzige sonst, von dem ich weiß, daß er es gelegentlich spielt, ist Bogoljubow-Indisch, aber das ist überscharf, und ein Remis reicht ihm ja, sich den Gruppensieg zu sichern. Und weil er weiß, daß ich auf eine scharfe Partie ausgehen muß, wird er mich ein bißchen überraschen wollen, aber eine solide Stellung anstreben.«

3. Sf3

Karpow: »Jetzt habe ich zwischen b6 und d5 zu wählen. Auf b6 wird er fast sicher a3 oder Springer c3 erwidern, wahrscheinlich hat er was vorbereitet, aber das gerade würde ich gern rauskriegen.«

3. ...   b6

Browne: »Ha, wie ich mir dachte! Jetzt geht natürlich Springer c3, aber darauf ist Läufer b4 in Ordnung für Schwarz. a3 hab ich hier oft gespielt, er weiß das, aber ich habe große Erfahrung damit und habe sowieso was Besonders für ihn vorbereitet. Jawohl, a3, verhindert Läufer b4 und sichert den Springer, der von c3 aus d5 kontrollieren soll.«

4. a3

Karpow: »Die Theorie gibt jetzt Läufer a6 mit Ausgleich an, interessant, was er wohl darauf vor hat? Aber noch neugieriger bin ich zu erfahren, was er auf Läufer b7 antwortet.«

4. ...   Lb7

Browne: »Hab ich's mir nicht gedacht! Läufer a6 ist an der Stelle ja üblicher, aber führt zu schärferem Spiel als ihm heute wohl lieb ist. Jetzt hat er e4 unter Kontrolle und verhindert d5, aber das drohe ich wieder mit Springer c3.«

5. Sc3

Karpow: »Einzige Antwort ist d5.«

5. ...   d5

Browne: »Natürlich, in der Stellung hat er noch nie was anderes gespielt. Aber jetzt habe ich Läufer g5, um auf d5 zu tauschen, ohne daß er mit dem Springer zurücknehmen kann; aber dann ist Bauer schlägt c4 ganz gut für Schwarz. Soll er doch ruhig mit dem Springer auf d5 zurücknehmen, ich habe mit der Variante eine schöne Erfolgsrate, vielleicht nicht ganz so hoch wie Kasparow, aber bin sehr zufrieden mit den Ergebnissen.«

6. cd5:

Karpow: »Aha, wenn ich mit dem Springer schlage, sind wir in einer sehr populären Variante, in der es in der neuesten Turnierliteratur eine Menge Theorie gibt. Mit dem Bauern wird seltener geschlagen, ist aber interessant.«

6. ...   ed5:

Browne: »Ah, gut, genau wie erhofft; jetzt ist natürlich g3 der Normalzug, und vielleicht hat er darauf c5 vor, was der neueste Konter ist. Aber ich habe was anderes vor. Ich spiele Dame a4 Schach, und wenn er c6 antwortet, hat er c5 nicht zur Verfügung. Das ist eine hübsche Idee und neu dazu, und ich bin gespannt auf seine Reaktion, wie lange er darüber nachdenkt. Ich erinnere mich, als ich die Variante ausgebrütet hatte, fragte ich mich, wie lange Karpow wohl über seine Antwort nachdenken würde, wenn ich ihm die Neuerung vorsetzen würde, und dachte, ungefähr eine Minute, dann werde er c6 ziehen. Ich werde also in den Zuschauerraum gehen und mal beobachten, wie lange er braucht.«

7. Da4 +

Karpow: »Sehr seltsam, was will er da? Wenn ich Dame d7 antworte, geht er nach c2 zurück und kann Springer e5 mit Tempogewinn spielen. Läufer c6 ist sinnlos, verstellt den c-Bauern. Springer d7 geht, aber das ist wohl, was er haben will. Also Bauer c6.«

7. ...   c6

Browne: »Ha, genau wie ich geschätzt habe! Kenne ich nun diesen Burschen oder kenne ich ihn nicht? Fast exakt eine Minute, bis er seinen Zug machte. Jetzt könnte ich sicher Läufer g5 oder Läufer f4 machen, dann kämen wir in eine neue Stellung, aber mir schwebt was anderes vor ein paar Züge später, und es ist ziemlich gut möglich, daß er da hineingerät. Ich werde meinen Königsläufer fianchettieren und später vielleicht e4 spielen.«

8. g3

Karpow: »Jetzt Läufer e7, Läufer d6 oder Springer b nach d7? Zuallererst muß ich meine Rochade sicherstellen, ja, Läufer e7.«

8. ...   Le7

Browne: »Läufer d6 wäre natürlich auch gegangen, aber er will eine normale Stellung erreichen, das paßt genau in meinen Kram. Ich will

hier auch noch nicht zu lange nachdenken, er spielt zügig, und dies Turnier wird mit verkürzter Bedenkzeit gespielt, da ist es doppelt wichtig, nicht in Zeitnachteil zu geraten.«

9. Lg2   0-0
10. 0-0

Karpow: »Jetzt ist ein wichtiger Moment. Entwickle ich meinen Damenspringer nach a6, dann steht seine Dame sehr gut auf a4, und er hat Läufer f4 oder Turm d1. Spiele ich aber Springer b nach d7, dann könnte er Springer e5 antworten, ich tausche, spiele den Königsspringer nach d7 und habe das Feld c5, das ist voll befriedigend.«

10. ...   Sbd7

Browne: »Er folgt der Partie, die er letztes Jahr auf der Olympiade in Luzern gegen Timman spielte; da gab es zur selben Zeit noch mehrere Partien mit dieser Variante. Die spielten alle Läufer f4; wie wäre Läufer g5? Oh nein, dann kommt Springer e4, ich tausche auf e7, er nimmt mit der Dame wieder, das ist sehr bequem für ihn, das taugt nichts. Läufer e3 verstellt mir den e-Bauern. Springer e5 ist zu früh, dafür brauche ich erst einen Turm auf d1, also muß ich erst den Damenläufer entwickeln. Also doch Läufer f4.«

11. Lf4

Karpow: »Sehr interessant. Jetzt droht er Springer e5, und wenn ich tausche, schlägt er mit dem Läufer zurück und hat sehr bequemes Spiel. Springer h5 könnte ich versuchen. Wenn dann Springer e5, nehme ich erst auf f4, dann auf e5 und habe das Läuferpaar bei guter Stellung.«

11. ...   Sh5

Browne: »Springer am Rande, sieht nicht ganz überzeugend aus, aber er hat es mit Erfolg gespielt. Auf Läufer e5 kommt f6, das ist Blödsinn. Den Läufer stehenlassen? Er schlägt und spielt Läufer d6, das ist so gut wie Ausgleich. Nein, ich spiele, was ich vorhatte.«

12. Ld2

Karpow: »Jetzt zentralisiere ich den Turm, um ihm Springer e5 und Bauer e4 zu erschweren.«

12. ...   Te8

Browne: »Seltsam, ich dachte, er würde den Springer von d7 nach f6 bringen, aber sein Zug ist natürlich auch in Ordnung. Jetzt brauche ich einen Turm auf d1, und zwar den Turm von a1, damit der andere den Vorstoß e4 unterstützen kann.«

13. Tad1

Karpow: »Er will das Zentrum mit e4 öffnen, ich muß mich darauf einstellen. Läufer d6, und auf Turm f nach e1 hole ich meinen Springer von h5 zurück und habe seinen Vorstoß gestoppt.«

13. ...   Ld6

Browne: »Prima, ganz prima, das war genau das, worauf ich hoffte!

Läufer f8 ging natürlich auch, aber dies ist mir genau recht. Ich dachte, er hätte vielleicht seinen Springer nach f6 zurückgeholt. Jetzt hat er e4 zugelassen: Wenn er schlägt, spiele ich Springer g5. Versucht er mich dann reinzulegen und spielt e3, kommt Läufer schlägt e3, er schlägt mit dem Turm auf e3, dann Springer schlägt f7, und wenn sein König nimmt, nehme ich auf e3 mit Schach und anschließend auf c6 mit Gewinnstellung! Phantastische Chance. Jawohl, e4.«

14. e4

Karpow: »Ein Versuch, die Bauern zu blockieren, mit Springer f8 und später, wenn er e5 gespielt hat, Springer e6, taugt jetzt nichts. Sein Läufer auf g2 ist zu stark. Ich muß nehmen.«

14. ...   de4:

Browne: »Daß er e5 zulassen würde, habe ich mir natürlich nicht eingebildet, aber immerhin hat er eine Weile nachgedacht. Vor meinem Manöver hier würden die meisten umfallen, aber dieser Bursche ist schon fast kein menschliches Wesen mehr, sehr schwer umzulegen, muß ich zugeben. Die Stellung ist scharf, sein Springer steht am Rande, gute Gelegenheit für Angriff. Ich muß Springer g5 machen. Zieht er seinen Springer nach f6 zurück, nehme ich auf e4, nimmt zurück, ich nehme mit Läufer oder Springer, dann ist sein Bauer c6 schwach und meine Dame sinnvoll im Spiel.«

15. Sg5

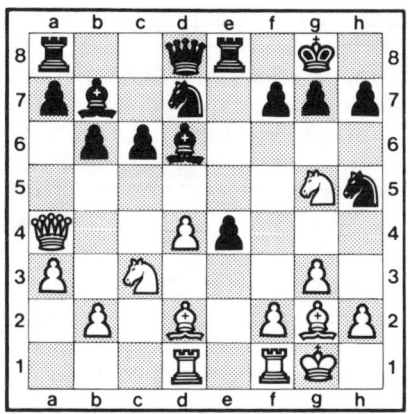

Karpow: »Schützen kann ich den Bauern nicht, weil auf f5 Dame b3 Schach kommt. Aber ich muß das Feld d5 unter Kontrolle behalten. Spiele ich den Springer von d oder von h nach f6? Gehe ich mit dem Springer von h5 zurück, kann er mit einem seiner Springer auf e4 nehmen, und dann bin ich praktisch gezwungen, ein Springerpaar zu tauschen; gefällt mir nicht. Gehe ich mit dem Springer von d7 nach f6, kann er nicht mit dem Springer von c3 auf e4 nehmen, weil ich dann Springer d5 hätte und dies wichtige Feld mit einem Springer besetzt halten könnte. Daß er meinen schwarzfeldrigen Läufer abtauschen könnte, macht mir keine Angst, ich stünde danach sehr stark zentralisiert. Und wenn er einfach mit dem Springer von g5 auf e4 schlägt, ist die Sache klar, dann ist es besser, meinen Springer noch auf h5 zu haben, um Feld f4 zu kontrollieren.«

15. ...   Sdf6

Browne: »Was eine Überraschung; dachte, er würde seinen Randspringer zurückholen; läßt seinen schiffbrüchigen Hengst da draußen, eine Art sibirisches Roß in trauriger Lage. Aber ich kann nicht sehen, wie ich Vorteil daraus ziehen soll. Wenn ich auf e4 schlage, wird er einfach tauschen. Nein, nein, wird er nicht, denn dann nehme ich mit dem zweiten Springer. Sein Läufer geht statt dessen nach e7, und wenn ich auf f6 tausche, wird der sibirische Springer heimkehren.

Was sonst kann ich machen, was sonst? Dame b3, um nach f7 zu schielen, jawohl, aber er will dann Springer d5 ziehen und das Zentrum blockieren, und dann sieht mein Läufer d2 aus wie ein Idiot, hm. Also gut, ich nehme auf e4.«

16. Sge4:

Karpow: »Wie kriege ich bloß einen Springer nach d5? Gefällt mir nicht. Was ist, wenn ich gleich Springer d5 spiele? Falls er auf d6 nimmt, schlage ich mit der Dame, das ist solide und gut. Aber er nimmt einfach auf d5, ich nehme mit dem c-Bauern zurück, und wenn dann mein Springer nach f6 zurückkehrt, fesselt er ihn mit Läufer g5, und garantiert geht da mein d-Bauer verloren. Also kommt Springer d5 an dieser Stelle nicht in Frage.«

16. ...   Le7

Browne: »Meine Güte, er spielt genau nach meiner Analyse. Ich hab das alles zu Hause schon auf dem Brett gehabt, allerdings mit dem

Springer auf d7 statt auf h5, das macht einen kleinen Unterschied. Vor allem kontrolliert seine Dame hier das Feld d5, so daß ich mehr oder weniger gezwungen bin, auf f6 zu tauschen, dann droht er Springer d5, und es ist nicht viel los. Aber wie ist Springer schlägt f6 und dann Läufer schlägt c6? Erst mal den Tausch, dann weiter drüber nachdenken.«

17. Sf6: +

Karpow: »Ich muß mit dem Springer zurückschlagen, sonst sieht er da draußen auf h5 ziemlich dumm aus.«

17. ...   Sf6:

Browne: »Der Zug hat ihn kaum ein paar Sekunden gekostet. Was machen wir nun? Ah, das ist einigermaßen schwierig, ist der kritische Punkt der Partie. Brauche einen Einfall. Was kann ich tun? Was kann ich tun, was sollte ich tun? Ganz wichtiger Moment. Na, ich denke, ich sollte auf c6 nehmen und mir den Rest anschließend überlegen.«

18. Lc6:

Karpow: »Ein bißchen unerwartet. Nicht besonders ehrgeizig.«

18. ...   Lc6:
19. Dc6:

Karpow: »Den Bauern muß ich mir zurückholen.«

19. ...   Dd4:

Browne: »Jetzt Läufer f4, dann muß seine Dame nach c5. Nach Damen-

tausch kommt Springer b5, natürlich habe ich das alles analysiert, ja. Turm e2, aber Turm e2, hoppla, das hab ich gar nicht angeschaut. Oha, Turm e2. Vielleicht ist das auch nicht so gefährlich. Erst mal den Läuferzug, den Rest rechne ich mir anschließend aus.«

20. Lf4

Karpow: »Komisch, nach Dame c5 jetzt kann er höchstens noch mit Dame b7 auf Gewinn spielen. Bei Damentausch ist die Stellung völlig ausgeglichen.«

20. ...   Dc5

Browne: »Oh, meine Güte, meine Güte, so hab ich eine neue Eröffnungsidee zum Fenster rausgeworfen! Fast alle Leute in der Welt hätte ich damit schlagen können, aber dieser Bursche, der findet einfach einen richtigen Verteidigungszug nach dem andern, und heute habe ich, glaub ich, gleich zwei neue Züge verschwendet gegen diese Maschine. Was für eine Verschwendung. So viele Wege zu gehen und doch nirgends weiterzukommen. Ach, tausch die Damen.«

21. Dc5:   Lc5:

Browne: »Trauriger Augenblick! Ich wollte einen großen Kampf liefern in dieser Partie, aber er ließ mir keine Chance dazu mit seinem ganz exzellenten Verteidigungsschach. Jetzt muß ich halt die Läufer tauschen, und dann ist es remis.«

22. Ld6

Remis.

Weiß: Rogers
Schwarz: Chandler
Pirc

1. c3

Spielbar ist alles!

1. ...	Sf6
2. Sf3	g6
3. d4	Lg7
4. Lg5	d6
5. Sbd2	0-0
6. e4	Sc6
7. Le2	h6
8. Lh4	e5
9. de5:	de5:

Rogers: »Die Stellung hab ich schon ein paar Mal gehabt. Würde jetzt gerne meinen Springer nach d5 bringen, vermutlich über c4 und e3; wenn das gelingt, könnte er Probleme kriegen. Aber Springer c4 sofort geht nicht, dann tauscht er die Damen und schlägt auf e4. Also zuerst Dame c2, das deckt e4 und behält mir die lange Rochade vor.«

10. Dc2

Chandler: »Mein Königsspringer soll über h5 nach f4 wandern. Dazu muß ich erst diese lästige Fesselung aufheben.«

10. ...   De8

Rogers: »Verrückter Zug. Ist das nicht ein scheußliches Feld für die Dame? Wenn ich meinen Springer schnell nach d5 kriegen könnte, könnte er echte Schwierigkeiten haben, seinen c-Bauern zu schützen. Aber auf Springer c4 kommt Springer h5, hm, bißchen unangenehm, wenn er nach f4 geht. Viel-

leicht rochiere ich erst mal und denke später.«

11. 0-0

Chandler: »Ein normaler Zug. Weiter wie geplant.«

11. ...   Sh5

Rogers: »Jetzt wünschte ich, ich hätte doch gleich Springer c4 gespielt, nach Springer e3 ist mein g-Bauer ja sowieso verteidigt, so daß ich mir wegen seiner Springerwanderung nach f4 nicht solche Sorgen hätte machen müssen. Soll ich jetzt Läufer c4 spielen? Nein, ich habe keine Angst davor, daß er mir den Läufer abtauschen könnte, so großartig ist der sowieso nicht in der Stellung. Ich bleibe bei meinem Plan.«

12. Sc4	Sf4
13. Se3	

Chandler: »Warum soll ich nicht auf e2 tauschen? Ich habe das Läuferpaar und kann die Stellung vermutlich öffnen mit f5, das sieht ganz annehmbar aus.«

13. ...   Se2: +

Rogers: »Hat er sich wohl gewundert, daß ich mit dem Läufer nicht abgehauen bin. Naja, jetzt hat er die beiden Sprinter, dafür hab ich meine beiden Pferdchen, die sehen ziemlich rassig aus und kontrollieren das Zentrum. Kein Grund zur Sorge.«

14. De2:   f5

Droht Figurengewinn durch f4 nebst g5.

15. ef5:   gf5:

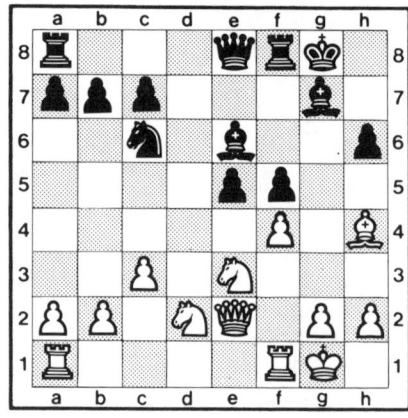

Rogers: »Bin hier doch in echter Gefahr, zerquetscht zu werden, er spielt e4 und dann f4 und dann f3, und meine Königsstellung sieht am Ende ziemlich jämmerlich aus.

Ich könnte Springer d5 versuchen, um auf seinen c-Bauern loszugehen, aber dann kommt Dame f7, und ich muß mich auch noch um diesen Springer kümmern. Vielleicht gehe ich seiner Walze erst mal aus dem Weg und bereite den Konter f4 vor.«

16. Sd2

Chandler: »Ein wenig passiv, aber ich sehe, was er vorhat, f3 oder f4, eines von beiden. Ich mache erst mal den logischen Entwicklungszug und warte ab, wohin er seinen f-Bauern stellt.«

16. ...   Le6

Rogers: »Ziemlich klar, daß ich mich jetzt zwischen f3 und f4 entscheiden muß. F3 ist mir aber zu passiv, er hat dann Dame h5 und Bauer e4 gleich oder später, dann komme ich in den Schwitzkasten. Lieber f4 und gucken, was passiert.«

17. f4

Chandler: »Eine Möglichkeit wäre jetzt e4, mit einem gedeckten Freibauern im Zentrum; aber der ist perfekt blockiert von seinem Springer. Eine andere Möglichkeit wäre Dame g6, aber es ist noch gar nicht klar, wo meine Dame schließlich hin soll, womöglich will sie irgendwann zum Damenflügel schwirren. Aber ich sehe was: Ich tausche einfach auf f4 und spiele Springer e5, mit der Drohung Springer g6.«

17. ...   ef4:

Rogers: »Kommt mir unerwartet. Wenn ich mit dem Turm zurücknehme, will er wahrscheinlich Läufer e5 spielen, und dann stecke ich mitten in einem Haufen Schweinereien und muß höllisch aufpassen. Aber ich habe dann ja Springer c4, verjage seinen Läufer, enorm stark!

Ich glaube, er hätte vorbeiziehen und sich einen gedeckten Freibauern machen sollen, dann Dame f7 und die Türme ·auf der d-Linie verdoppelt, wäre phantastisch für ihn gewesen, aber so ist es wundervoll für mich.«

18. Tf4:

Chandler: »Weiter wie geplant.«

18. ... Se5

Rogers: »Das habe ich überhaupt nicht bedacht, was ist das? Oh, er will nach g6, das ist gemein, wirft meine Figuren zurück und macht seinen f-Bauern beweglich. Ich muß wohl den Turm zurückziehen und abwarten.«

19. Tf1

Chandler: »Er soll keine Chance haben, sich mit Läufer g3 zu konsolidieren, also spiele ich sofort f4.«

19. ... f4

Rogers: »Ja, f4, naja, wenn der Zug nicht schnell gewinnt, mag er ja okay sein für Schwarz. Soll ich jetzt Springer c2 spielen, um den Gaul nach d4 zu bringen? Aber dann hat er Läufer f5 und schielt nach d3, huh, oder Läufer g4, und ich weiß nicht recht, wohin mit meiner Dame. Das ist ja ein richtiger Erdrutsch. Ich muß versuchen, Figuren zu tauschen, mit seinen vereinzelten Bauern am Königsflügel käme mir ein Endspiel gerade recht. Wenn's nur schon so weit wäre. Springer c4 also. Dann hat er Dame b5, oha; aber egal, b3 verteidigt, mir bleibt nichts übrig, und es könnte schlimmer sein.«

20. Sec4

Chandler: »Ah, vielleicht kann ich hier eine Figur gewinnen; wie in unserer Partie aus der 2. Runde, würde ihm bestimmt nicht gefallen, wenn ich's noch mal täte. Bauer f3, er muß mit dem Bauern schlagen, dann Springertausch auf c4 und Turm f4, und zwei Stücke hängen. Noch mal. Auf f3 hat er auch Dame e4. Hm, sieht verdammt so aus, als sollte da was drin sein für Schwarz, aber ich sehe es nicht. Also wohl doch lieber den positionell sauberen Zug Dame b5. Mindestens mach ich ihm die Bauernstellung am Damenflügel kaputt.«

20. ... Db5

Rogers: »Lieber wär's mir gewesen, er hätte f3 versucht, nach Dame e4 hätte er durch die Röhre geguckt. Jetzt stecke ich schon fast in einer Zwangsjacke. Nicht viel Auswahl hier. Der Bauernzug ist scheußlich, aber ich muß ihn machen.«

21. b3

Chandler: »Na, was würde Karpow hier spielen? Der scheint ja was von dem Spiel zu verstehen. Klar, der würde Turm e8 machen in einer Mikrosekunde. Gute Idee: spiel wie Karpow!«

21. ... Tae8

Rogers: »Was für ein hinterhältiger Zug, jetzt droht er Läufer g4, und meine Dame weiß nicht wohin. Würde gern aus der Schußlinie dieses Turms gehen, nach f2 vielleicht und a7 fressen, wenn er gerade mal nicht hinguckt. Aber vermutlich wird er doch hingucken, also ist Dame f2 nicht so toll. Vielleicht kann ich ihn dazu bringen, die Damen zu tauschen, das Endspiel könnte gerade noch haltbar sein, obwohl es ziemlich häßlich aussieht.«

22. a4

Chandler: »Zwei Züge zur Wahl, Dame d5 oder Dame a6. Nach Dame d5 tauscht er Springer und Dame auf e5, dann steh ich besser mit meinem Läuferpaar, aber ich will mehr in dieser überlegenen Stellung. Besser wird es sein, die Fesselung aufrechtzuhalten.«

22. ...   Da6

Rogers: »Auch das ist wieder unerwartet, Läufer schlägt c4 sah doch stark genug aus. Aber das läuft ihm wohl nicht weg, und er droht immer noch Läufer g4. a4 hat wohl nicht gar so viel eingebracht. Auf Läufer g4 kommt Dame e4, dann Springer f3 Schach, und ich verliere die Dame. Liebe Güte. Lieber weg mit meinem König.«

23. Kh1

Chandler: »Jetzt sollte wirklich was drin sein, um auch materiell in Vorteil zu kommen. Mal sehen: Läufer g4, seine Tante geht nach f2, dann Springer d3, und sie muß nach g1, das ist schrecklich, das kann er unmöglich spielen. Also hat er nur Dame e4 auf Läufer g4, und dann habe ich etliche vielversprechende Möglichkeiten.«

23. ...   Lg4

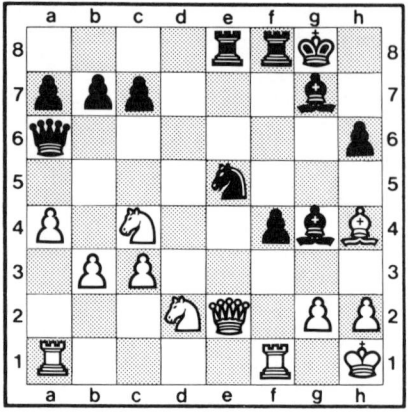

Rogers: »Traurig traurig, nur ein ernstzunehmender Zug bleibt mir übrig.«

24. De4

Chandler: »Springer g6, mit Abzugsangriff auf seine Dame, was gibt das? Er muß auf d5 Schach bieten, dann Läufer e6, Dame h5, und er kann noch klammern. Aber das Endspiel nach Springer schlägt c4 jetzt sieht erfreulich aus, ich gewinne einen Bauern und brauche nicht mal mein Läuferpaar aufzugeben.«

24. ...   Sc4:

Rogers: »Wenigstens läßt er mich ins Endspiel, und ich brauche keine Angst mehr zu haben, durch k. o. zu verlieren. Und er hat keine 20 Minuten mehr bis zum 40. Zug, ich noch fast 40 Minuten; vielleicht kann ich ihm noch entschlüpfen.«

25. Dc4: +   Dc4:
26. Sc4:   Lc3:
27. Ta2   Le2
28. Tc1   Ld4

Droht 29. ... f3 mit Durchlaufen des f-Bauern, da gf3: an Lf3: + scheitern würde.

29. Sd2   c5

Der Kandidat voran, getreu Nimzowitschs »Mein System«.

30. Sf3   Le3
31. Tc3   La6

Rogers: »Ich glaube, er hat sich seinen Vorteil ein bißchen entgleiten lassen, seine Läufer leisten weniger als man erwarten sollte, vielleicht könnte sein c-Bauer mal schwach werden. Mache ich jetzt meinem König ein Luftloch mit h3? Nein, erst versuche ich, seinen schwarzfeldrigen Läufer loszuwerden.«

32. Lf2

Chandler: »Klar, meinen riesigen Läufer möchte er loswerden, aber er verwandelt nur mein Läuferpaar in einen anderen Vorteil, macht mir einen dicken Freibauern auf e3. Und unterdessen kann ich die d-Linie in Besitz nehmen, denn wenn er auf e3 einen Bauern gewinnt, wird er auf der Grundlinie mattgemacht.«

32. ...   Td8

Rogers: »Was ist denn da los, gibt er einfach seinen Mehrbauern zurück!? Ach natürlich, wenn ich zweimal auf e3 nehme, kommt Turm d1 Schach, Turmtausch auf e1 und Matt auf f1. Hätte ich doch erst meinem König ein Luftloch machen sollen, dann stünde mein Läufer

jetzt noch auf h4, und er hätte nicht auf die d-Linie gekonnt. Aber was macht die d-Linie schon aus, wo ich sowieso so schlecht stehe! Ich klammere weiter, h3, mattsetzen lasse ich mich nicht, und sein Läufer auf a6 sieht ziemlich dümmlich aus.«

33. h3

Chandler: »Jetzt hängt was auf e3, ich muß konzentriert bleiben, dieser Australier ist ganz groß darin, Leute um ihren verdienten Punkt zu betrügen.«

33. ...   Tfe8

Rogers: »Na, große Sprünge macht er nicht gerade, oder? Ich könnte jetzt meinen König rausbringen, um dem Schach auf der Grundlinie vorzubeugen. Oder den g-Bauern ziehen. Oder Springer h4, die Idee gefällt mir, den Springer nach f5 bringen und ihn zwingen, die Läufer zu tauschen. Ja, das wird ihm noch Sorgen machen bei seiner schrumpfenden Bedenkzeit.«

34. Sh4

Chandler: »Hey, was macht das Dummerle da, versucht zu forcieren, wenn er auf Verlust steht, anstatt abzuwarten und sich einzuigeln und auf einen Fehler von mir zu lauern. Ja, jetzt hab ich eine kleine Kombination drin, kann ihn zwingen, auf e3 zu tauschen, bevor sein Springer auf f5 erscheint, und dann ist mein Freibauer nicht mehr zu bremsen.«

34. ...   Td1 +

Rogers: »Na wenn schon, König zieht.«

35. Kh2

Chandler: »Der direkte Versuch, ihn mattzumachen, taugt jetzt nichts, denn wenn ich auf f2 tausche und den Turm von der achten nach e1 spiele, frißt er einfach meinen f-Bauern mit dem Turm, und sein König kann über g3 ins Freie. Aber Turm f1, wie geplant, wird ihm zu schaffen machen. Gut, daß die Stellung so einfach zu spielen ist bei meiner knappen Bedenkzeit.«

35. ...   Tf1

Rogers: »Vielleicht hätte ich erst g4 spielen sollen. Zu spät jetzt. Wenn ich auf e3 tausche, läuft sein Bauer glatt zur Dame, ist nicht gerade rosig für mich, oder? Mein Läufer kann auch nirgendwo hin. Also nur eine Chance übrig.«

36. T3c2

Chandler: »Den bohre ich gleich an mit Läufer d3. Seine beste Chance dürfte dann das Qualitätsopfer mit Turm d2 sein, sonst würden ja seine Türme in eine Sardinenbüchse gequetscht da auf a2 und b2.«

36. ...   Ld3

Rogers: »So ganz schwach sehen seine beiden Läufer nicht aus, und mein Springer steht auch ziemlich verloren rum, fürchte ich. Aber jammern kann man nach der Partie.«

37. Tcb2

Chandler: »Nur nicht nachlassen! Hier muß ja was Klares drin sein. Ist es mit Läufer b1 nicht k. o.? Auf Turm a1 scheint Läufer schlägt f2 zu gewinnen, und wenn er auf e3 schlägt, nehme ich einfach mit dem Bauern wieder und laufe durch.«

37. ...   Lb1

Rogers: »Läufer c1 hätte schon glatt die Qualle gewonnen. Was jetzt? Auf Turm a1 kommt Läufer schlägt f2, das ist mies. Okay, aber ich hab noch eine andere Möglichkeit, Läufer schlägt e3; wenn er dann auf a2 nimmt, schlage ich auf c5 und kann noch ganz gut spielen, sein Läufer auf a2 sieht dann erst mal ziemlich doof aus. Ja, ich nehme auf e3.

Oh weh, was hab ich da gemacht, ich wollte den Läufer ziehen, aber hab den Turm angefaßt, liebe Güte, ich sollte gleich aufgeben, aber ich lasse mir noch seinen Zug zeigen.«

38. Ta1

Chandler: »Ob er nur noch über die Zeitkontrolle kommen will? Denn wenn ich hier mit dem Läufer auf f2 nehme, muß er mit dem Turm zurückschlagen, ich fresse seinen Turm, er meinen Läufer auf b1, dann habe ich Bauer und Qualität mehr, das ist technisch simpel gewonnen.«

38. ...   Lf2:

Rogers: »Ich hab mir doch gesagt, ich sollte das nicht spielen, ich wollte auf e3 nehmen und spielte statt dessen Turm a1. Naja, wenn man schon die falschen Figuren anfaßt, ist es klar, daß man nicht besonders in Form ist. Er kann mich mattsetzen, aber ich gönne es ihm – und vielleicht sieht er es ja nicht.«

39. Sf3

Chandler: »Aber das ist doch einfach Matt auf g3, hat er das nicht gesehen oder macht er Witze oder was? Oder will er sich einmal vor hunderttausend Zuschauern mattsetzen lassen?«

39. ...   Lg3 matt.

Zu dieser Runde hatte Chandler wieder seinen Pulli mit dem Bild des Kung-Fu-Meisters an: diesmal also mit dem Ergebnis, das er in der 1. Runde gegen den Weltmeister verpaßt hatte.

Weiß: Hort
Schwarz: Garcia
Nimzo-Indisch

1. d4	Sf6
2. c4	e6
3. Sc3	Lb4
4. e3	c5
5. Ld3	0-0
6. Sf3	d5
7. 0-0	dc4:
8. Lc4:	De7
9. a3	La5
10. De2	Sc6

Die ganze Variante ist schon vieltausendmal dagewesen.

11. Td1	Td8
12. h3	h6

Ein Luftloch kann nicht schaden. Im übrigen ist es für beide schwer, einen klaren Plan zu fassen. Weiß kann nicht e4 spielen, weil dann d4 hinge, und nicht auf c5 schlagen, weil dann Lc3: käme. Schwarz hingegen würde mit Lc3: das weiße Bauernzentrum stützen, kann den La5 aber auch nicht fortziehen, weil dann dc5: nebst b4 käme. Beide haben zunächst das Problem, ihren Damenläufer zu entwickeln.

 135

13. La2   Ld7
14. Ld2

Damit nimmt Weiß einen Isolani auf d4 in Kauf. Hort wünschte zweifellos eine scharfe Partie, da ein Sieg seine praktisch letzte Chance war, noch ins Finale zu kommen; und die halboffene e-Linie samt dem Vorpostenfeld e5, die ein vereinzelter Damenbauer mit sich bringt, bietet ja oft die Basis für einen Königsangriff.

14. ...   cd4:
15. ed4:   Le8
16. b4   Lc7
17. Le3   Tac8
18. Tac1   Ld6

Bereitet die folgende Initiative am Damenflügel vor.

19. Lb1   a5
20. b5

Der einzige Weg, Bauernverlust zu vermeiden.

20. ...   Sb8
21. a4   La3

Ein wichtiger Zwischenzug: Indem der Turm gezwungen wird, dem Lb1 die Sicht zu verstellen, werden die weißen Vorbereitungen für einen Königsangriff verlangsamt.

22. Tc2   Sbd7
23. Se5   Sb6

Abtausch hätte Schwarz in einer kritisch beengten Stellung gelassen. Jetzt dagegen hat das schwarze Spiel Kontur angenommen: Der festgelegte weiße Damenflügel wird von der c-Linie aus, auf den

schwarzen Feldern und von den Springerfeldern b6 und d5 aus unter Beschuß genommen. Wenn Weiß nicht in Nachteil kommen will, muß er sehen, rasch einen Königsangriff aus dem Boden zu stampfen.

24. Td3   Lb4
25. Ld2   Sfd5

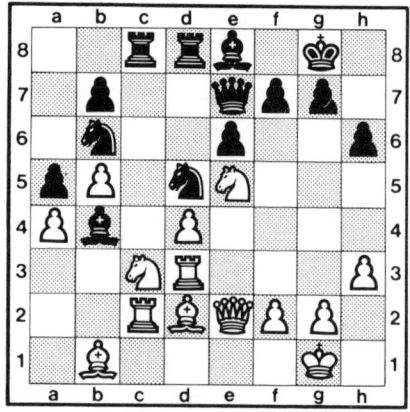

Eine etwas verwegen anmutende Entblößung der eigenen Königsstellung! Es spricht für ein gesundes Selbstvertrauen des Kubaners, daß er auch noch den schützenden Springer von seinem König fortzieht und auf den Damenflügel wirft, um den Sc3 ein weiteres Mal zu befragen und schließlich den Bauern a4 zu ernten.

26. Sd5:   Sd5:
27. Kh2

Hier war der gegebene Moment, den durch Td3 und Ld2 eingeleiteten Angriffsplan mit Tg3 fortzusetzen. Die folgenden schönen Varianten, von Hort selbst angegeben, unterstreichen die Gefährlichkeit der Lage für Schwarz: 27. Tg3 Ld2: 28. Dd2: Db4 29. Dh6: Db1: + 30. Kh2 g6 31. Tg4 (droht Th4 nebst Dh8 matt) Sf6 32. Th4 Sh5 33. Sg4 mit der Drohung Sf6 + nebst Dh8 matt, und jetzt

a) 33. ... f5 34. Th5: gh5: 35. De6: +, und Weiß gewinnt den geopferten Turm auf c8 mit siegbringendem Vorteil zurück;

b) 33. ... f6 34. Sf6: + Sf6: 35. Dh8 + Kf7 36. Tf4 Ke7 (auf 36. ... Tc2: folgt 37. Df6: +Kg8 38. Df8 + Kh7 39. Th4 matt) 37. Df6: + Kd6 38. De5 + Kd7 39. Te2 Db3 40. d5 und gewinnt.

Die beste Antwort für Schwarz auf 27. Tg3 wäre Kf8 gewesen – nicht leicht zu finden am Brett! Nach dem entschlußlosen Partiezug 27. Kh2 allerdings, der praktisch ein Tempo verschenkt, reduzieren sich die weißen Angriffschancen beträchtlich.

27. ...	Ld2:
28. Dd2:	Db4
29. Dc1	Sb6

Der Bauer a4 ist nun nicht mehr zu verteidigen, und mit seinem Fall werden auch die übrigen weißen Damenflügelbauern unhaltbar.

Weiß hätte aber auch hier mit 30. Tg3 noch gute Aussichten gehabt, den Kopf aus der Schlinge zu ziehen. Z. B. 30. Tg3 Dd4: 31. Dh6: De5: 32. f4 Da1 33. Ta2 Dd4 34. Td2; die schwarze Dame, die an die Bewa-

chung von g7 gebunden ist, muß zwischen a1 und d4 pendeln, und Weiß hält Remis durch Zugwiederholung. Der Gewinnversuch 33. ... Dc3 in dieser Variante würde an dem Zwischenschach 34. Dh7 scheitern.

Eine weitere Variante, die die brisanten taktischen Möglichkeiten der Stellung beleuchtet, ist 30. Tg3 Kf8 31. Df4 Tc2: 32. Lc2: Dd4: 33. Sg6 + Kg8 34. Se7 + Kh8 ? 35. Dh6: + gh6: 36 Tg8 matt; oder 30. Tg3 Kf8 31. Df4 Db1: 32. Sg6 + Kg8 33. Se7 + Kh7 34. Sc8: Sc8: 35. Dc7 oder 34. ... Dc2: 35. Sb6:, und es ist Weiß, der Vorteil hat!

In schon akuter Zeitnot, mit nur noch knapp 5 Minuten für die folgenden 11 Züge, startete Hort statt dessen einen Verzweiflungsangriff, der bald im Sande verlief.

30. Sg4	Tc2:
31. Dc2:	Tc8
32. Dd1	

Alle Kombinationen mit Desperado-Abzügen des Td3, um der Dame den Weg nach h7 zu öffnen, scheiden hier aus, weil dem schwarzen König das Feld f8 zur Verfügung steht.

| 33. ... | Sa4: |

Droht zugleich eine Gabel auf b2; dank Horts Zögern am Königsflügel sind die weißen Damenflügelbauern dem Schwarzen jetzt wie reife Früchte in den Schoß gefallen.

| 33. Lc2 | Sb2 |
| 34. Sf6 + | |

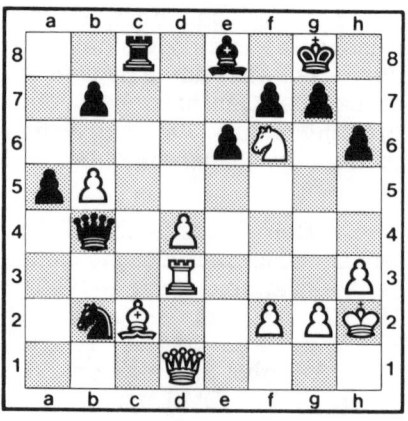

34. ...   gf6:
35. Tg3 +

Jetzt ohne Effekt! »Guillermito«, wies die noch folgenden Versuche gelassen zurück und trug seinen ersten vollen Punkt in diesem Turnier sicher nach Hause.

35. ...   Kf8
36. Df3   Tc2:

Bitte nicht schmatzen!

37. Df6:   Dd6
38. f4   Td2
39. d5   Dd5:
40. f5   Dd4
41. Dh6: +   Ke7
42. fe6:   Td1
43. Dg5 +

Ob Hort hier noch ein Fünkchen Hoffnung nährte, sein Gegner werde sich mit 43. ... Kf8 44. e7 mattsetzen lassen!?

43. ...   f6
44. Dg7 +   Ke6:
45. Dg8 +   Ke7

und ein enttäuschter Vlastimil streckte die Waffen.

Den Abend verkroch er sich auf seinem Zimmer, und noch zwei Tage später schüttelte er den Kopf und beklagte sich über sich selbst, wenn man ihn auf die Partie ansprach. Wieder einmal war es ihm nicht vergönnt gewesen, im Fernsehturnier Bäume auszureißen!

Weiß: Kindermann
Schwarz: Miles
Sizilianisch

1. e4	c5
2. Sf3	d6
3. d4	cd4:
4. Sd4:	Sf6
5. Sc3	g6
6. Le2	Lg7
7. 0-0	0-0
8. Le3	a6
9. f4	Dc7
10. Sd5	Sd5:
11. ed5:	Sd7
12. c4	Sf6
13. Tc1	

Miles: »Ich könnte mich jetzt vollends entwickeln, mit Läufer d7 und Turm irgendwohin, aber dann stehe ich nur eingeengt rum und kann nicht viel machen. Ich glaube, ich muß mir mehr Platz schaffen und die Stellung mit e6 aufbrechen. Meine Bauern auf e6 und d6 sind dann nicht schwach, und seine auf c4 und f4 könnten nach einer Weile ziemlich dumm aussehen.

13. ...   e6

Kindermann: »Wahrscheinlich das relativ Aussichtsreichste für ihn. Mir bleibt keine Wahl, ich muß nehmen, sonst werden meine Figuren in der e-Linie und Bauer d5 schwach.«

14. de6:

Miles: »Natürlich schlage ich mit dem Bauern zurück. Wird sich schon rausstellen, auf welchen Vorstoß ich spielen soll, auf d5 oder auf e5.«

14. ...   fe6:

Kindermann: »Jetzt werde ich irgendwann zu c5 kommen. Das hat Zeit, aber ich kann es schon mal vorbereiten mit b4. Wenn mein Springer mal nach b3 geht, verstellt er mir den b-Bauern nicht.«

15. b4

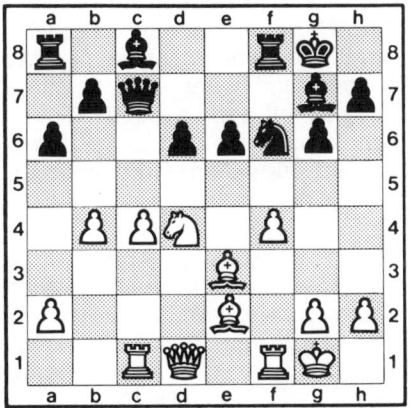

Miles: »Au, das gefällt mir, soll er ruhig auf dem Damenflügel zu spielen versuchen, ich richte derweil alle meine Kanonen gegen seinen König und mach ihn nieder, wenn er mal nicht aufpaßt. c5 droht nicht unmittelbar, weil ich dann Springer d5 hätte, wonach seine Stellung auseinanderfiele. Also kann ich ruhig meine Entwicklung beenden.«

15. ...   Ld7

Kindermann: »Ich brauch noch einen Vorbereitungszug; es gibt so allerlei Varianten, in denen mein schwarzfeldriger Läufer keine guten Ausweichfelder hat, wenn er ihn angreift: Verschaff ich ihm also eins.«

16. Kh1

Miles: »Wie schade, er hat seinen Königsflügel doch noch nicht ganz vergessen. Wohin geht jetzt mein Damenturm, nach d8 oder nach e8? Auch König h8 wär kein schlechter Zug, muß ich sowieso eines Tages machen. Ich weiß nicht, ich glaube, Turm e8 gefällt mir am besten, das bereitet e5 vor so schleunig wie möglich, und wenn er noch mehr Truppen auf den Damenflügel verlegt, könnte ich leicht zu einem mörderischen Angriff kommen.«

16. ...   Tae8

Kindermann: »Ich ziehe meinen Springer weg, so daß er von e5 nicht angerempelt werden kann, und kriege zugleich Manövrierraum für die anderen Figuren.«

17. Sb3

Miles: »Das läßt meinem Läufer das schöne Feld c6; aber vielleicht nehme ich es noch nicht gleich in Besitz, er könnte dem Läufer gleich wieder einen Tritt geben mit seinem Springer. Dame b8 gefällt mir, das nimmt prophylaktisch die Dame aus der Schußlinie seines Turms und sieht so schön unschuldig aus.«

17. ...   Db8

Kindermann: »Ja, ein Normalzug. Wie kann ich jetzt verstärken? Im Prinzip würde ich gerne mal c5 durchsetzen, aber was mir da nicht gefällt, ist, daß ich anschließend das Feld e5 nicht kontrolliere. Erst Läufer d4, als Vorbereitung, das gefällt mir: Wenn sein d-Bauer verschwindet, kann ich mich auf e5 festsetzen und ihm die ganze Stellage blockieren. Und falls er selber e5 spielt, wird mein Läufer auf der langen Diagonalen ganz schön dagegendrücken.«

18. Ld4

Miles: »Hm, jammerschade; wenn ich jetzt e5 spiele, tauscht er und zieht Läufer c5, und meine Türme kriegen Knoten in die Beine. Aber ich habe ja noch den anderen nützlichen Zug, Läufer c6. Den kann er schlecht mit b5 kicken, denn dann tausche ich auf b5 und spiele den Läufer nach d5, da steht er wie einbetoniert, und alle meine Figuren sind glücklich und zufrieden. Ja, in Ordnung; ich muß halt weiter geduldig aufbauen.«

18. ...   Lc6

Kindermann: »c5 ist weiter mein Plan, aber ich möchte verhindern, daß er zu e5 kommt unter Tempogewinn, deshalb erst mal den Läufer in die wetterfeste Ecke.«

19. La1

Miles: »Ist ja eine glatte Provokation, die Art, wie er eine Figur nach der anderen auf dem Damenflügel einmottet. Jetzt oder nie ist die Zeit für den großen Knall im Zentrum, e5 mit Urschrei, ihm an die Kehle!«

19. ...   e5

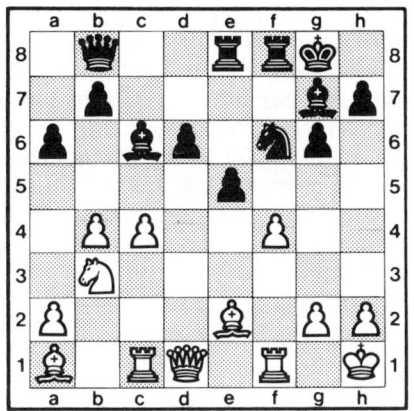

Kindermann: »Ja, da kommt er an. Das ist nun ein schwieriger Entschluß. Sofort c5 ist sehr interessant. Er nimmt dann auf f4, ich auf d6, was hat er weiter?

Aber das wird sehr kompliziert, wie gewöhnlich läuft mir die Zeit davon, obwohl ich jetzt erst eine Stunde verbraucht habe, kaum mehr als er, und das will was heißen für mich. Aber dreimal hintereinander habe ich den Gewinn verpatzt, weil ich zu knapp an Zeit war. Heute geht es um den Einzug ins Finale, warum da auf undurchsichtige Verwicklungen ausgehen, wenn ich eine einfache, gute Lösung habe? Denn wenn ich einfach auf e5 tausche, gefällt mir meine Stellung prima.«

20. fe5:   de5:

Kindermann: »Der richtige Plan ist jetzt, c5 zu spielen und den Springer nach c4 zu bringen, von wo er e5 und d6 beherrscht. Zunächst Springer a5: Das Läuferpaar wird er mir ja nicht lassen in dieser offenen Stellung mit Spiel auf beiden Flügeln.«

21. Sa5

Miles: »Ha, je mehr seiner Figuren am Horizont des Damenflügels verschwinden, desto zufriedener bin ich. Erst einmal muß ich allerdings meinen Läufer behalten. Nach d7 kann er nicht wegen Turm schlägt f6; aber ich will ihn ja sowieso auf der langen Diagonale lassen, wo er zum weißen King hinschielt.«

21. ...   Le4

Kindermann: »Nun ist sein Freibauer erst mal blockiert.«

22. c5

Miles: »Jetzt muß ich wohl meinen König aus der Zugluft schieben, sonst habe ich Springer d5 nicht zur Verfügung wegen der Fesselung durch seinen Läufer. Wenn er aber im nächsten Zug Läufer c4 spielt, bleibt nicht nur sein Springer am Rande gestrandet, sondern ich habe auch Springer h5–f4, und sein König wäre schon ziemlich eingekreist. Eben noch diesen Vorbereitungszug.«

22. ...   Kh8

Kindermann: »Nichts nachzudenken – wenn mein Springer erst mal auf d6 eingewurzelt ist, müßte ich eigentlich überlegen stehen.«

23. Sc4

Miles: »Er spielt weiter stillvergnügt vor sich hin. Hoffe, er unterschätzt meinen nächsten Zug.«

23. ...   Sd5

Kindermann: »Wieder eine schwierige Entscheidung. Aber sollte ich nicht gleich Läufer f3 ziehen, den Druck auf g2 abschütteln und diesen ganzen Kram!? Den Bauern b4 kann er sich sicher nicht erlauben zu fressen, wegen Dame b3 und Springer d6 anschließend.«

24. Lf3	Lf3:
25. Tf3:	Sf6
26. Sd6	Te7
27. Db3	

Miles: »Komisch, die Stellung ist tatsächlich nicht so bequem, wie sie mal aussah. Scheine meinen Freibauern-Trumpf sofort ausspielen zu müssen, sonst verdoppelt er in der f-Linie und bringt mich echt in Verlegenheit.«

27. ...   e4

Kindermann: »Na, das wird ja jetzt wirklich scharf. Mit Turm e3 blockieren kann ich den Freibauern schlecht, Springer g4 wäre dann sehr unangenehm, mit dieser dämlichen Schachdrohung auf f2. Auf der f-Linie bleiben und die Grundreihe überdecken, das muß richtig sein.«

28. Tf1

Miles: »Muß den Bauern weitertreiben, schon um seine Dame von Ausflügen auf der 3. Reihe abzuschneiden. Und wenn ich nach e2 komme und Springer g4 spielen kann, das sieht echt haarig für ihn aus, wenn der Freibauer da am Leben bleibt, könnte ich sehr gutes Spiel haben.«

28. ...   e3

Kindermann: »Meine Stellung ist wohl doch nicht so überlegen, wie

ich dachte. Aber passieren sollte mir nichts, solange seine Dame ausgesperrt bleibt. Ich muß nur diesen Durchbrenner ernstnehmen; immerhin geht es in der Partie um runde 5000 Mark. Meine Zeit wird immer knapper, keine Viertelstunde mehr bis zum 40. Zug, und er hat glatt 10 Minuten mehr. Ich muß mich diesem Bauern entgegenstellen.«

29. Tce1

Miles: »e2 bringt jetzt nichts. Die bessere Idee, meine Sächelchen in Bewegung zu bringen, ist Springer g4. Springer f7 Schach geht dann nicht, den schluck ich einfach und setze matt auf h2. Er kann natürlich die Läufer tauschen, und ich bin nicht sicher, wie gut es meinem König gehen wird, wenn er nach h6 rausläuft, aber das ist nicht zu ändern. Mit ein bißchen Glück werde ich wohl doch meine Dame aktivieren, das ist die Hauptsache.«

29. ...   Sg4

Kindermann: »Ja, das ist es, wovor ich Angst hatte. Mein Springer ist jetzt festgenagelt wegen des Matt auf h2. Immerhin kann ich erst mal seinen König herauspeitschen, und danach müßte doch irgendwie dieser Springer zu verjagen sein.«

30. Lg7:+   Kg7:

Kindermann: »Alles ziemlich erzwungen. Wenn ich jetzt Schach gebe, kann er nicht nach g8, weil ich mit Dame c4 Schach seinen Springer abholen würde. Geht er aber an die frische Luft, kommt Dame d4, und ich habe für alle

Fälle das Damenschach auf h4 als Notbremse.«

31. Dc3 +   Kh6

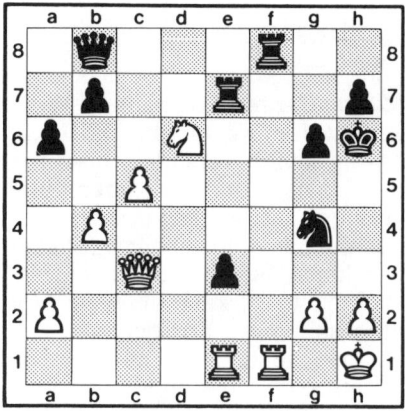

32. Dd4

Die Analyse nach der Partie zeigte, daß Kindermann hier mit 32. Kg1 klaren Vorteil hätte erreichen können: Stefan hatte hier allerdings nur noch 4 Minuten bis zur Zeitkontrolle. Die plausibelste Fortsetzung wäre 32. ... Tf1: + 33. Tf1: e2 34. Te1 Df8 und nun nicht 35. Dd2 + Kg7 36. Te2: Te2: 37. De2: Df4, sondern 35. Df3 Df3: 36. f3: Se5 37. Te2: mit sehr gewinnverdächtigem Endspiel, z. B. 37. ... Sf3: + 38. Kf2 Te2: + (Se5? 39. Te5: Te5: 40. Sf7 +) 39. Ke2:, und Sh2: scheitert an 40. Sb7: nebst Durchmarsch des c-Bauern.

32. ...   Tf1: +
33. Tf1:   e2
34. Te1   Df8

Das Eingreifen seiner Dame sichert Schwarz den Ausgleich.

35. Kg1   Se3

Droht Df1 +.

36. Dh4 +   Kg7
37. Df2

Miles: »Zu schade, aber ich sehe keine großen Zauberkunststücke, ich werde die Damen tauschen müssen. Das Endspiel sieht allerdings recht vielversprechend aus mit dem Bauern, der da auf e2 so hübsch eingepflanzt ist.«

37. ...   Df2: +
38. Kf2:   Sd1 +
39. Kf3

Miles: »Jetzt heißt es, sich entscheiden. Zum Glück hab ich noch ein paar Minuten übrig für die nächsten beiden Züge. Das Turmschach auf e3 sieht verführerisch aus, vielleicht könnte ich ein paar Mattdrohungen aufbauen oder meinen Springer nach d3 bringen. Schön wär's, aber ich sehe für beides keinen verläßlichen Weg. Aber Springer c3 ist ein hübscher Zug, hält alles solide beisammen. Sollte gute Chancen haben danach, zum Beispiel indem ich mit dem König auf den Damenflügel laufe. Jedenfalls ist mir das lieber und sicherer als mit Turm e3 Schach alles auf eine Karte zu setzen.«

39. ...   Sc3

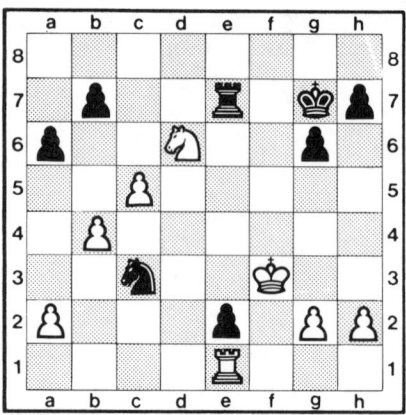

Kindermann: »Schnell einen Kontrollzug, der nichts verderben kann.«

40. a3

Miles: »Okay, die Zeit wollte er nicht überschreiten. Nun macht sich mein König auf den langen Marsch.«

40. ...   Kf6

Kindermann: »Uff, die Zeitnot wäre wieder mal geschafft. Schwierige Stellung das, aber ich denke, mit meinem starken Springer sollte es ziemlich ausgeglichen stehen.

Ein Plan wäre jetzt, a4 und b5 zu ziehen, um seinen Springer von diesem lästigen e-Freibauern abzulenken. Ein anderer Plan wäre, mit dem König nach f2 zurückzugehen, um den Turm in der Blockade des Bauern abzulösen. Dann kann's allerdings immer mal unangenehme Varianten geben mit Springer f4 oder so.

Vielleicht am besten erst mal abwarten, was ihm einfällt. Wenn er geradewegs mit seinem Alten auf den Damenflügel läuft, König e5 oder so, dann habe ich König e3, vertreibe seinen Springer, und es ist gar nichts mehr los.«

41. g3

Miles: »Gar nicht so einfach. Wenn ich mit dem König zum Damenflügel zu laufen versuche, macht er mir das nach und vertreibt meinen Springer. Die Stellung ist höchst angenehm, da er fast nichts mehr ziehen kann; das Dumme ist nur, ich auch nicht. Ich kann ein wenig Unruhe stiften am Königsflügel, zum Beispiel h5 und auf h4 dann g5; könnte eine Linie öffnen für einen Turmschwenk, aber das sollte er alles aushalten.

So viel besser, wie ich dachte, ist meine Stellung wohl doch nicht. Kann sein, daß der Einzug ins Finale erst in der letzten Runde entschieden wird; aber da hat er Weiß gegen Garcia, und ich Schwarz gegen Hort, was der dickere Brocken ist. Lieber hier noch etwas popeln.

Wahrscheinlich habe ich tatsächlich nichts drin, aber ich versuche mal g5. Antwortet er g4, hab ich immer mal einen Stützpunkt für meinen Springer auf f4.«

41. ...   g5
42. g4   Kg6
43. Sf5

Hier ließ Stefan »die Psychokeule los«, wie er sich ausdrückte, indem er Remis anbot. Lehnte Miles das Angebot ab, mochte er sich verpflichtet fühlen, auf Gewinn zu spielen, und vielleicht den Bogen überspannen!

| 43. ... | Td7 |

Also will er noch was versuchen. Für den Rest der Partie hatte Kindermann hier noch 28, Miles noch 50 Minuten Zeit.

44. Sd6	h5
45. h3	h4
46. Ke3	Kf6
47. Kd2	

Als Folge von 43.... Td7 durfte der weiße König den Rubikon überschreiten. Nun fällt der schwarze Freibauer. Im verbleibenden Turmendspiel hat Schwarz wegen seines vorgerückten h-Bauern eine minimale Chance mehr, die aber nimmermehr zum Gewinn reichen sollte.

47. ...	Se4 +
48. Ke2:	Sd6:
49. d6:	Td6:
50. Tf1 +	Ke6

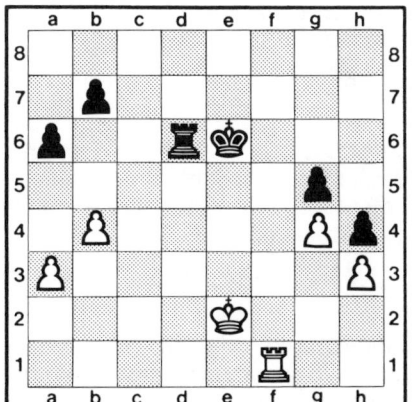

51. Tf3

51. Tf8, um die schwarzen Bauern von hinten anzugreifen, hätte das Remis praktisch sofort erzwungen.

| 51. ... | Td5 |
| 52. Ke3 | |

Den schwarzen Turm auf die Grundreihe eindringen zu lassen, war nicht nötig. Immer noch war Tf8 gut. Die Stellung ist auch nach dem Partiezug unentschieden, wahrscheinlich unterschätzte Kindermann aber ihre Tücken und fühlte sich zu sicher.

52. ...	Td1
53. Ke4	Th1
54. Kd4	b6
55. Te3 +	Kd6
56. Tf3	

Miles: »Tja, das verläuft allmählich im Sande. Kann ich wirklich noch versuchen, das zu gewinnen? Immerhin habe ich einiges an Zeit mehr übrig; aber viele Möglichkeiten, ihm Schwierigkeiten zu machen, gibt es nicht mehr. König c6 versuche ich, wahrscheinlich stoppt er mich mit a4, dann ist nichts mehr zu machen. Aber vielleicht läßt er sich zu König e5 verführen, dann Turm g1, König f5, Turm g3; vielleicht macht ihm das ein bißchen Angst. Riskieren tu ich wohl nichts dabei. Vorwärts, letzter Versuch.«

| 56. ... | Kc6 |

Kindermann: »Er will da hinten einbrechen, und wenn ich mit meinem König nach f5 gehe, stellt er seinen Turm nach g3. Aber ich habe einen

Einfall. König e4 zuerst, das hält mir die 5. Reihe offen.«

57. Ke4

Miles: »Keine Wahl, denn wenn er mit dem König nach f5 geht, muß ich Turm g3 ziehen können, sonst bin ich hinüber.«

57. ...   Tg1

Kindermann: »Okay, was mache ich jetzt gegen seine Drohung, nach a4 einzubrechen? Spiele ich Turm f5, dann kommt Turm g3, meine Randbauern sind schwach, und sein König ist am Ende schon dicht bei meinen Damenflügelbauern. Aber ich gebe Schach und Schach, und sobald er nach a4 geht, greife ich seine Bauern von f6 aus an.«

58. Tf6 +

Miles: »Er treibt mich ja sogar dahin, wo ich hin will.«

58. ...   Kb5
59. Tf5 +   Ka4
60. Tf6

Miles: »Oh, das war seine Idee! Könnte einen Haufen Bauern verlieren, wenn ich hier nicht aufpasse. Jedenfalls habe ich schon mal Remis durch Zugwiederholung drin, wenn mir nichts Besseres einfällt. Aber wenn ich's andersherum versuche, mit dem König nach c4 laufe und den a-Bauern vorschiebe!? Seine Zeit wird sehr knapp, und meine beiden Randbauern könnten ihn nervös machen. Letzte Chance!«

60. ...   Kb5
61. Tf5 +   Kc4
62. Tf6   a5

Kindermann: »O verdammt, davor kriegte ich gerade schon Angst. Aber ich habe jetzt keine Wahl mehr.«

63. Tb6:   a4

Kindermann: »Was mache ich jetzt, keine Zeit übrig. Eine schwierige Entscheidung, auf die alles ankommt, verflucht, was mache ich bloß, König f5 sieht gut aus, ich weiß nicht... Okay, Turm a6, ich muß irgendwas ziehen.«

64. Ta6

Kf5 hätte leicht Remis gemacht. Aber Kindermanns Blättchen hing bereits.

Miles: »Na, was soll das denn, sieht ziemlich dumm aus. Schnell, vielleicht wird es mit König b3 doch noch was.«

64. ...   Kb3

Kindermann: »Hätte immer noch König f5, aber ich blicke nicht richtig durch, keine Zeit mehr, es auszurechnen, vielleicht muß ich mit meinem Freibauern laufen.«

65. b5

Miles: »Hurra, er fällt um, das führt doch zu nichts. Schnell den Bauern gefressen, bevor ihm eine vernünftige Idee kommt.«

65. ...   Ka3:

Kindermann: »Ja, ja, was jetzt? König f5 ist immer noch möglich. Aber ich renne mit dem Bauern.«

♙ 146 ♙

66. b6

Auch hier hielt Kf5 noch leicht remis.

Miles: »Hallo, das war's! Jetzt Turm b1 und auf König f5 Turm b5 Schach, ich glaube, ich habe ihn.«

66. ... Tb1

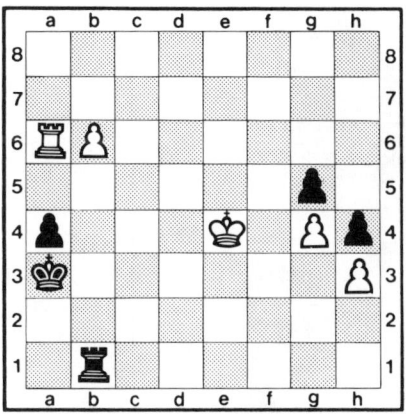

Kindermann: »Oh Scheibenkleister, ich hab's verdorben, König f5 geht nicht wegen Turm b5 Schach, und sein g-Bauer ist gedeckt, unglaublich, so ein Endspiel zu vergeigen, was für eine blödsinnige Zeitbeschränkung. Spiel irgend was weiter, Turm a5.«

67. Ta5

Erst hiernach war das Endspiel verloren. Kf5 hätte immer noch Remis gehalten: 67. Kb5 Ta5+ 68. Kf6 Kb3 69. b7 a3 70. b8D Tb8: 71. Kg5: a2 72. Kh4: Tb4 73. Ta2: Ka2: 74. Kg5 Kb3 75. Kf6 nebst Vorlaufen des g-Bauern.

Miles: »Er will auf meinen g-Bauern los. Na, Turm schlägt b6, Turm schlägt g5, König b4 sieht vielversprechend aus, oder ich könnte dann auf b4 Schach geben oder seinen h-Bauern abholen. Zweifellos kommen hier Gewinnchancen in Sicht, nicht ganz sicher, ob es schon gewonnen ist, aber es ist nah dran. Jedenfalls zuerst einmal den Bauern verspeisen.«

67. ... Tb6:

Kindermann: »Verdammt, wenn ich g5 fresse, kann er schon einfach Turm b3 spielen. Was sonst? Ich versuche mit dem König auf g5 zu nehmen und meinen Turm hinter seinem a-Bauern zu lassen.«

68. Kf5

Miles: »Hei, was ist das! Jetzt König b4, wenn sein Turm zieht, spiele ich Turm b5 Schach und Turm a5, dann ist es aus und vorbei, endgültig diesmal, er muß seinen Turm gegen meinen Freibauern geben und kann unmöglich schnell genug sein am Königsflügel, er braucht zu viele Züge, um meine Bauern zu fressen. Endlich hab ich ihn.«

68. ... Kb4

Kindermann: »Oh, es ist unglaublich, ich hab's wirklich verjubelt. Völlig verrückt, so ein Endspiel zu verderben, was hat das noch mit Schach zu tun! Rasende Zeitnot, ich mach noch ein paar Züge, bis ich's glauben kann.«

69. Ta4:+	Ka4:	74. h4	Kf7
70. Kg5:	Kb5	75. Kg4	Tb4+
71. Kh4:	Kc6	76. Kh5	Kg7
72. Kh5	Kd7	77. g6	Tb5+
73. g5	Ke7		

Weiß gab auf.

Miles hat Grund zur Freude: Sein Sieg gegen Kindermann entschied praktisch zugleich den Ausgang der Vorgruppe B.

Sechste Runde (8. 11. 83)

In Gruppe A war der Weltmeister nicht mehr einzuholen. Chandler konnte mit einem Sieg über Browne noch Zweiter werden. In Gruppe B war das Rennen nach dem unglücklichen Verlust von Kindermann gegen Miles in der 5. Runde praktisch ebenfalls entschieden. Rechnerisch hätte er zwar noch mit Miles gleichziehen können, wenn Miles gegen Hort verlor und er, Kindermann, zugleich gegen Garcia gewann; aber niemand erwartete im Ernst, daß der enttäuschte und lustlose Hort in der letzten Runde herkulische Anstrengungen unternehmen werde, mit Schwarz den Spitzenreiter zu schlagen.

Weiß: Karpow
Schwarz: Rogers
Skandinavisch

1. e4   d5

Offenbar ist das Spitzenbrett der australischen Nationalmannschaft ein Fan und Kenner dieser Eröffnung. Nach den Ergebnissen, die sie ihm in der 2. Runde gegen Chandler und hier gegen den Weltmeister eintrug, könnte man auch präzisieren: ein Experte darin, mit dieser Eröffnung einzugehen...

2. ed5:   Dd5:
3. Sc3   Da5
4. d4   Sf6
5. Sf3   Lg4
6. h3   Lh5

Karpow: »Mann kann hier einfach mit Läufer e2 oder Läufer c4 fortsetzen, aber sehr interessant ist g4, was ich schon einmal gegen Larsen spielte.«

7. g4   Lg6
8. Se5

Rogers: »Genau wie er mal gegen Larsen spielte, ich hab das nachgeguckt. Springer c4, wovor sie damals alle Angst hatten, ist jetzt gar nicht so schlimm, weil meine Dame ja noch nach a6 kann. Ich brauche also c6 noch nicht zu ziehen und kann statt dessen meine Entwicklung befördern.«

8. ...   e6

Karpow: »Seine Dame steht nicht gerade sehr glücklich, aber auf Springer c4 kann sie nach a6, und ich habe keinen überzeugenden Abzug mit meinem Springer. Die Hauptidee für Weiß ist sowieso nicht, die schwarze Dame zu fangen, sondern den Läufer g6 in die Enge zu treiben. Wenn ich h4 spiele, drohe ich h5, Läufer e4, f3, und der Läufer könnte nicht nach c6 zurück, weil dann die schwarze Dame wirklich gefangen würde. Ja, das versuche ich.«

9. h4

Rogers: »Oh, ein neuer Zug. Gegen Larsen spielte er Läufer g2 und erst nach c6 Bauer h4. Aber das hier ist mir ganz recht; ist ja auch nicht das erste Mal in der Weltgeschichte, daß h4 gespielt wird. Wenn ich jetzt meinen Läufer nach b4 entwickle, kommt Läufer d2, ich habe Dame b6, das ist gar nicht so schwer für Schwarz. Ich frage mich, was er sich wohl ausgedacht hat. Na, Läufer b4 muß ich machen, sonst kommt h5.«

9. ... Lb4

Karpow: »Auf Läufer d2 hat er jetzt Dame b6. Aber Turm h3 gefällt mir sehr, diese Möglichkeit war ein zusätzlicher Gedanke von h4.«

10. Th3

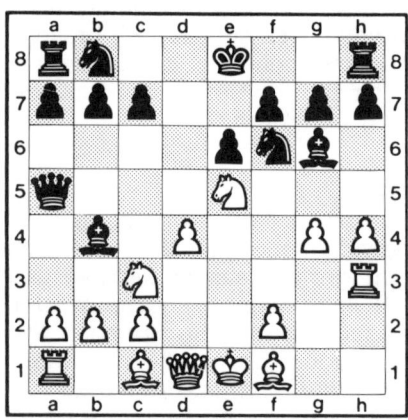

Rogers: »Ah, was anders als Läufer d2! Weiß entwickelt seinen Turm ja oft nach h3 in dieser Variante, aber die Stellung hier habe ich noch nie gesehen. Wenn ich jetzt auf c3 tausche, schlägt er mit dem Bauern wieder, ich muß mich immer noch um meinen Läufer g6 kümmern, und meine Dame steht nicht berühmt; in vielen Abspielen ist dann Springer c4 sehr gut für ihn. Lieber mache ich meiner Dame das Hintertürchen auf.«

10. ... c6

Karpow: »Interessant; wenn ich jetzt mit h5 forciere, kommt Läufer e4, wenn dann g5, spielt er Springer d5 und gewinnt durch den Angriff auf c3 ein sehr wichtiges Tempo. Aber wenn ich einfach Läufer d2 mache, dann drohe ich Springer c4 nebst h5 und Figurengewinn oder auch sofort h5 nebst Springer c4, seine Dame muß nach d8, und ich nehme auf e4 und dann auf b4, weil sein Läufer dann nicht mehr gedeckt ist. Ja, überzeugend.«

11. Ld2

Rogers: »Das war also seine Idee, er kriegt dieselbe Stellung, als wenn er gleich Läufer d2 gespielt hätte, nur daß ich schon c6 gespielt habe und er seinen Turm draußen hat, also wahrscheinlich günstiger für ihn. Trotzdem muß ich Dame b6 machen, um seinen d-Bauern wird er sich ja wohl kümmern müssen.«

11. ... Db6

Karpow: »Nach h5 wäre nun Läufer e4 sein einziger Zug. Das kann nicht schlecht für mich sein.«

12. h5

Rogers: »Wenn ich auf d4 schlage, gewinnt er mit Springer f3 eine

 150

Figur, also bin ich zu Läufer e4 gezwungen. Dummerweise greift das jetzt nicht mehr seinen Turm an, das war sicher auch ein Grund für ihn, den so früh auf die 3. Reihe zu stellen.«

12. ...   Le4

Karpow: »Sieht wie eine glatt gewonnene Stellung aus, ich habe vier Figuren entwickelt, er nur drei und seine Dame, seine Figuren stehen wackelig, und mein g- und h-Bauer sind aggressiv vorgerückt.

Aber ich habe genug Gelegenheit, Fehler zu machen: Auf Springer c4 nimmt er meinen d-Bauern, dann Springer schlägt e4, er schlägt mit seinem Springer zurück, und wenn ich dann seinen Läufer b4 entferne, bin ich matt auf f2. Nein danke, so was muß vermieden werden. Auch wenn ich in jedem Fall schon im Finale bin, habe ich doch keine Lust, eine Niederlage einzustecken. Das Remis, das er mir in der dritten Runde abnahm, reichte mir schon.

Aber Turm e3 gefällt mir, auf d4 kann er dann nicht nehmen, weil er nach Springer schlägt e4 eine Figur verlieren würde. Spielt er aber Läufer d5, dann mache ich natürlich g5, er muß auf c3 zwischennehmen, ich schlage dort mit dem Bauern und fange anschließend seinen auf d5 eingekeilten Läufer mit c4. Also ist nach Turm e3 sein einziger Zug Läufer schlägt c3, und danach werde ich weitersehen.«

13. Te3

Rogers: »Nach Springertausch auf e4 hätte ich gar nicht so übel dage-

standen, aber dies ist jetzt eine völlig neue Stellung, und mein weißfeldriger Läufer ist arg in der Mangel. Auf d4 kann ich schon wegen Bauer g5 nicht nehmen. Ich muß eine der beiden Figuren beseitigen, die meinen Läufer e4 angreifen.«

13. ...   Lc3:

Karpow: »Ziemlich leicht zu sehen jetzt, daß ich nicht mit dem Bauern zurückschlagen sollte. Das droht zwar Figurengewinn durch g5, aber das pariert er mit h6, auf Turm b1 hat er dann Dame c7, und ich sitze da mit einem dämlichen Läufer d2, eingemauert von allen Seiten. Lieber nehme ich mit dem Läufer.«

14. Lc3:

Rogers: »Jetzt droht immer noch g5, und außerdem wäre Springer c4, Dame c7, Läufer b4 sehr unangenehm, der Läufer würde mir mit Röntgenaugen durch die ganze Stellung schauen. Beide Drohungen zugleich kann ich nur mit Läufer c4 abwehren.«

14. ...   Ld4

Karpow: »Ja, einziger Zug. Nach Dame d2 hätte ich jetzt die hübsche Drohung Läufer a5. Aber er hat a5 nebst Springer bd7, Weiß steht besser, aber es ist noch keine Gewinnstellung. Mehr verspricht g5; wenn er dann den Springer nach d7 zurückzieht, mache ich Springer d3 und stehe riesig. Auf Springer e4 aber kommt Dame g4, das scheint sehr vorteilhaft für Weiß.«

15. g5

 151

Rogers: »Springer d7 ist mir zu passiv, ich kriege dann meinen Damenflügel nicht flott. Also Springer e4, es kann nichts schaden, ihm seinen gefährlichen schwarzfeldrigen Läufer abzuknöpfen.

Was kann er antworten? Oh, Turm schlägt e4, Läufer schlägt zurück, dann Springer c4, Dame c7, Läufer b4, ist das seine Absicht? Wie hinterhältig!

Aber wenn ich nach d7 zurückgehe, kommt so was wie h6, das ist auch nicht sehr erfreulich, oder er nimmt einfach seinen Springer nach g4 oder d3 zurück und hat eine Bombenstellung. Nein, ich muß nach e4, vielleicht traut er sich nicht, die Qualle herauszurücken, oder vielleicht kann ich ihn zu einem zweifelhaften Opfer verleiten.«

15. ... Se4

Karpow: »Ganz wichtige Entscheidung jetzt. Erstens könnte ich h6 spielen; nimmt er da, kommt Dame h5, Springer schlägt g5, deckt f7, Dame nimmt auf h6, Turm g8, das ist nicht genug für Weiß. Aber f4 wäre sehr gut in dieser Variante, statt Dame schlägt h6. Wenn er aber h6 mit Bauer g6 beantwortet, ist die Sache unklar.

Lieber spiele ich Dame g4 und lasse die vorgerückten Bauern noch beweglich, mit der Chance, Linien zu öffnen. Nimmt er dann auf c3, schlage ich mit dem Bauern wieder. Wenn danach Dame b2, decke ich meinen Turm mit dem Damenrückzug nach d1, und Läufer schlägt a2 ginge dann nicht wegen

König d2 nebst Springer d3. Sieht vielversprechend aus.«

16. Dg4

Rogers: »Er lädt mich zum Tausch auf c3 ein; er müßte mit dem Bauern zurückschlagen, dann könnte ich Dame b2 machen, aber ich traue dem Braten nicht, er kann dann jeden Moment meinen Läufer mit c4 abfangen. Lieber behalte ich meinen Springer auf dem Brett; von d6 aus guckt er nach f5 und stoppt Bauer c4.«

16. ... Sd6

Karpow: »Auf Dame f4 macht er Springer d7, was er sowieso vorhat; ihm ein Tempo zu schenken, ist nicht nötig. Ich muß zentralisieren. Lange Rochade ist der Zug, den ich brauche.«

17. 0-0-0

Rogers: »Aha, er findet sich damit ab, daß er mich nicht überrennen kann. Jetzt habe ich endlich Gelegenheit, mich weiter zu entwickeln. Bauer c4 hat er natürlich immer noch drin, das darf ich nicht aus den Augen verlieren. Aber darüber kann ich mir später den Kopf zerbrechen, erst mal muß der Springer raus.«

17. ... Sd7

Karpow: »Tausche ich auf d7, bleibt sein König im Zentrum, aber das Zentrum ist geschlossen und nicht leicht zu knacken, und ohne Springer wär er da schwer anzubohren. Muß wahrscheinlich was anderes finden.

Meine Hauptdrohung geht immer noch gegen seinen Läufer, der fast ohne Ausweg ist. Spiele ich Läufer e1, wird mein c-Bauer wieder lebendig. Kann er seinem Läufer mit c5 einen Ausweg verschaffen? Ich tausche dann auf d7, danach auf c5, wenn seine Dame zurückgenommen hat, kommt Läufer b4, Dame c6, und Läufer schlägt d6 gewinnt mindestens eine Figur. Ich glaube, das war's.«

18. Le1

Rogers: »Da brüte ich die ganze Zeit über Springer schlägt f7, und er macht einfach einen Läuferrückzug. Dabei war Springer schlägt f7 wahrscheinlich sowieso ein Schnapszug. Er will wieder c4 bringen. Aber ich sollte hier doch aus dem Gröbsten heraus sein; ich könnte auf e5 tauschen und Springer f5 spielen, dann sind meine Leichtfiguren ganz gut, nur meine Türme spielen leider noch nicht mit.

Gern würde ich ihm auch den a-Bauern stiebitzen, aber das wäre wohl doch zu frech.

Springer f5 nimmt er womöglich einfach weg und geht mit Springer c4 Schach ins Endspiel, was bei seinem Läuferpaar sehr chancenreich sein muß für ihn.

Ich bleibe beim Springertausch auf e5.«

18. ...   Se5:

Karpow: »Wenn ich mit dem Turm nehme, kontrolliert er c4. Nehme ich mit dem Bauern, muß er mit seinem Springer nach f5. Dann könnte ich Turm a3 spielen mit den Dro-

hungen Läufer a5 oder Bauer c4. Klar, daß das vorzuziehen ist.«

19. de5:

Rogers: »Er droht c4, also ist Springer f5 mein einziger Zug.«

19. ...   Sf5

Karpow: »Wenn jetzt Turm a3, lange Rochade, und Läufer a5 ist nicht so gut wegen Dame schlägt f2, und Läufer schlägt d8 beantwortet er mit Springer e3, Mattdrohung auf c2 und Gabel zugleich. Wenn Turm a3, Rochade, Bauer c4, dann ist sein Läufer schon um ein Haar gefangen, muß nach h1. Warum spiele ich nicht gleich Turm h3, um ihm dieses Feld zu verwehren? Ich sehe nicht, wie er c4 noch verhindern will. Bauer c5 geht ja nicht wegen Turm schlägt d5 nebst Dame schlägt f5.«

20. Th3

Rogers: »Unerwartet! Auf Turm a3 hätte ich mir sogar lange Rochade erlauben können, mit einem Haufen Tricks in beiden Ärmeln. Jetzt verzichtet er glatt auf die Drohung Läufer a5, versucht bloß, meinen Läufer zu fangen, richtig primitiv das. Primitiv, aber schwer zu kontern.

Auf a2 kann ich nicht schlagen wegen Turm a3, Läufer d5, c4 oder wegen b3 nebst König b2. Scheint, daß der Läufer nirgendwohin mehr ausweichen kann. Aber vielleicht habe ich nach c4 den Damenzug nach c5? Nein, dann kommt einfach König b1. Hilft nichts, ich muß ohne den Läufer weitergeigen.«

20. ...   0-0-0

 153

Karpow: »Endlich: c4.«

21. c4

Rogers: »Jetzt der einzig richtige Weg, die Partie zu verlieren.«

21. ...   Dc5

Karpow: »Was will er noch?«

22. b4

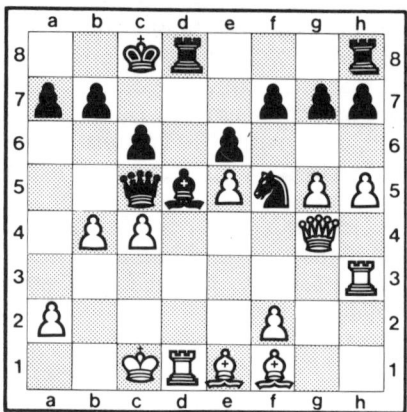

Rogers: »Ja, aber nun kommt mein großer Schockeffekt! Wette, den hat er nicht gesehen.«

22. ...   Lf3

Karpow: »Wenn ich den Frechdachs schlucke, tauscht er auf d1, und mein König steht mitten im Zentrum. Natürlich gewinnt auch das, aber vielleicht habe ich was Genaueres. Ich tausche erst selbst ein Turmpaar und fresse den Läufer erst anschließend. Auf Dame schlägt e5 schmettere ich ihn dann völlig ab mit Läufer c3.«

23. Td8:+   Td8:

Karpow: »Und wenn ich jetzt mit dem Turm auf f3 nehme, kommt Dame schlägt e5, Läufer c3, und seine Dame fliegt nach h2 ein. Das ist verrückt, aber vielleicht funktioniert es sogar. Besser mit der Dame auf f3 schlagen, das läßt ihm keine Chance.«

24. Df3:

Rogers: »Nach Dame schlägt e5 muß er Läufer c3 machen, aber dann kommt Springer d4. Augen zu und vorwärts!«

24. ...   De5:
25. Lc3

Rogers: »Und jetzt Springer d4, hurra! Oh nein, Dame e3 blockt alles, deckt g5 und erzwingt Generalabtausch. Kann ich noch was machen? So hat er am Ende doch diesen Läufer gekriegt. Egal, ich mache noch ein paar Züge, durch Aufgeben ist noch nie eine Partie gewonnen worden.«

25. ...   Dd6

Karpow: »Naheliegend jetzt Bauer c5, er hat dann nur Dame d7, um seine Schwerfiguren auf der d-Linie in Lauerstellung zu halten. Eigentlich sollte er hier aufgeben, mit einer Figur weniger. Nach Läufer d3 kann er der Niederlage unmöglich entgehen.«

26. Ld3

Rogers: »Er tauscht einfach ab, gemein. Hab ich noch irgend welche Scherze drin?«

26. ...   Sd4

Karpow: »Wie's beliebt, ein weiterer Bauer.«

27. Df7:

Rogers: »Jetzt also Turm f8. Aber er frißt sich einfach durch mit Dame schlägt g7, und was dann? Springer f5, droht Turm f8 mit Damenfang!«

27. ...   Sf5

Karpow: »Den freß ich mit meinem Läufer; wenn dann Dame d1 Schach, kommt König b2, und das

Turmopfer auf d2 bringt ihm kein Dauerschach. Wenn statt dessen Schach auf f4, gehe ich mit meinem Alten nach b2, nein, noch besser, mit dem Turm nach e3, er muß auf f5 zurücknehmen, und ich spiele Läufer e5 mit Mattdrohung auf c7. Total gewonnen.«

28. Lf5:   Df4 +
29. Te3

Rogers: »Das scheint es gewesen zu sein für heute. Ich gebe auf. Danke für die Lektion.«

Weiß: Chandler
Schwarz: Browne
Sizilianisch

1. e4	c5
2. Sf3	d6
3. d4	cd4:
4. Sd4:	Sf6
5. Sc3	a6
6. Lg5	e6
7. f4	Le7
8. Df3	Dc7
9. 0-0-0	Sbd7
10. Ld3	h6
11. Dh3	Sb6
12. f5	e5
13. Sde2	

Natürlich alles schon dagewesen!

13. ...	Ld7
14. Le3	Lc6
15. g4	0-0-0
16. Df3	

Ein fragwürdiger Entschluß, weil Weiß damit seinen Gegner zu dem ohnehin geplanten Vorstoß d5 geradezu herausfordert.

16. ...   d5

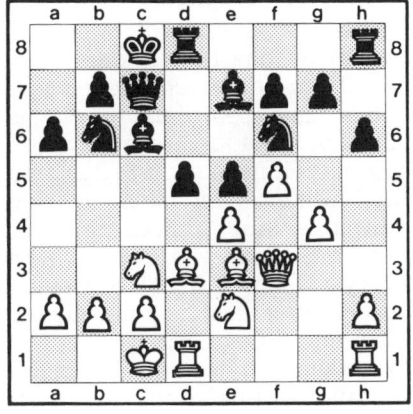

 155

17. Lb6:

Solch ein erzwungener Abtausch (es drohte d4) tut weh: Die schwarzen Felder im weißen Lager können nun zum Tummelplatz des gegnerischen Läufers werden.

17. ...   Db6:
18. ed5:   Sd5:

Alle schwarzen Figuren sind lebendig geworden!

19. Le4   Lg5+

Frische Luft für den Läufer, der sonst in dieser Variante oft ein kümmerliches Dasein fristet.

20. Kb1   Se3

Erobert die d-Linie.

21. Td8:+   Td8:
22. Lc6:   Dc6:

22. ... Sc4 droht Matt und Damenverlust, aber Weiß pariert mit 23. Lb7:+ Kb8 24. Sa4.

23. Dc6:   bc6:

Obwohl sich Weiß durch Abtausch entlasten konnte, hat Schwarz unzweifelhaft das Heft in der Hand. Sein Turm beherrscht die einzige offene Linie, sein Springer ist ins feindliche Lager eingedrungen und blinzelt nach allen Seiten, und sein Läufer fühlt sich in den schwarzfeldrigen Löchern der weißen Stellung wie ein Fisch im Wasser. Dennoch, Weiß ist zwar angezählt, aber nicht k. o., und mit einfallsreichem Gegenspiel gelingt es ihm schließlich doch noch, den Remishafen zu erreichen.

24. h3   Td2
25. Sg3

Macht den Kollegen auf c3 beweglich und zielt selbst nach e4.

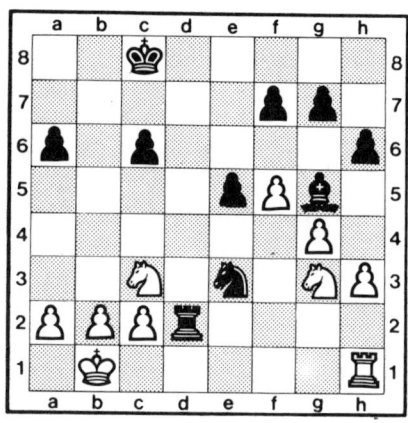

25. ...   Tc2:

Der Spatz in der Hand ist ihm lieber als die Taube auf dem Dach, erst recht bei knapper werdender Bedenkzeit: Browne hatte hier noch etwa 20 Minuten bis zur Zeitkontrolle im 40. Zug. Dennoch hätte er die Mahlzeit noch hinausschieben und erst mit 25. ... Kc7 das Einbruchsfeld d6 sichern sollen, dann wäre das folgende weiße Entlastungsmanöver nicht möglich gewesen. 26. Sge4 hätte darauf den c-Bauern indirekt gedeckt, weil 26. ... Tc2: 27. Sg5: hg5: 28. Te1 dem Schwarzen akute Verdauungsstörungen bereitet hätte, denn 28. ... Sg2 29. Te5: wäre alles andere als schmackhaft für Schwarz.

Mit 26. ... Tg2 hätte er aber den Vorteil der aktiveren Figurenstellung behauptet.

 156

26. Sge4

Droht wie in der angegebenen Variante 27. Sg5: nebst Te1, so daß Schwarz keine Zeit hat, das Springerschach auf d6 zu vereiteln.

26. ...	Tg2
27. Sd6 +	Kc7
28. Sf7:	Sc4

Seinen starken Läufer hätte er sich unbedingt erhalten sollen: 28. ... Lf4 hätte Weiß in kritischer Lage gelassen.

29. Sg5:

Den Braten läßt er sich nicht entgehen!

29. ...	Tb2: +
30. Ka1	hg5:
31. Se4	Tb4

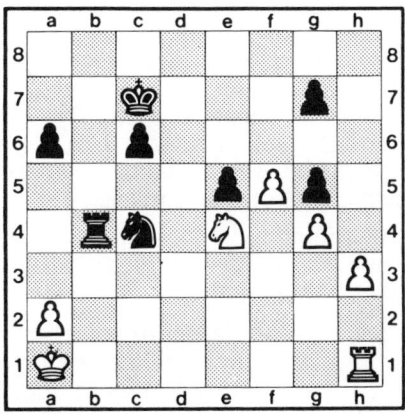

Die Idee ist hübsch: 32. Sg5: Sa3, wonach der weiße Turm von c1 aus die beiden Mattfelder b1 und c2 bewachen muß, so daß der schwarze König und die schwarzen Frei-

bauern grünes Licht haben. Die weißen Bauern am Königsflügel wären dann nicht schnell genug. Eine sehr elegante Lösung des Stellungsproblems; nur hatte Browne übersehen, daß die ganze Zauberei durch den folgenden prosaischen Zug des Weißen im Keime zu ersticken war.

| 32. Tb1 | a5 |
| 33. Sg5: | |

Nun droht Weiß sogar, sich mit 34. Se6 + nebst Sg7: drei verbundene Freibauern zu schaffen.

| 33. ... | Kd6 |

Auf 34. Se6 hätte er jetzt 34. ... g6.

| 34. Se4 + | Kd5 |
| 35. f6 | |

Forciert das Remis.

35. ...	gf6:
36. Sf6: +	Ke6
37. Se4	

Das Feld e4 war in dieser Partie ein rechter Rangierbahnhof.

37. ...	Sd6
38. Sd6:	Kd6:
39. Tg1	Ke6
40. h4	Kf6
41. g5 +	Kg6
42. Te1	Th4:
43. Te5:	a4
44. Kb2	Tc4
45. Ka3	c5
46. Td5	

Remis.

Weiß: Garcia
Schwarz: Kindermann
Modernes Benoni

1. d4	Sf6
2. c4	e6
3. Sf3	c5
4. d5	ed5:
5. cd5:	d6
6. Sc3	g6
7. Lf4	a6

Nachdem Weiß die Variante mit Lf4 gewählt hat, spielt Schwarz diesen Zug so frühzeitig aus zwei Gründen: einmal, um d6 gegen einen eventuellen Springerausfall nach b5 zu schützen, zum andern, weil die Springerentwicklung über a6 nach c7 nicht erstrebenswert ist, wenn Weiß seinen Läufer auf der Diagonalen h2–b8 hat; ein schwarzer Springer auf c7 würde Weiß im Mittelspiel zusätzliche taktische Möglichkeiten geben, mit e4–e5 gefolgt von d5–d6 durchzubrechen.

8. a4	Lg7
9. e4	Lg4
10. Le2	0-0
11. 0-0	Te8
12. Sd2	Le2:
13. De2:	Sh5
14. Le3	Sd7
15. a5	

Hindert Schwarz daran, mittels b7–b6 und Tb8 durchzusetzen, daß er einen Bauern nach b5 bekommt. Auf den Vorstoß b7–b5 könnte Weiß jetzt stets auf b6 en passant nehmen, und Schwarz hätte sich

die b-Linie geöffnet, besäße aber in a6 einen sehr anfälligen Bauern.

15. ...	De7
16. Ta4	

Interessantes Manöver, durch das im Hinblick auf das zu erwartende f7–f5 nicht nur e4, sondern überhaupt die 4. Reihe überdeckt wird. Zugleich wird die Beweglichkeit von Schwarz im Zentrum eingeschränkt (c5–c4).

Beide versuchen, sich auf die Öffnung des Spiels bestmöglich vorzubereiten. Der weiße König geht vorsorglich Schachs aus dem Wege, die ihn auf der Diagonalen a7–g1 belästigen könnten, sobald der weiße f-Bauer gezogen ist. Offenbar war Garcia bereits entschlossen, e4 mittels f3 zu stützen.

17. ...	h6
18. Sd1	Shf6

Die weiße Dame, die den Sh5 im Auge behielt, hinderte hier den Schwarzen, seine Stellung mit g5 schwarzfeldrig auszubauen.

19. f3

Noch wird der Springer auf d1 gebraucht, um zur Abwehr der Eventualdrohung Sd5: den Le3 zu überdecken. Sobald diese Drohung aber anderweitig entkräftet ist, könnte er nach f2 wandern, Zentrum und Königsflügel abschirmen und dabei dem Tf1 den Weg zum Damenflügel freimachen.

19. ...	Tec8

 158

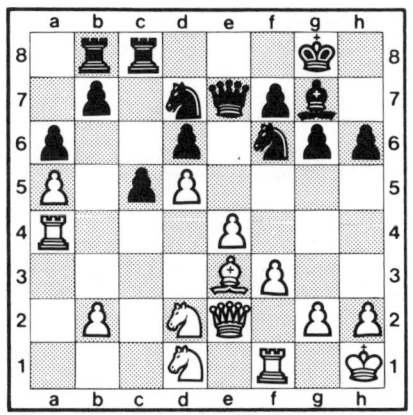

Hat Kindermann sich also entschlossen, den Plan f5 vorerst zurückzustellen und statt dessen auf dem Damenflügel zu spielen?

20. Te1

Vielleicht waren hier b3 oder auch Sf2 bessere Alternativen. Nachdem er sein Zentrum mit f3 gestützt und seinen Springer von der c-Linie entfernt hat, schien es für Weiß konsequenter, auf dem Damenflügel zu spielen.

20. ...   Se8

Macht den f-Bauern wieder beweglich und bringt den Springer, der eben noch auf h5 verloren herumstand, auf das gute Feld c7, von wo er sowohl d5 angreift als auch über b5 nach d4 wandern könnte.

21. f4

Weiß hat sich also entschieden, selbst auf dem Königsflügel aktiv zu werden.

21. ...   f5

Tritt der gelegentlichen Drohung f4–f5 energisch entgegen und schafft seiner Kavallerie Stützpunkte auf e4 und g4. Der Zug ist nicht nur scharf, sondern allerdings auch zweischneidig, denn er lockert die schwarze Königsstellung und schafft Schwächen auf e6 und f5.

Am Nachbarbrett hatten Miles und Hort sich inzwischen auf Remis geeinigt, so daß Stefans letztes Fünkchen Hoffnung, noch einen Stichkampf um den Einzug ins Finale erreichen zu können, dahin war. Um so lobenswerter sein Kampfgeist!

22. ef5:   gf5:
23. Dd3

Das Einzelkind auf f5 wird sogleich streng ins Auge gefaßt. Der schwarze König sieht augenblicklich verdächtig bloß aus; jedoch haben die weißen Figuren Schwierigkeiten, sich anzunähern, und das Feld e6 ist mit Sc7 befriedigend zu sichern.

23. ...   Df6
24. Sc4   Sc7
25. Lf2

Um mit Se3 den f-Bauern ein weiteres Mal interviewen zu können. Zugleich wird Manövrierraum auf der e-Linie und der 3. Reihe geöffnet.

25. ...   b5

Besser konnte Schwarz diese zweite thematische Linienöffnung nicht mehr vorbereiten.

26. ab6: e. p.   Sb6:
27. Sb6:   Tb6:

Nachdem der Pulverdampf sich gelichtet hat, befindet sich die Stellung in einem heiklen Gleichgewicht. Weiß hat aktives Spiel auf den offenen Turmlinien und kann nun seinen Springer auf das Idealfeld c4 bringen, von wo er die schwarze Basis d6 belagern wird, ohne von einem Bauern vertrieben werden zu können; Schwarz dagegen hat die b-Linie und die lange Diagonale in seiner Hand. Die etwas luftige Stellung des schwarzen Königs fällt vorläufig nicht ins Gewicht, und die Schwäche der schwarzen Bauern f5, a6 und eventuell d6 wird durch die von b2 und d5 in etwa aufgewogen.

28. Se3   Tf8

28. ... Tb2: wäre wegen 29. Sf5: mit der Drohung 30. Se7 + mehr als riskant gewesen.

29. Sc4   Tbb8
30. Taa1

Der Turm hat auf der 4. Reihe keine Aussichten mehr.

30. ...   Tfe8
31. h3   h5

Gegen ein späteres g2–g4 gerichtet und verschafft seinem Läufer die Möglichkeit, den weißen f-Bauern anzugreifen.

32. Tab1

Um nötigenfalls b2–b4 zur Verfügung zu haben.

32. ...   Dg6

Droht 33. ... Te4.

33. Te8:+   Te8:

34. b4   cb4:
35. Tb4:   Sb5

Tb6 durfte nicht zugelassen werden.

36. Se3   Tf8

Schwarz muß sehr genau spielen: 36. ... Te4 wäre an 37. Sf5: gescheitert.

37. Ta4   Sc3

Viel stärker als Sc7, wonach Schwarz ganz passiv gestanden wäre. Für den geopferten Bauern erlangt Schwarz nun eine gefährliche Initiative.

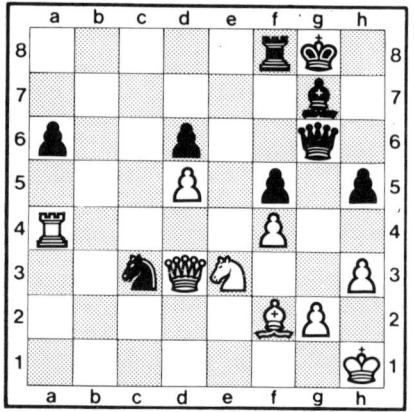

38. Ta6:   Se4
39. Ta2   Lh6
40. g3   Tc8

40. ... h4 dürfte die Stellung überziehen, z. B. 41. gh4: Dh5 42. Sg2. Trotz seiner wie üblich heftigen Zeitnot ließ sich Stefan nicht zu so

etwas Unsolidem, »was nichts mit Schach zu tun hat«, verleiten.

41. Tc2   Tc3
42. De2   Dg3:

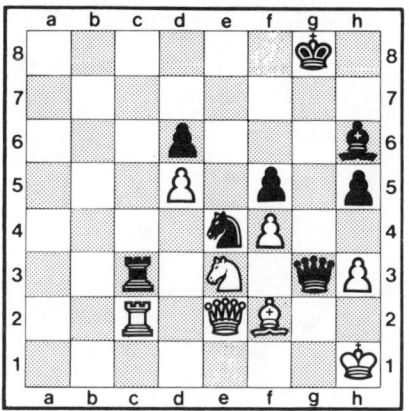

Nach der Partie bedankte sich Kindermann bei Tony Miles, daß dieser gegen Hort *nicht* verloren hatte: In dem Fall hätte Stefan auf Gewinn spielen müssen, hätte also diese hübsche Remisabwicklung nicht bringen dürfen und mit seinem Minusbauern womöglich noch verloren.

43. Lg3:   Sg3: +
44. Kg2   Se2:
45. Te2:   Lf4:
46. Sf5:   Le5
47. Tf2   Td3

Mit 47. ... Kh7 hätte das österreichische Mitglied unserer deutschen Nationalmannschaft versuchen können, seinem Gegner noch ein paar Probleme zu stellen. Wenn Weiß dann Td3 zugelassen hätte, wäre der Bauer d5 gefallen, der jetzt wegen der Springergabel auf e7 nicht zu nehmen ist.

48. Tf3   Td2 +
49. Tf2   Td3

Remis.

Weiß: Miles
Schwarz: Hort
Caro-Kann

Die beiden gaben sich einige Mühe, sittsam zu verbergen, daß dies keine Kampfpartie mehr war, und schoben ihren Friedensschluß immerhin um mehr als eine Stunde hinaus. Aber an ihren wie schuldbewußt gesenkten Köpfen, mit denen sie viertelstundenlang über die selbstverständlichsten, tausendmal gespielten Eröffnungszüge »brüteten«, der sichtliche Mangel an gespannter Nervosität, ihre zögernde Rückkehr ans Brett, wenn sie sahen, daß der Gegner seinen Zug ausgeführt hatte: An all dem war überdeutlich abzulesen, daß das Remis vor der Partie vereinbart war.

Und wer mochte die beiden deswegen tadeln? Miles sicherte sich damit die Endspielteilnahme, während ein Verlust ihn runde 5000 Mark oder mehr hätte kosten können; und Hort, entäuscht über den

MILES   HORT

Besondere Dramatik steht nicht zu erwarten...

Turnierverlauf wie er war, hatte verständlicherweise keine Lust, mit Schwarz auf Biegen und Brechen zu versuchen, den Spitzenreiter zu schlagen. Der Vollständigkeit halber seien die Züge gegeben; ein Diagramm verdienen sie nicht.

1. Sc3	c6
2. e4	d5
3. d4	de4:
4. Se4:	Lf5
5. Sg3	Lg6
6. h4	h6
7. Sf3	Sd7
8. h5	Lh7
9. Ld3	Ld3:

10. Dd3:	Sgf6
11. Lf4	Da5+
12. Ld2	Dc7
13. 0-0-0	e6
14. Se4	0-0-0
15. g3	Sc5
16. Sc5:	Lc5:
17. c4	Lb6
18. Lf4	De7
19. De3	The8
20. Kb1	

Remis.

Die Schlußtabellen der beiden Vorgruppen lauteten nun:

Gruppe A

	1		2		3		3		Gesamt
1 Karpow			1	1/2	1	1	1/2	1	5
2 Browne	0	1/2			1	1/2	1/2	1/2	3
3 Chandler	0	0	0	1/2			1	1	2 1/2
4 Rogers	1/2	0	1/2	1/2	0	0			1 1/2

Gruppe B

	1		2		3		3		Gesamt
1 Miles			1/2	1	1/2	1	1/2	1/2	4
2 Kindermann	1/2	0			1/2	1/2	1	1/2	3
3 Garcia	1/2	0	1/2	1/2			0	1	2 1/2
4 Hort	1/2	1/2	0	1/2	1	0			2 1/2

In der Gruppe A hatte sich also erwartungsgemäß der Weltmeister und zweimalige Gewinner des Fernsehturniers durchgesetzt; wobei allerdings das Ergebnis weniger souverän ausgesehen hätte, wenn Chandler in der 1. Runde seine große Chance genutzt hätte.

In der Gruppe B lag das Feld dichter beisammen. Schon von der ausgeglicheneren Besetzung dieser Vorgruppe her hatte man erwarten dürfen, daß die Qualifikation hart umstritten und knapp entschieden werden würde. Daß sie schließlich an den Kämpfer Tony Miles ging, verblüffte nicht. Die Überraschung des Turniers aber war, wie Stefan Kindermann, bislang doch »nur« Internationaler Meister, da mit den drei renommierten Großmeistern mithielt, oder besser gesagt: mit ihnen umsprang. Die ersten vier Runden hindurch führte er das Feld an, viermal hintereinander ließ er klare Gewinnchancen aus, sogar in der entscheidenden Partie gegen Miles, und vor allem: Seine Partien waren prachtvoll angelegt, und wo er Vorteil erlangte, war es sein Verdienst, nicht das eines gegnerischen Versehens. Er hätte das Finale gegen Karpow verdient gehabt; seine Schwierigkeiten mit der ungewohnten Zeitkontrolle machten ihm für diesmal einen Strich durch die Rechnung.

Nicht zufrieden mit ihrem Abschneiden waren der stärkste der fünf derzeitigen kubanischen Großmeister und vor allem Vlastimil Hort, für den dies nach einem durchweg erfolgreichen Jahr ein Abschluß war, den er am liebsten an Ort und Stelle schon vergessen hätte...

Finale (10. 11. 83)

Bereits 1977 hatten sich Anatoli Karpow und Anthony Miles im Finale des »Master Game« gegenübergesessen, im ersten Jahr, in dem zu diesem Turnier internationale Prominenz eingeladen worden war. Damals gab es eine denkbar knappe Entscheidung, indem sich der Weltmeister nach drei hart ausgekämpften Remisen erst in der 3. Stichpartie durchsetzen konnte. Miles war es ja auch gewesen, der die Kühnheit besaß, des Weltmeisters Eröffnungszug 1. e4 einmal mit 1. ... a6 zu beantworten, dann auch noch 2. ... b5 zu spielen und Karpow mit dieser »Kaffeehauseröffnung« eine fast schon demütigende Niederlage beibrachte.

Angstgegner also? Wer will das wissen; wer würde so etwas schon zugeben, wenn er selber Weltmeister wäre!

Jedenfalls mußte Karpow vor dieser Partie als Favorit gelten. Nicht allein, daß er dieses Turnier beide Male gewonnen hatte, die er an ihm teilnahm; daß Miles hier noch kein einziges Mal den Sieg einheimsen konnte (1980 verlor er im Finale gegen den Teenager Short!); nicht allein, daß Karpow unmittelbar vor dem Fernsehturnier das alljährliche Superturnier in Tilburg (Niederlande) gewonnen hatte: Das Los warf ihm auch die weißen Steine zu und somit den Anzugsvorteil. Und Stefan Kindermann z. B. setzte vor der Partie 2:1, daß Miles *verlieren* (also nicht einmal Remis schaffen) würde. (Murray Chandler war's, sein Komplize von nächtlichen Monopoly-Gelagen in der Hotelhalle, der dagegenhielt.)

Miles erschien 20 Minuten vor Partiebeginn, hing seine Jacke über seine Stuhllehne auf dem Podium, holte sich ein Sandwich und ein Glas (wer errät es?) Milch und nahm hinten im Zuschauerraum Platz, der sich erst allmählich füllte. Karpow kam wie immer wenige Minuten, ehe der Turnierleiter seine Uhr anstellte, setzte sich ans Brett, rückte die Figuren zurecht und füllte den Kopf seines Partieformulars aus: ganz wache Sammlung, ganz bewegliche Konzentration.

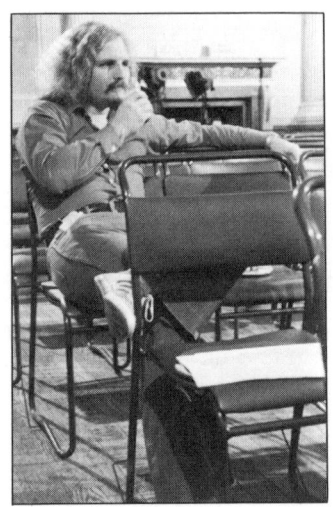

Weiß: Karpow
Schwarz: Miles
Caro-Kann

1. e4

In dieser wichtigsten Partie des Turniers greift der Weltmeister also auf den Zug zurück, den er lange Jahre hindurch ausschließlich anwandte.

1. ...	c6
2. d4	d5
3. Sd2	de4:
4. Se4:	Sf6
5. Sf6: +	gf6:

Dies also die Variante, auf die Miles sich vorbereitet hatte!

6. Sf3	Lf5

Karpow: »Meistens spielt er Sizilianisch, Caro-Kann kam mir unerwartet, obwohl er es schon einmal gegen mich angewandt hat. Da gab es doch jetzt so eine interessante Idee, Läufer f4, der steht dann sehr stark auf der Diagonalen h2–b8. Wenn er e6 macht, nehm ich den Läufer einfach nach g3 zurück, Tal hat damit mal eine großartige Partie gegen Larsen gespielt. Ich versuch's!«

7. Lf4

Miles: »Hm, die Variante habe ich erst ein einziges Mal in meinem Leben probiert, und zwar bei dem Wochenendturnier letzte Woche. Aber bloß keinen Bammel. Er hindert meine Dame daran, nach c7 zu steigen, wo ihr gewöhnliches Feld ist. Könnte ja Dame b6 spielen statt dessen, aber sieht ein bißchen ver-

früht aus, wer weiß, ob ich nicht für eine Kombi mit e7–e5 das Damenschach auf a5 zur Verfügung haben muß. Ich entwickle erst mal den Springer, das ist der natürliche Zug.«

7. ...	Sd7

Karpow: »Auf Läufer e2 antwortet er jetzt Schach auf a5, nebst Bauer e5, falls ich mit c2–c3 pariere. Aber c3 kann ich gleich spielen, dann ist Dame a5 nutzlos wegen b2–b4, und er kommt nicht zu Bauer e5.«

8. c3

Miles: »Er verhindert Dame a5, also muß meine Alte nach b6, damit ich zur langen Rochade komme. Um Dame b3 als Antwort brauche ich mir keine Sorgen zu machen, kann ich mit e6 beantworten oder gleich rochieren, denn f7 könnte er dann nicht verspeisen, weil sein Bauer b2 hin wäre. Sieht gar nicht unbequem aus.«

8. ...	Db6

Karpow: »Mit Läufer d3 könnte ich b2 anbieten, dürfte er natürlich nicht nehmen, Tausch auf d3, dann Dame b2, ich rochiere kurz und dringe über die b-Linie ein.

Aber er könnte Läufer g4 antworten und nach meiner Rochade lang rochieren, das ist unklar.

Aber warum nicht Bauer b4!? Das stoppt c5, wird vielleicht mal für einen Angriff nützlich sein, und auf e7–e5 gehe ich einfach mit meinem Läufer nach e3 zurück und habe gegenüber der normalen Variante einen Zug gespart.«

 165

9. b4

Miles: »Komisch, ob an dem Zug nicht was faul ist? Wie wär's jetzt mit e5, um mal ein Wörtchen mit seinem Läufer zu reden!? Zweimal nehmen kann er nicht, denn sobald sein Springer auf e5 steht, habe ich Läufer g7 und ziele auf seinen ungedeckten Bauern c3, bärenstark. Los, energisch angerempelt den Burschen!«

9. ...   e5

Karpow: »Klar, sonst würde ich das Zentrum total im Griff behalten, mit klarem Vorteil. Jetzt muß ich mich entscheiden, wohin der Läufer geht, nach e3 oder nach g3; g3 gefällt mir besser, der guckt in seine Königsstellung hinein, sobald er rochiert hat, und verstopft nebenbei die g-Linie.«

10. Lg3

Miles: Läufer h6 ist jetzt nichts, weil ich vielleicht den h-Bauern noch als Cruise Missile brauche, und a5 bringt nichts wegen a3. Keine Wahl, kein großes Nachdenken, ich muß rochieren.«

10. ...   0-0-0

Karpow: »Natürlich. Aber sein König steckt da in einem Pulverfaß. Ich muß nur erst selbst wegrochieren. Läufer e2, um das vorzubereiten: Falls er dann auf d4 tauscht, gewinnt Springer schlägt d4 mir ein Tempo durch Angriff auf seinen weißfarbigen Läufer.«

11. Le2

Miles: »Los mit der Geheimwaffe, ich steh klasse aktiv hier, mit einem Haufen taktischer Drohungen, genau was ihm am wenigsten paßt. Je wirrer das Durcheinander, desto besser meine Chancen!«

11. ...   h5

Karpow: »h4 droht er ja nicht, weil ich das Feld doppelt unter Kontrolle habe. Wenn ich rochiere, hat er eigentlich außer Läufer e4 keinen sinnvollen Zug, denn mit dem Tausch auf d4 würde er meinen Läufer g3 wieder lebendig machen, und ich würde mit Springer schlägt d4 immer noch ein Tempo gewinnen.«

12. 0-0

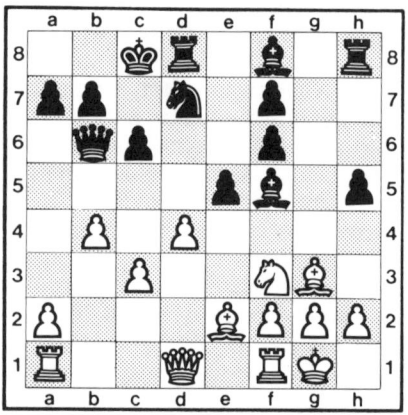

Miles: »Naja, Angst hat er nicht, der Knabe. Jetzt ist es eine wichtige Entscheidung. Wie soll's weitergehen?

Läufer g4 ist das erste, was mir einfällt, droht auf f3 zu tauschen und mit h4 seinen Läufer abzustauben.

Aber er hat Läufer h4, und dann kann ich zwar auf f3 tauschen und auf d4 einen Bauern gewinnen, aber die Stellung ist mir nicht geheuer. Hm, was sonst?

Läufer e4 vielleicht, das ist dieselbe Drohung, aber wenn er dann Läufer h4 spielt, habe ich Turm g8 und mache ihn fertig auf g2, oder drohe Turm g4 mit allerhand Schweinereien. Springer d2 könnte er antworten, aber dann müssen wir weitersehen.«

12. ...   Le4

Karpow: »Am wenigsten Wahl läßt ihm jetzt Springer d2. Er muß nach d5 mit seinem Läufer, dann kann ich den h-Bauern unschädlich machen, und wenn er auf d4 schlägt, gewinne ich mit c3–c4 ein Tempo. Das bringt Ordnung in die unübersichtliche Stellung. Gut, daß er schon 20 Minuten mehr verbraucht hat als ich.« (Miles hatte hier schon fünfviertel Stunden verbraucht, Karpow noch keine ganze.)

13. Sd2

Miles: »Au wei, eine Nuß nach der andern zu knacken. Ich könnte auf g2 dreinschlagen, König nimmt, und mir mit h4 den Läufer zurückholen. Aber womöglich hat er dann einen seiner soliden stillen Züge, die plötzlich allen Dampf rauslassen und ihm eine positionelle Überlegenheit herzaubern; Läufer f4 zum Beispiel. Nein, das Opfer lieber ein andermal.

Aber eine ulkige Stellung ist es doch, wilde Chancen für beide Seiten. Warum soll ich nicht ganz normal nach d5 gehen? Er frißt dann meinen h-Bauern, ich auf d4, er zieht c4 und so weiter – sein Läufer g3 guckt mir durch die Königsstellung, und meine Alte steht nicht berühmt, aber ich bin gut zentralisiert und habe einen prachtvollen Freimops. Ja, wird versucht, ehe ich mit der Zeit hoffnungslos zurückfalle.«

13. ...   Ld5

Karpow: »Die Abwicklung ist jetzt klar.«

14. Lh5:   ed4:
15. c4

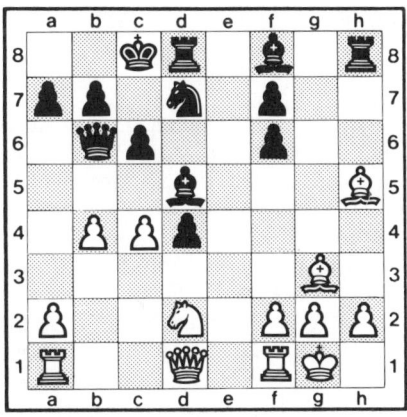

15. ...   Le6

Karpow: »Turm b1 geht jetzt leider nicht, denn auf Läufer schlägt b4, a3, entfesselt er mit Dame a5, und mein Läufer h5 hängt. Also ist a3 erzwungen.«

16. a3

Miles: »Tja, was jetzt? Meine Dame steht wirklich besch..., und ich weiß nicht, ob so eine Karnevalsstellung das ist, was ich eigentlich wollte. Immerhin, ich habe genug offene Linien gegen seinen King, und mein d-Bauer ist ein As. Würde ja gerne den Läufer f8 ins Spiel bringen, aber wenn ich ihn nach h6 fahre, hoppelt sein Springer über e4 nach d6.

Naja, der nächstliegende Zentralisierungszug ist Springer e5, der kann natürlich immer mal einen Tritt kriegen mit f4, und auf c4–c5 muß ich auch dauernd aufpassen; aber was soll's, wird schon gut sein. Ich muß einfach die natürlichsten Aktivzüge machen. Und schön unklar ist die Sache, das wird ihm wenig schmecken.«

16. ...   Se5

Karpow: »Der einzige sinnvolle Zug, zentralisiert und schneidet meinem Läufer die Diagonale ab. Ist Springer e4 jetzt was? Läufer g7, ich tausche auf e5, dann Läufer schlägt f7, Damenschach auf g4, und ich kriege die Figur auf g7 zurück, prima. Aber nach Läufer e7 ist es nichts Besonders. Nein, mein Springer bleibt sowieso besser noch auf d2, deckt c4, stoppt seinen blöden Freibauern. Den Turm zentralisieren, das verstärkt die Stellung am meisten.«

17. Te1

Miles: »Ziemlich beunruhigend, wie rasch er das alles bis jetzt gespielt hat. Und ich weiß überhaupt nicht mehr, was in der Stellung los ist; hoffe bloß, er weiß es auch nicht, sonst geht's mir hier womöglich dreckig. Den Läufer f8 müßte ich rauskriegen, aber nach d6, wo er

hingehört, kann er nicht, weil Bauer c5 kommt; kommt übrigens bestimmt sowieso bald.

Aber warum nicht einfach d3!? Ist eine Rakete, das nimmt ihm Felder weg, setzt ihn unter Druck, schön aggressiv. Augen zu und drauf! Hab bloß noch eine halbe Stunde auf der Uhr.«

17. ...   d3

Karpow: »Seine Dame darf ich nicht aus ihrem Käfig entwischen lassen.«

18. c5

Miles: »Grandiose Auswahl, b5 oder a6! b5 gefällt mir besser, bleibt näher am Ball. Hoffe bloß, daß ich nicht irgend einen Trick verpaßt habe, wie er sie mir abquetschen kann.«

18. ...   Db5

Karpow: »Jetzt habe ich eine halbe Stunde mehr Zeit und wahrscheinlich irgendwie eine Gewinnstellung. Also mal gründlich überlegen.

Wenn ich auf e5 mit dem Läufer nehme, er nimmt zurück, dann ich mit dem Turm; kommt Läufer g7, dann ich Läufer schlägt f7, wenn er den frißt, habe ich Damenschach auf g4 und schlage g7, fertig.

Aber wenn er nicht auf f7 frißt, sondern meinen Turm auf e5? Nehme ich auf e6 mit Schach, sein König geht weg, dann Läufer c4 und seine Dame ist gefangen. Aber halt, er schlägt auf h2 mit dem Läufer, König f1, dann Läufer g3, und die Mattdrohung auf h1 gibt ihm tatsächlich Remis. Kommt nicht in Frage.

Aber ich muß doch besser stehen bei seiner abgesperrten Dame, seiner schlechten Bauernstellung, meinen Läufern, die ihm durch die Königsstellung gucken! Turm e4 oder Turm b1, um a4 vorzubereiten?

Mein Zeitvorsprung ist weggeschmolzen, die Zeit reicht nicht, um so eine undurchsichtige Stellung sauber durchzurechnen, dazu bräuchte ich noch mindestens eine halbe Stunde. Also einen einfachen natürlichen Zug machen.«

19. Tb1

Miles: »Gottseidank, er hat für den simplen Zug eine halbe Stunde investiert, und nichts Ausgefallenes gefunden, dann wird wohl auch nichts drin sein. Also vorwärts, den nächstliegenden aggressiven Zug, Läufer h6, und sobald sein Springer sich rührt, marschiert mein Bauer weiter vor. Bloß nicht wieder so weit mit der Zeit zurückfallen!«

19. ...   Lh6

Karpow: »a4, wie geplant.«

20. a4

Miles: »Er läßt mir immer mehr Auswahl! Also entweder er quetscht da meine Alte ab, oder mein Bauer quetscht ihn ab. Lieber ist mir das Letztere!«

20. ...   Da6

Karpow: »Wenn ich jetzt auf e5 den Bauern gewinne, tauscht er auf d2 und kriegt a4. Weiß nicht, was da los ist; sein d-Bauer sieht unangenehm aus. Sollte da wirklich nichts

Klares drin sein? Kann ich gar nicht glauben. Aber ich habe jetzt schon mehr Zeit verbraucht als er. Ich muß f4 versuchen, auch wenn ich mir meinen Läufer versperre.«

21. f4

Miles: »Hm, was hat er da vor? Aber mir bleibt nichts übrig, lassen wir's uns zeigen! Ich habe kein übles Gefühl in der Stellung.«

21. ...   Sc4

Karpow: »Was jetzt? Ich stehe sehr gut, aber wie setze ich fort, wie verstärke ich? Immer noch so undurchsichtig. Aber wenn er zu f5 kommt, steht er gut. Darf ihm dazu keine Zeit lassen. Muß b5 spielen.«

22. b5

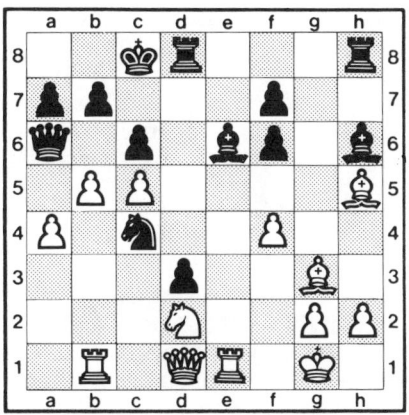

Miles: »Naja, wenn ich Dame a5 mache, ist wohl nicht viel los. Aber warum nicht schlagen? Nimmt er mit dem Bauern zurück, habe ich Dame a2, und auf einmal stehen alle meine Stückchen gut.«

22. ...   cb5:

Karpow: »Irgendwie kriege ich's nicht hin, seinen König bloßzulegen. Nach a schlägt b5 macht er glatt Dame a2, und ich stehe bloß noch rum. Darf denn das wahr sein? Irgendwo muß ich da doch was verpaßt haben! Jetzt habe ich den Salat und bin auch noch in Zeitnot. Ich muß mit dem Turm nehmen. Vielleicht kriege ich Druck gegen b7.«

23. Tb5:

Miles: »Hoppla, da hatte ich ja gar nicht dran gedacht! Was ist jetzt los? Tausche auf d2, gewinne a4 – nein, das stinkt. Aber jetzt müßte es mir doch eigentlich gut gehen.

Was macht er denn nach Springer a3? Ha, wird ihn ärgern. Muß den Turm ziehen, nach b2, und dann kriegt sein anderer Turm gleich auch noch einen Tritt, mit Springer c2. Drohungen gegen b7 kann ich mit Läufer d5 abschmettern – es wird was, glaube ich, er wackelt schon!«

23. ...   Sa3

Karpow: »Hatte mehr an Springer schlägt d2 gedacht, oder an Dame c6. Habe ich jetzt f5 nebst c6? Aber keine Zeit mehr, alles durchzurechnen, lieber nichts aufs Geratewohl veropfern, Turm zurück und dann gegen b7 drücken, es wäre doch gelacht!«

24. Tb2

Miles: »Was tut mein Springer auf a3? Zum Zentrum soll er!«

24. ...   Sc2

Karpow: »Nur noch anderthalb Minuten. Gegenangriff!«

25. Lf3

Miles: »Laß ihn nicht zum Überlegen kommen. Wirf den Läufer dazwischen!«

25. ...   Ld5

Karpow: »Hinein auf die Siebte!«

26. Te7

Miles: »Schmeiß ihn raus da, ehe er Unheil stiftet. Und c5 wird gleich mit angegriffen. Ich hab ihn, ich spür's, ich hab ihn!«

26. ...   Lf8

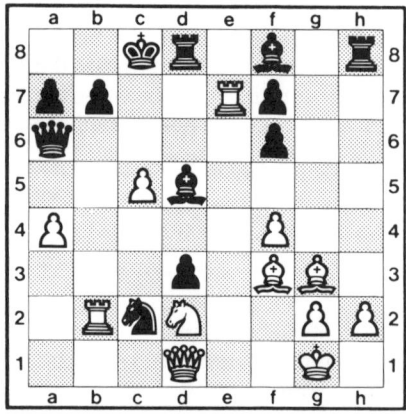

Karpow: »Wenn ich auf d5 nehme, nimmt er wieder, Turm e7 schlägt b7, er gibt Schach auf c5, ich mit dem Läufer dazwischen, scheint sehr gut... Aber keine Zeit, überhaupt keine Zeit mehr. Tausch die Läufer, bringt ein Damenschach auf g4, jawohl!«

27. Lxd5:

Miles:»Ich schlage zurück, Turm e8 Schach ist nichts, er muß auf b7 fressen, dann Läuferschach auf c5 und auf b6 abgesperrt – nicht übel!«

27. ...   Txd5:

Karpow: »Wenn jetzt Damen-schach, hat er f5, taugt nichts. Muß auf b7 nehmen, mit welchem Turm? Sein Läuferschach auf c5 ist mir nicht geheuer. Was macht die Qualle, wenn ich meinen Läufer g3 befreie, drohe ich Matts auf b8 ...«

28. Txb7:

Miles: »Was ist das, kapier ich nicht, warum nimmt er nicht mit dem anderen Turm? Eine Qualle mitnehmen kann doch so schlecht nicht sein, und danach so was wie Dame c6, und nach Turm schlägt c5 hab ich so Tricks wie Dame schlägt g2, und er fällt in Stücke, Zeit hat er überhaupt keine mehr ...«

28. ...   Le7:

Karpow: »Total vergessen, daß mein Turm da hing, natürlich mußte ich mit dem da auf b7 nehmen, dann war's remis, jetzt steh ich klar schlechter, entsetzlich.«

29. Txe7:

Miles: »Meine Güte, fast genauso wenig Zeit übrig wie er, aber ich hab ihn, gleich hab ich ihn! Mein Springer kann nicht viel machen, solange sein Turm die e-Linie be-herrscht, aber Dame c6 droht eine Menge und schirmt alles ab.«

29. ...   Dc6

Karpow: »Droht mit Dame c5 Schach meinen Turm abzuholen. Keine Wahl.«

30. Tf7:

Miles: »Turm frißt c5, droht 25 000 Sachen gleichzeitig.«

30. ...   Txc5:

Karpow: »Damenschach, er geht nach b8, dann f5 Schach, er geht in die Ecke, dann Dame g7, und ich gewinne, das ist die Chance!«

31. Dg4 +

Miles: »Hölle, das ist stärker als ich dachte! Wenn ich zur Ecke ver-schwinde, bin ich pleite! Aber ich kann ihm f5 dazwischenschmeißen, und wenn er den frißt, hab ich im-merhin eine Qualle mehr und mei-nen Superbauern auf d3 dazu, und sein König ist auch nicht der gesün-deste, jawohl, das Tempo ist den Bauern wert!«

31. ...   f5

Karpow: »Jetzt gehe ich auf die Siebte mit Tempo!«

32. Dg7

Miles: »Guter Gott, er hat den leben lassen, was ist das? Jetzt ist sein Läufer mausetot, alle meine Stücke sind munter, im nächsten Zug kommt Springer e5 mit Vernich-tung, er ist platt, völlig pleite, hat keine einzige Drohung mehr!«

32. ...	Te8

Karpow: »Oh was mache ich jetzt? Ich brauche Platz für meinen König, auf Läufer f2 geht einfach sein Turm weg, nein den h-Bauern vor!«

33. h4	

Miles: »Jesses, was macht er da bloß? Springer e3 macht ihn doch einfach ab, droht einzügig Matt auf g2 und zweizügig durch Turmschach und Springer g4, naja, drei- oder vierzügig meinetwegen, aber kann er das wirklich übersehen haben? Werden wir gleich sehen.«

33. ...	Se3

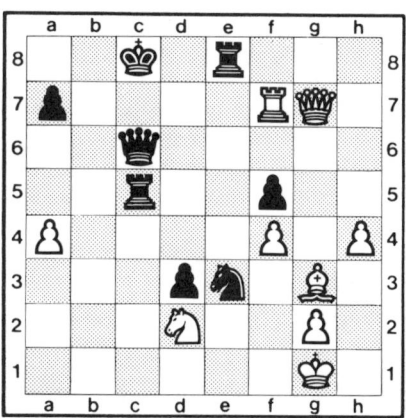

Karpow: »Oh wie schrecklich, einfach übersehen, h3 mußte ich natürlich spielen, jetzt hab ich gar keine Züge, muß mit Läufer f2 die Matts decken, und dann ist es kaputt, könnte aufgeben, aber ich will die Zeitkontrolle noch schaffen.«

34. Lf2

Und blitzschnell folgten die letzten Züge:

34. ...	Tc1 +
35. Kh2	Sg4 +
36. Kg3	Sf2:
37. Sf3	Se4 +
38. Kh2	d2
39. Sd2:	Sd2:,

und einen Zug vor der Zeitkontrolle, in aussichtslos verlorener Stellung, fiel des Weltmeisters Blättchen.

Noch während die Filmkameras den Händedruck der beiden einfingen, während dann Miles sich mit seinem Stuhl hintenüber lehnte und jubelnd die Arme hochstreckte, wurde die Bühne von Kiebitzen überschwemmt. Turnierleiter Reuben gelang es, die Lawine zurückzudrängen, um den beiden zunächst bei der Rekonstruktion und Notation der letzten, in höchster Zeitnot geschehenen Züge zu assistieren.

Zum Abendessen erschien Karpow verspätet: Er hatte erst herausfinden müssen, wo er vom geraden Pfade abgekommen und auf die schiefe Ebene geraten war; und zwischen den Bissen diskutierte er Varianten der Partie mit Browne, der sich vom Nachbartisch herüberlehnte, während Miles vergnügt danebensaß und versuchte, als nächstes die Biervorräte des Hotels zu besiegen. Augenzeugen berichten, er habe es nachts um drei noch nicht geschafft gehabt.

Miles erhielt im Laufe dieses Abends übrigens runde 30 Telefonanrufe, mit Nachfragen, Glückwünschen und Bitten um Interviews. Und früh am nächsten Morgen wußten die großen Zeitungen bereits zu berichten, daß es zum ersten Mal in diesem Jahrhundert einem Engländer auf englischem Boden gelungen war, einen amtierenden Weltmeister zu schlagen! (Genauer gesagt, lag die letzte derartige Begebenheit im Jahre 1899, wo Lasker einmal gegen Blackburne verlor.)

Die Spannung löst sich auf in einer schnellen ersten Analyse.

Turnierleiter Stewart Reuben assistiert bei der Vervollständigung der Partieformulare.

THE BBC MASTER GAME, THE GUILDHALL, BATH, NOVEMBER 1983

WHITE .... Karpow

BLACK .... Miles

DATE ....

ROUND ....

RESULT: WHITE ☐ BLACK ☐

1, ½, 0

WHITE / BLACK

Partieformular Karpow
Durchstreichungen und ausgelassene Züge: Unordnung auf einem Partieformular des Weltmeisters ist eine Rarität. Die letzten 10 Züge hat er nach Aufgabe und Unterzeichnung des Formulars nachgetragen.

 174

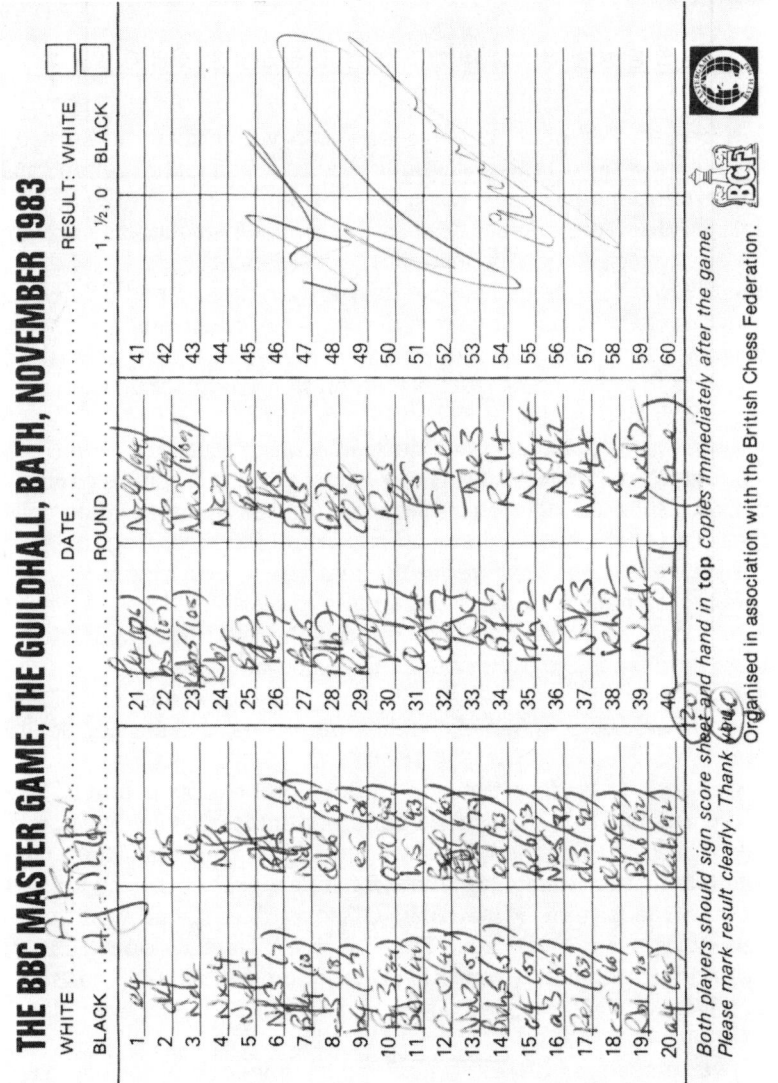

Partieformular Miles

Bei Miles entdeckt man eine Unsauberkeit um den 12./13. Zug, als seine Stellung kritisch schien und er deutlich mehr Zeit verbraucht hatte. Beim 30. Zug entgleiste ihm sein Kuli: Da begann sein Gegner, in höchster Zeitnot, auf Verlust zu stehen.

♟ 175 ♟

Schluß

Die beiden Tage bis zur Preisverteilung verstrichen mit Fernsehaufnahmen, für die die Turnierteilnehmer sich reihum parat halten mußten. Nebenher blieb ihnen aber massig Zeit, die einige dazu verwendeten, im Nebenraum des Turniersaals oder in der Hotellobby Blitz zu spielen. Ian Rogers erwies sich dabei als besonders gefürchteter Spezialist, der seinen namhaften Opfern systematisch die unüberwindlichen Vorzüge des Zuges 1. c3 bewies. Selbst wenn er gegen den einen oder andern der Löwen, die sich in seine Arena wagten, mehrere Partien hintereinander verlor, die eine, in der viermal Kontra und Re gesagt worden war, pflegte er unfehlbar zu gewinnen.

Einen Tag nach dem Finale, um Mitternacht, tauchte sogar Karpow bei der Blitzrunde auf, guckte erst eine Weile lächelnd zu und spielte dann selber mit, um 50 pence pro Partie (mit Kontra und Re). Mehrere Male soll sich dabei ein Karussell ergeben haben in der Form, daß Miles gegen den Weltmeister gewann, dann aber gegen Rogers verlor, der wieder gegen den Weltmeister seinen Platz nicht behaupten konnte.

Am Samstagabend war es endlich Zeit fürs Bankett. Bob Toner, der unermüdliche Produzent und Motor des BBC-Teams, hatte fleißig die Parole verteilt, es seien Schlips und feinste Kleidung zu tragen; und nur Miles und einer der beiden Autoren dieses Buches wagten es, sich um den Schlips zu drücken.

Alle Geladenen versammelten sich an der Hotelrezeption, und im Gänsemarsch ging es zu den Römischen Bädern, dem Prunkstück und Stolz der Stadt. Am Rande des großen dampfenden Wasserbeckens (einer viktorianischen Rekonstruktion inmitten einer Säulenhalle, über die die Kathedrale hereinblickt), nach dem Genuß eines Gläschen Sherry und während Fernsehscheinwerfer die Nacht zum Tage machten, wurde jedem Teilnehmer sein Scheck ausgehändigt sowie als Erinnerungsstücke ein Glas mit dem eingeschliffenen Emblem des Turniers und ein Bildband über die Stadt Bath.

Und es war ein weiteres Mal verblüffend, zu sehen, wie entschieden gutgelaunt Bob Toner war, der die Hauptlast der Vorbereitung und Durchführung des Turniers getragen hatte und nun wegen des Streiks der Fernsehangestellten damit rechnen mußte, keine Sendungen bringen zu dürfen: und ausgerechnet in dem Jahr, in dem das Turnier auf britischem Boden einen so patriotischen Ausgang genommen hatte!

Gesamt-Programm

Stand: 22. 8. 1983

Hobby

Aquarellmalerei leicht gemacht. (5099) Von Thomas Hinz, 64 S., 79 Farbfotos, Pappband. — DM/Fr 12.80 / S 98,–

Naive Malerei leicht gemacht. (5083) Von Felizitas Krettek, 64 S., 76 Farbfotos, Pappband. — DM/Fr 12.80 / S 98,–

Ölmalerei leicht gemacht. (5073) Von Heiner Karsten, 64 S., 62 Farbfotos, Pappband. — DM/Fr 12.80 / S 98,–

Zeichnen Sie mal – malen Sie mal (5095) Von Ferry Ahrlé und Volker Kühn, 112 S., 16 Farbtafeln, viele Zeichnungen, kartoniert. — DM/Fr 14.80 / S 118,–

Bauernmalerei als Kunst und Hobby. (4057) Von Arbo Gast und Hannie Stegmüller, 128 S., 239 Farbfotos, 26 Riß-Zeichnungen, gebunden. — DM/Fr 36,– / S 288,–

Hobby-Bauernmalerei (0436) Von Senta Ramos und Jo Roszak, 80 S., 116 Farbfotos und 28 Motivvorlagen, kartoniert. — DM/Fr 19.80 / S 158,–

Bauernmalerei – leicht gemacht. (5039) Von Senta Ramos, 64 S., 78 Farbfotos, Pappband. — DM/Fr 12.80 / S 98,–

Glasmalerei als Kunst und Hobby. (4088) Von Felizitas Krettek und Suzanne Beeh-Lustenberger, 132 S., mit 182 Farbfotos, 38 Motivvorlagen, gebunden. — DM/Fr 39,– / S 312,–

Glasritzen – ein neues Hobby. (5109) Von Gerlind Mégroz, 64 S., 110 Farbfotos, 15 Zeichnungen, Pappband. — DM/Fr 14.80 / S 118,–

Brandmalerei leicht gemacht. (5106) Von Klaus Reinhardt, 64 S., 68 Farbfotos, 23 Zeichnungen, Pappband. — DM/Fr 12.80 / S 98,–

Töpfern als Kunst und Hobby. (4073) Von Johann Fricke, 132 S., 37 Farbfotos, 222 s/w-Fotos, gebunden. — DM/Fr 29.80 / S 238,–

Arbeiten mit Ton (5048) Von Johann Fricke, 128 S., 15 Farbtafeln, 166 s/w-Fotos, kartoniert. — DM/Fr 14.80 / S 118,–

Keramik kreativ gestalten (5072) Von Ewald Stark, 64 S., 117 Farbfotos, 2 Zeichnungen, Pappband. — DM/Fr 12.80 / S 98,–

Fotografie – Das schöne als Ziel Zur Ästhetik und Psychologie der visuellen Wahrnehmung. (4122) Von Ewald Stark, 208 S., 252 Farbfotos, 63 Zeichnungen, Ganzleinen, mit vierfarbigem Schutzumschlag. — DM/Fr 78,– / S 624,–

Freude am Fotografieren Die neue praktische Fotoschule mit über 500 Farbfotos. (4127) Von der Fachredaktion Kodak, 312 S., über 500 Farbfotos, Pappband. — Subskript. DM/Fr 39,– / S 320,–

So macht man bessere Fotos Das meistverkaufte Fotobuch der Welt. (0614) Von Martin L. Taylor, 192 S., 457 Farbfotos, 15 Abbildungen, kartoniert. — DM/Fr 14.80 / S 118,–

Schöne Geschenke selber machen (4128) Von M. Kühnle, 128 S., 278 Farbfotos, 85 farbige Zeichnungen, mit vierfarbigem Schutzumschlag. — DM/Fr 39,– / S 320,–

Schöne Sachen Selbermachen 88 Ideen zum Modellieren und Verschenken. (5117) Von Evelyn Guder-Thelen, 64 S., 73 Farbfotos, Pappband. — DM/Fr 12.80 / S 98,–

Modellieren mit selbsthärtendem Material. (5085) Von Klaus Reinhardt, 64 S., 93 Farbfotos, Pappband. — DM/Fr 12.80 / S 98,–

Formen Gießen und Bemalen (0639) Von H. Berger, 32. S., 46 Farbfotos, Spiralbindung. — DM/Fr 6.80 / S 55,–

Hobby Seidenmalerei (0611) Von Renate Henge, 88 S., 106 Farbfotos, 28 Zeichnungen, kartoniert. — DM/Fr 19.80 / S 158,–

Hobby Holzschnitzen Von der Astholzfigur zur Vollplastik. (5101) Von Heinz-D. Wilden, 112 S., 16 Farbtafeln, 135 s/w-Fotos, kartoniert. — DM/Fr 14.80 / S 118,–

Holzspielzeug selbst gebaut und bemalt. (5104) Von Mathias Kern, 64 S., 103 Farbfotos, 9 Zeichnungen, Pappband. — DM/Fr 12.80 / S 98,–

Marionetten entwerfen · gestalten · führen. (5118) Von Axel Krause und Alfred Bayer, 64 S., 83 Farbfotos, 2 s/w-Fotos, 40 Zeichnungen, Pappband. — DM/Fr 14.80 / S 118,–

Papiermachen ein neues Hobby. (5105) Von Ralf Weidenmüller, 64 S., 84 Farbfotos, 9 s/w-Fotos, 14 Zeichnungen, Pappband. — DM/Fr 14.80 / S 118,–

Origami – die Kunst des Papierfaltens. (0280) Von Robert Harbin, 160 S., über 600 Zeichnungen, kartoniert. — DM/Fr 9.80 / S 78,–

Phantasieblumen aus Strumpfgewebe, Tauchlack, Papier, Federn. (5091) Von Ruth Scholz-Peters, 64 S., 70 Farbfotos, Pappband. — DM/Fr 12.80 / S 98,–

Kerzen und Wachsbilder gießen · modellieren · bemalen. (5108) Von Christa Riess, 64 S., 110 Farbfotos, Pappband. — DM/Fr 12.80 / S 98,–

Zinngießen leicht gemacht. (5076) Von Käthi Knauth, 64 S., 85 Farbfotos, Pappband. — DM/Fr 12.80 / S 98,–

Das Herbarium Pflanzen sammeln, bestimmen und pressen. Gestalten mit Blüten, Blättern und Gräsern. (5113) Von Ingrid Gabriel, 96 S., 140 Farbtafeln, 6 farbige Zeichnungen, Pappband. — DM/Fr 16.80 / S 134,–

Hobby Trockenblumen Gewürzsträuße, Gestecke, Kränze, Buketts (0643) Von Rosemie Strobel-Schulze, ca. 80 S., ca. 150 Farbfotos, kartoniert, Voraussichtl. Erscheinungstermin: April '83 — ca.* DM/Fr 19.80 / S 158,–

Trockenblumen und Gewürzsträuße (5084) Von Gabriele Vocke, 64 S., 63 Farbfotos, Pappband. — DM/Fr 12.80 / S 98,–

Flechten mit Bast, Stroh und Peddigrohr. (5098) Von Hanne Hangleiter, 64 S., 47 Farbfotos, 76 Zeichnungen, Pappband. — DM/Fr 12.80 / S 98,–

Schmuck und Objekte aus Metall und Email (5078) Von Johann Fricke, 120 S., 183 Abbildungen, kartoniert. — DM/Fr 16.80 / S 134,–

Gestalten mit Glasperlen Fädeln · Stricken · Weben. (0640) Von A. Kähler, 32 S., 53 Farbfotos, Spiralbindung. — DM/Fr 6.80 / S 55,–

Makramee als Kunst und Hobby. (4085) Von Eva Andersen, 128 S., 114 Farbfotos, 157 s/w-Fotos, gebunden. — DM/Fr 34,– / S 272,–

Postfach 1120 · D-6272 Niederhausen/Ts. · Tel. 06127/3011-15 · Telex 04-186585 fves d

Makramee Knüpfarbeiten leicht gemacht. (5075) Von Birte Pröttel, 64 S., 95 Farbfotos, Pappband. — DM/Fr 12.80 / S 98,–

Häkeln und Makramee Techniken – Geräte – Arbeitsmuster. (0320) Von Dr. Marianne Stradal, 104 S., 191 Abbildungen und Schemata, kartoniert. — DM/Fr 6.80 / S 55,–

Selbstgestrickte Puppen Materialien und Arbeitsanleitungen (0638) Von B. Wehrle, 32 S., 20 Farbfotos, 24 Zeichnungen, Spiralbindung. — DM/Fr 6.80 / S 55,–

Falken-Handbuch Stricken Abc der Stricktechniken und Strickmuster in ausführlichen Schritt-für-Schritt-Bildfolgen. (4137) Von Maria Natter, 320 S., 32 Farbtafeln, über 800 Fotos und Zeichnungen, Pappband. Voraussichtl. Erscheinungstermin: April '83 — ca.* DM/Fr 28,– / S 220,–

Strick mit! Ein Kurs für Anfänger. (5094) Von Birte Pröttel, 120 S., 72 Farbfotos, 188 s/w-Abbildungen, kartoniert. — DM/Fr 14.80 / S 118,–

Restaurieren von Möbeln Stilkunde, Materialien, Techniken, Arbeitsanleitungen. (4120) Von Ellinor Schnaus-Lorey, 152 S., 418 Zeichnungen, s/w-und Farbfotos, gebunden, mit vierfarbigem Schutzumschlag. — DM/Fr 39,– / S 320,–

Stoff- und Kuscheltiere stricken, häkeln, nähen. (5090) Von Birte Pröttel, 64 S., 50 Farbfotos, Pappband. — DM/Fr 12.80 / S 98,–

Formen mit Backton trocknen · backen · bemalen · Neu: Töpfern ohne Brennofen. (0612) Von Angelika Köhler, 32 S., ca. 51 Farbfotos, Spiralbindung. — DM/Fr 6.80 / S 55,–

Hobby Salzteig (0662) Von Isolde Kiskalt, 80 S., ca. 120 Farbfotos, kartoniert. Voraussichtl. Erscheinungstermin: Februar '83 — ca.* DM/Fr 19.80 / S 158,–

Gestalten mit Salzteig Formen · Bemalen · Lackieren. (0613) Von Wolf-Ulrich Cropp, 32 S., 56 Farbfotos, 17 Zeichnungen. — DM/Fr 6.80 / S 55,–

Leder schneiden · prägen · besticken. (5125) Von Karl-Heinz Bühler, 64 S., ca. 90 Farbfotos und Zeichnungen, Pappband. — DM/Fr 14.80 / S 118,–

Gestalten mit Naturmaterialien Zweige, Kerne, Federn Muscheln und anderes (5128) Von I. Krohn, 64 S., 101 Farbfotos, 11 farbige Zeichnungen, Pappband. — DM/Fr 14.80 / S 118,–

Textiles Gestalten Spinnen · Weben · Stoffdruck · Batik · Makramee · Sticken. (5123) Von Johann Fricke, 136 S., 67 Farb- und 189 s/w-Fotos, 15 Zeichnungen, kartoniert. — DM/Fr 16.80 / S 134,–

Hobby Stoffdruck und Stoffmalerei (0555) Von Anneliese Ursin, 80 S., 68 Farbfotos, 68 Zeichnungen, kartoniert. — DM/Fr 19.80 / S 158,–

Stoffmalerei und Stoffdruck leicht gemacht. (5074) Von Heide Gehring, 64 S., 110 Farbfotos, Pappband. — DM/Fr 12.80 / S 98,–

Batik leicht gemacht. (5112) Von Arbo Gast, 64 S., 105 Farbfotos, Pappband. — DM/Fr 12.80 / S 98,–

Graphische Drucktechniken Holzschnitt · Radierung · Linolschnitt · Lithographie · Siebdruck (5126) Von J. Fricke, ca. 128 S., ca. 120 Fotos, Pappband. — ca.* DM/Fr 14.80 / S 118,–

Zugeschaut und mitgebaut Band 1 Helmut Scheuer im Hobby-Keller. (5031) Von Helmut Scheuer, 96 S., 218 Farb- und s/w-Fotos, kartoniert. — DM/Fr 14.80 / S 118,–

Zugeschaut und mitgebaut Band 3 Helmut Scheuer im Hobby-Keller. (5077) Von Hemut Scheuer, 120 S., 291 Farb- und s/w-Fotos, kartoniert. — DM/Fr 14.80 / S 118,–

Zugeschaut und mitgebaut Band 4 Helmut Scheuer im Hobby-Keller. (5093) Von Helmut Scheuer, 120 S., 122 Farbfotos, 113 s/w-Abbildungen, kartoniert. — DM/Fr 14.80 / S 118,–

Falken-Handbuch Heimwerken Reparieren und selbermachen in Haus und Wohnung – über 1100 Farbfotos. Sonderteil: Praktisches Energiesparen. (4117) Von Thomas Pochert, 440 S., 1103 Farbfotos, 100 ein- und zweifarbige Abbildungen, gebunden. — DM/Fr 49,– / S 392,–

Möbel aufarbeiten, reparieren, pflegen (0386) Von Ellinor Schnaus-Lorey, 96 S., 28 Fotos und 101 Zeichnungen, kartoniert. — DM/Fr 6.80 / S 55,–

Mineralien und Steine erkennen und benennen. Farben · Formen · Fundorte. (0409) Von Rudolf Graubner, 136 S., 100 Farbfotos, kartoniert. — DM/Fr 14.80 / S 118,–

Findet den ersten Stein! Mineralien, Steine und Fossilien Grundkenntnisse für Hobbysammler. (0437) Von Dieter Stobbe, 96 S., 16 Farbtafeln, 14 s/w-Fotos, 10 Zeichnungen, kartoniert. — DM/Fr 9.80 / S 78,–

Der Verseschmied Kleiner Leitfaden für Hobbydichter. Mit Reimlexikon (0597) Von Theodor Parisius, 96 S., 28 Zeichnungen, kartoniert. — DM/Fr 7.80 / S 65,–

Briefmarken sammeln für Anfänger. (0481) Von Dieter Stein, 120 S., 4 Farbtafeln, 98 s/w-Abbildungen, kartoniert. — DM/Fr 7.80 / S 65,–

Münzen Ein Brevier für Sammler. (0353) Von Erhard Dehnke, 128 S., 4 Farbtafeln, 17 s/w-Abbildungen, kartoniert. — DM/Fr 9.80 / S 78,–

Papiergeld Ein Brevier für Sammler. (0501) Von Albert Pick, 116 S., 51 s/w-Fotos, kartoniert. — DM/Fr 9.80 / S 78,–

Astronomie als Hobby Sternbilder und Planeten erkennen und benennen. (0572) Von D. Block, 176 S., 16 Farbtafeln, 49 s/w-Fotos, 93 Zeichnungen, kartoniert. — DM/Fr 14.80 / S 118,–

Modellflug-Lexikon (0549) Von Werner Thies, 280 S., 98 s/w-Fotos, 234 Zeichnungen, Pappband. — DM/Fr 36,– / S 288,–

Flugmodelle bauen und einfliegen. (0361) Von Werner Thies und Willi Rolf, 160 S., 63 Abbildungen und 7 Faltpläne, kartoniert. — DM/Fr 12.80 / S 98,–

Ferngelenkte Motorflugmodelle bauen und fliegen. (0400) Von Werner Thies, 184 S., mit Zeichnungen und Detailplänen, kartoniert. — DM/Fr 12.80 / S 98,–

Das große Modell-Motorenbuch (0560) Von Roland Schwarz, 236 S., 142 s/w-Fotos, 120 Zeichnungen, kartoniert. — DM/Fr 29.50 / S 236,–

Ferngelenkte Segelflugmodelle bauen und fliegen. (0446) Von Werner Thies, 176 S., 22 s/w-Fotos, 115 Zeichnungen, kartoniert. — DM/Fr 14.80 / S 118,–

Schiffsmodelle selber bauen. (0500) Von Dietmar und Reinhard Lochner, 200 S., 93 Zeichnungen, 2 Faltpläne, kartoniert. — DM/Fr 14.80 / S 118,–

Moderne Fotopraxis Bildgestaltung · Aufnahmepraxis · Kameratechnik · Fotolexikon. (4030) Von Wolfgang Freihen, 304 S., davon 50 vierfarbig, gebunden. — DM/Fr 36,– / S 288,–

Falken-Handbuch Dunkelkammerpraxis Laboreinrichtung · Arbeitsabläufe · Fehlerkatalog. Mit den neuesten Farbentwicklungsverfahren. (4140) Von Bernd Bruns, Eugen Pauli, ca. 192 S., ca. 400 s/w-Fotos, ca. 90 Zeichnungen, Pappband. Voraussichtl. Erscheinungstermin: April '83 — ca.* DM/Fr 24.80 / S 198,–

Moderne Schmalfilmpraxis Ausrüstungen · Drehbuch · Aufnahme · Schnitt · Vertonung. (4043) Von Uwe Ney, 328 S., über 200 Abbildungen, gebunden. — DM/Fr 29.80 / S 238,–

Schmalfilmen Ausrüstung · Aufnahmepraxis · Schnitt · Ton. (0342) Von Uwe Ney, 108 S., 4 Farbtafeln, 25 s/w-Fotos, kartoniert. — DM/Fr 6.80 / S 55,–

Schmalfilme selbst vertonen (0593) Von Uwe Ney, 96 S., 57 s/w-Fotos, 14 Zeichnungen, kartoniert. — DM/Fr 9.80 / S 78,–

Falken-Handbuch Videofilmen Systeme, Kameras, Aufnahme, Ton und Schnitt. (4093) Von Peter Lanzendorf 288 S., 8 Farbtafeln, 165 s/w-Fotos, 25 Zeichnungen, gebunden. — DM/Fr 36,– / S 288,–

Falken-Handbuch Trickfilmen Flach-, Sach- und Zeichentrickfilme – von der Idee zur Ausführung. (4131) Von Heinz D. Wilden, ca. 160 S., ca. 200 Zeichnungen und Fotos, Pappband. Voraussichtlicher Erscheinungstermin: März '83 — DM/Fr 36,– / S 288,–

Gitarre spielen ein Grundkurs für den Selbstunterricht. (0534) Von Atti Roßmann, 96 S., 1 Schallfolie, 150 Zeichnungen, durchgehend zweifarbig, kartoniert. — DM/Fr 19.80 / S 158,–

Sport

Die neue Tennis-Praxis Der individuelle Weg zu erfolgreichem Spiel. (4097) Von Richard Schönborn, 240 S., 202 Farbzeichnungen, gebunden. — DM/Fr 39,– / S 312,–

Erfolgreiche Tennis-Taktik (4086) Von Robert Ford Greene, übersetzt von Michael Rolf Fischer, 181 S., 87 Abbildungen, kartoniert. — DM/Fr 19,80 / S 158,–

Frust und Freud beim Tennis Psychologische Studien der Spielertypen und Verhaltensweisen. (4079) Von H. Cath, A. Kahn und N. Cobb, 176 S., gebunden. — DM/Fr 19,80 / S 158,–

Tennis Technik – Taktik – Regeln. (0375) Von Harald Elschenbroich, 112 S., 81 Abbildungen, kartoniert. — DM/Fr 6,80 / S 55,–

Squash Ausrüstung – Technik – Regeln. (0539) Von Dietrich von Horn und Hein-Dirk Stünitz, 96 S., 55 s/w-Fotos, 25 Zeichnungen, kartoniert. — DM/Fr 8,80 / S 70,–

Tennis kompakt Der erfolgreiche Weg zu Spiel, Satz und Sieg. (5116) Von Wilfried Taferner, 128 S., 82 s/w-Fotos, 67 Zeichnungen, kartoniert. — DM/Fr 12,80 / S 98,–

Wilfried Taferner
TENNIS KOMPAKT
Der erfolgreiche Weg zu Spiel, Satz und Sieg

Golf Ausrüstung – Technik – Regeln. (0343) Von J.C. Jessop, übersetzt von Heinz Biemer, mit einem Vorwort von H. Krings, Präsident des Deutschen Golf-Verbandes, 160 S., 65 Abbildungen, Anhang Golfregeln des DGV, kartoniert. — DM/Fr 16.80 / S 134,–

Tischtennis modern gespielt mit TT-Quiz 17:21. (0363) Von Ossi Brucker und Tibor Harangozo, 120 S., 65 Abbildungen, kartoniert. — DM/Fr 9.80 / S 78,–

Basketball Technik und Übungen für Schule und Verein. (0279) Von Chris Kyriasogiou, 116 S., mit 252 Übungen zur Basketballtechnik, 186 s/w-Fotos und 164 Zeichnungen, kartoniert. — DM/Fr 12.80 / S 98,–

Fußball Training und Wettkampf. (0448) Von Holger Obermann und Peter Walz, 166 S., 93 s/w-Fotos, 56 Zeichnungen, kartoniert. — DM/Fr 9.80 / S 78,–

Mein bester Freund, der Fußball (5107) Von Detlev Brüggemann und Dirk Albrecht, 144 S., 171 Abbildungen, kartoniert. — DM/Fr 16.80 / S 134,–

Handball Technik – Taktik – Regeln. (0426) Von Fritz und Peter Hattig, 128 S., 91 s/w-Fotos, 121 Zeichnungen, kartoniert. — DM/Fr 9.80 / S 78,–

Volleyball Technik – Taktik – Regeln. (0351) Von Henner Huhle, 102 S., 330 Abbildungen, kartoniert. — DM/Fr 9.80 / S 78,–

Segeln (4207) Von Claus Hehner, 96 S., 106 großformatige Farbfotos, Pappband. — DM/Fr 24.80 / S 198,–

Falken-Handbuch Tauchsport Theorie · Geräte · Technik · Training. (4062) Von Wolfgang Freihen, 264 S., 252 Farbfotos, gebunden. — DM/Fr 36,– / S 288,–

Sporttauchen Theorie und Praxis des Gerätetauchens (0647) Von Siegfried Müßig, ca. 176 S., 8 Farbtafeln, ca. 100 Zeichnungen und Fotos, kartoniert. Voraussichtl. Erscheinungstermin: Februar '83. — ca.* DM/Fr 9,80 / S 78,–

Falken-Handbuch Angeln in Binnengewässern und im Meer. (4090) Von Helmut Oppel, 344 S., 24 Farbtafeln, 66 s/w-Fotos, 151 Zeichnungen, gebunden. — DM/Fr 39,– / S 312,–

Angeln Kleine Fibel für den Sportfischer. (0198) Von E. Bondick, 96 S., 116 Abbildungen, kartoniert. — DM/Fr 6.80 / S 55,–

Sportfischen Fische – Geräte – Technik. (0324) Von Helmut Oppel, 144 S., 49 s/w-Fotos, 8 Farbtafeln, kartoniert. — DM/Fr 9.80 / S 78,–

Calle Schmidt
Windsurfing
Lehrbuch für Grundschein und Praxis

Windsurfing Lehrbuch für Grundschein und Praxis. (5028) Von Calle Schmidt, 64 S., 60 Farbfotos, Pappband. — DM/Fr 12.80 / S 98,–

Skilanglauf Skiwandern Ausrüstung und Techniken (5129) Von T. Reiter, R. Kerler, 80 S., 8 Farbtafeln, 85 Zeichnungen und s/w-Fotos, kartoniert. — DM/Fr 12,80 / S 98,–

Skischule Ausrüstung · Technik · Gymnastik. (0369) Von Richard Kerler, 128 S., 100 Abbildungen, kartoniert. — DM/Fr 7.80 / S 65,–

Ski-Gymnastik Fit für Piste und Loipe. (0450) Von Hannelore Pilss-Samek, 104 S., 67 s/w-Fotos, 20 Zeichnungen, kartoniert. — DM/Fr 6.80 / S 55,–

Reiten Vom ersten Schritt zum Reiterglück. (5033) Von Herta F. Kraupa-Tuskany, 64 S., 34 Farbfotos, 2 Zeichnungen, Pappband. — DM/Fr 12.80 / S 98,–

Reiten Dressur · Springen · Gelände. (0415) Von Ute Richter, 168 S., 235 Abbildungen, kartoniert. — DM/Fr 12,80 / S 98,–

Voltigieren Pflicht – Kür – Wettkampf. (0455) Von Josephine Bach, 120 S., 4 Farbtafeln, 88 s/w-Fotos, kartoniert. — DM/Fr 12.80 / S 98,–

Fechten Florett – Degen – Säbel. (0449) Von Emil Beck, 88 S., 219 Fotos und Zeichnungen, kartoniert. — DM/Fr 11.80 / S 94,–

Hockey Technische und taktische Grundlagen. (0398) Von Horst Wein, 152 S., mit vielen Zeichnungen und Fotos, kartoniert. — DM/Fr 16.80 / S 134,–

Fibel für Kegelfreunde Sport- und Freizeitkegeln Bowling. (0191) Von G. Bocsai, 72 S., mit über 60 Abbildungen, kartoniert. — DM/Fr 5.80 / S 49,–

Beliebte und neue Kegelspiele (0271) Von Georg Bocsai, 92 S., 62 Abbildungen, kartoniert. — DM/Fr 4.80 / S 39,–

Pool-Billard (0484) Herausgegeben vom Deutschen Pool-Billard-Bund, von Manfred Bach, Karl-Werner Kühn, 88 S., mit über 80 Abbildungen, kartoniert. — DM/Fr 7.80 / S 65,–

Die Erben Lilienthals Sportfliegen heute (4054) Von Günter Brinkmann, 240 S., 32 Farbtafeln, 176 s/w-Fotos, 33 Zeichnungen, gebunden. — DM/Fr 39,– / S 312,–

Sportschießen für jedermann. (0502) Von Anton Kovacic, 124 S. 116 s/w-Fotos, kartoniert. — DM/Fr 14.80 / S 118,–

Isometrisches Training Übungen für Muskelkraft und Entspannung. (0529) Von Lothar M. Kirsch, 140 S., 164 s/w-Fotos, kartoniert. — DM/Fr 9.80 / S 78,–

Radsport
Radtouristik und Rennen, Technik, Typen

Werner Sonntag
Spaß am Laufen
Jogging für die Gesundheit

Radsport Radtouristik und Rennen, Technik, Typen. (0550) Von Karl Ziegler und Rolf Lehmann, 120 S., 55 Abbildungen, kartoniert. — DM/Fr 9.80 / S 78,–

Spaß am Laufen Jogging für die Gesundheit. (0470) Von Werner Sonntag, 140 S., 41 s/w-Fotos, 1 Zeichnung, kartoniert. — DM/Fr 9.80 / S 78,–

Falken-Handbuch Schach Das Handbuch für Anfänger und Könner. (4051) Von Theo Schuster, 360 S., über 340 Diagramme, gebunden. — DM/Fr 29,80 / S 238,–

Einführung in das Schachspiel (0104) Von W. Wollenschläger und K. Colditz, 92 S., 65 Diagramme, kartoniert. — DM/Fr 5.80 / S 49,–

Spielend Schach lernen (2002) Von Theo Schuster, 128 S., kartoniert. — DM/Fr 6.80 / S 55,–

Schach für Fortgeschrittene Taktik und Probleme des Schachspiels. (0219) Von Rudolf Teschner, 96 S., 85 Schachdiagramme, kartoniert. — DM/Fr 5.80 / S 49,–

Schach-WM '81 Karpow – Kortschnoi. Mit ausführlichem Kommentar zu allen Partien. (0583) Von Großmeister H. Pfleger, O. Borik, 179 S., zahlreiche Diagramme und Fotos, kartoniert. — DM/Fr 16.80 / S 134,–

Neue Schacheröffnungen (0478) Von Theo Schuster, 108 S., 100 Diagramme, kartoniert.
DM/Fr 8.80
S 70,–

Kinder- und Jugendschach Offizielles Lehrbuch zur Erringung der Bauern-, Turm- und Königsdiplome des Deutschen Schachbundes. (0561) Von B.J. Withuis und Dr. H. Pfleger, 144 S., 11 s/w-Fotos, 223 Abbildungen, kartoniert.
DM/Fr 12.80
S 98,–

Zug um Zug Schach für jedermann 1 Offizielles Lehrbuch des Deutschen Schachbundes zur Erringung des Bauerndiploms (0648) Von Helmut Pfleger, Eugen Kurz, ca. 80 S., über 60 Diagramme, kartoniert. Voraussichtl. Erscheinungstermin: Januar '83.
DM/Fr 6.80
S 55,–

Lehr-, Übungs- und Testbuch der Schachkombinationen (0649) Von Karl Colditz, ca. 144 S., über 200 Diagramme, kartoniert. Voraussichtl. Erscheinungstermin: März '83.
ca.*
DM/Fr 12,80
S 98,–

Schach dem Weltmeister Karpow (0433) Von Theo Schuster, 164 S., 19 Abbildungen, 83 Diagramme, kartoniert.
DM/Fr 12.80
S 98,–

Schach TV-Worldcup '82 Turnier der Schachgroßmeister (4133) Von Helmut Pfleger und Eugen Kurz, 208 S., 41 s/w-Fotos, 3 Zeichnungen, gebunden.
DM/Fr 26,80
S 218,–

Schachstrategie Ein Intensivkurs mit Übungen und ausführlichen Lösungen. (0584) Von Alexander Koblenz, dt. Bearb. von Karl Colditz, 212 S., 240 Diagramme, kartoniert.
DM/Fr 16,80
S 134,–

Die besten Partien der deutschen Schachgroßmeister (4121) Von Helmut Pfleger, ca. 160 S., ca. 20 Fotos, ca. 90 Diagramme, Pappband. Voraussichtl. Erscheinungstermin: März '83.
ca.*
DM/Fr 28,–
S 220,–

Bodybuilding Anleitung zum Muskel- und Konditionstraining für sie und ihn. (0604) Von Reinhard Smolana, 160 S., 172 Fotos, kartoniert.
DM/Fr 9,80
S 78,–

Bodybuilding für Frauen Wege zu Ihrer Idealfigur (0661) Von Hans Schulz, ca. 128 S., ca. 60 Fotos, großes vierfarbiges Übungsposter, kartoniert. Voraussichtl. Erscheinungstermin: April '83.
ca.*
DM/Fr 14.80
S 118,–

Walking Fit, schlank und gesund durch Sportgehen. (0602) Von Gary D. Yanker, 104 S., 47 s/w-Fotos, kartoniert.
DM/Fr 12.80
S 98,–

Leistungsfähiger durch Krafttraining Eine Anleitung für Fitness-Sportler, Trainer und Athleten (0617) Von W. Kieser, 100 S., 20 s/w-Fotos, 62 Zeichnungen, kartoniert.
DM/Fr 9.80
S 78,–

Budo

Judo Grundlagen des Stand- und Bodenkampfes. (4013) Von Wolfgang Hofmann, 244 S., 589 Fotos, gebunden.
DM/Fr 29.80
S 238,–

Neue Lehrmethoden der Judo-Praxis (0424) Von Pierre Herrmann, 223 S., 475 Abbildungen, kartoniert.
DM/Fr 16,80
S 134,–

Judo Grundlagen – Methodik. (0305) Von Mahito Ohgo, 208 S., 1025 Fotos, kartoniert.
DM/Fr 14.80
S 118,–

Wir machen Judo (5069) Von Riccardo Bonfranchi und Ulrich Klocke, 92 S., mit Bewegungsabläufen in cartoonartigen zweifarbigen Zeichnungen, kartoniert.
DM/Fr 12,80
S 98,–

Fußwürfe für Judo, Karate und Selbstverteidigung. (0439) Von Hayward Nishioka, übersetzt von Hans-Jürgen Hesse, 96 S., 260 Abbildungen, kartoniert.
DM/Fr 9,80
S 78,–

Das Karate-Buch-Ereignis seit Jahren! Alles Wissen über KARATE – diese hohe Kunst der Selbstverteidigung – erscheint in einer 8bändigen Buchserie.

Nakayamas Karate perfekt 1 Einführung. (0487) Von Masatoshi Nakayama, 136 S., 605 s/w-Fotos, kartoniert.
DM/Fr 19.80
S 158,–

Nakayamas Karate perfekt 2 Grundtechniken. (0512) Von Masatoshi Nakayama, 136 S., 354 s/w-Fotos, 53 Zeichnungen, kartoniert.
DM/Fr 19.80
S 158,–

Nakayamas Karate perfekt 3 Kumite 1: Kampfübungen. (0538) Von Masatoshi Nakayama, 128 S., 424 s/w-Fotos, kartoniert.
DM/Fr 19.80
S 158,–

Nakayamas Karate perfekt 4 Kumite 2: Kampfübungen. (0547) Von Masatoshi Nakayama, 128 S., 394 s/w-Fotos, kartoniert.
DM/Fr 19.80
S 158,–

Nakayamas Karate perfekt 5 Kata 1: Heian, Tekki. (0571) Von Masatoshi Nakayama, 144 S., 1229 s/w-Fotos, kartoniert.
DM/Fr 19.80
S 158,–

Nakayamas Karate perfekt 6 Kata 2: Bassai-Dai, Kanku-Dai. (0600) Von Masotoshi Nakayama, Übers. Hans-Jürgen Hesse, 144 S., ca. 1300 Fotos, kartoniert.
DM/Fr 19.80
S 158,–

Nakayamas Karate perfekt 7 Kata 3: Jitte, Hangetsu, Empi (0618) Von M. Nakayama, 144 S., 1988 s/w-Fotos, 105 Zeichnungen, kartoniert.
DM/Fr 19,80
S 158,–

Nakayamas Karate perfekt 8 Gankaku, Jion (0650) 144 S., ca. 1200 Fotos, kartoniert. Voraussichtl. Erscheinungstermin: Februar '83.
DM/Fr 19,80
S 158,–

Karate für Frauen und Mädchen Sport und Selbstverteidigung. (0425) Von Albrecht Pflüger, 168 S., 259 s/w-Fotos, kartoniert.
DM/Fr 9.80
S 78,–

Karate I Einführung · Grundtechniken (0227) Von Albrecht Pflüger, 148 S., 195 s/w-Fotos und Zeichnungen, kartoniert.
DM/Fr 9.80
S 78,–

Karate II Kombinationstechniken · Katas. (0239) Von Albrecht Pflüger, 176 S., 452 s/w-Fotos und Zeichnungen, kartoniert.
DM/Fr 9.80
S 78,–

Karate-Do Das Handbuch des modernen Karate. (4028) Von Albrecht Pflüger, 360 S., 1159 Abbildungen, gebunden.
DM/Fr 29.80
S 238,–

Karate für alle Karate-Selbstverteidigung in Bildern. (0314) Von Albrecht Pflüger, 112 S., 356 s/w-Fotos, kartoniert.
DM/Fr 8.80
S 70,–

Kontakt-Karate Ausrüstung · Technik · Training. (0396) Von Albrecht Pflüger, 112 S., 238 s/w-Fotos, kartoniert.
DM/Fr 14.80
S 118,–

Bo-Karate Kukishin-Ryu – die Techniken des Stockkampfes. (0447) Von Georg Stiebler, 176 S., 424 s/w-Fotos, 38 Zeichnungen, kartoniert.
DM/Fr 16,80
S 134,–

Der König des Kung-Fu Bruce Lee Sein Leben und Kampf. (0392) Von seiner Frau Linda. Deutsch von W. Nottrodt, 136 S., 104 s/w-Fotos, mit großem Bruce-Lee-Poster, kartoniert.
DM/Fr 19.80
S 158,–

Bruce Lees Jeet Kune Do (0440) Von Bruce Lee übersetzt von Hans-Jürgen Hesse, 192 S., mit 105 eigenhändigen Zeichnungen von Bruce Lee, kartoniert.
DM/Fr 19.80
S 158,–

Bruce Lees Kampfstil 1 Grundtechniken. (0473) Von Bruce Lee und M. Uyehara, 109 S., 220 Abbildungen, kartoniert. — DM/Fr **9,80** S 78,–

Bruce Lees Kampfstil 2 Selbstverteidigungstechniken. (0486) Von Bruce Lee und M. Uyehara, 128 S., 310 Abbildungen, kartoniert. — DM/Fr **9,80** S 78,–

Bruce Lees Kampfstil 3 Trainingslehre. (0503) Von Bruce Lee und M. Uyehara, 112 S., 246 Abbildungen, kartoniert. — DM/Fr **9,80** S 78,–

Bruce Lees Kampfstil 4 Kampftechniken. (0523) Von Bruce Lee und M. Uyehara, 104 S., 211 Abbildungen, kartoniert. — DM/Fr **9,80** S 78,–

Kung-Fu und Tai-Chi Grundlagen und Bewegungsabläufe. (0367) Von Bruce Tegner, 182 S., 370 s/w-Fotos, kartoniert. — DM/Fr **14.80** S 118,–

Kung-Fu II Theorie und Praxis klassischer und moderner Stile. (0376) Von Manfred Pabst, 160 S., 330 Abbildungen, kartoniert. — DM/Fr **12.80** S 98,–

Shaolin-Kempo – Kung-Fu Chinesisches Karate im Drachenstil. (0395) Von Ronald Czerni und Klaus Konrad, 236 S., 723 Abbildungen, kartoniert. — DM/Fr **19.80** S 158,–

Ju-Jutsu Grundtechniken – Moderne Selbstverteidigung. (0276) Von Werner Heim und Franz J. Gresch, 160 S., 460 s/w-Fotos, kartoniert. — DM/Fr **9,80** S 78,–

Ju-Jutsu 2 für Fortgeschrittene und Meister. (0378) Von Werner Heim und Franz J. Gresch, 164 S., 798 s/w-Fotos, kartoniert. — DM/Fr **19.80** S 158,–

Ju-Jutsu 3 Spezial-, Gegen- und Weiterführungstechniken. (0485) Von Werner Heim und Franz J. Gresch, 214 S., über 600 s/w-Fotos, kartoniert. — DM/Fr **19.80** S 158,–

Nunchaku Waffe · Sport · Selbstverteidigung. (0373) Von Albrecht Pflüger, 144 S., 247 Abbildungen, kartoniert. — DM/Fr **16,80** S 134,–

Shuriken · Tonfa · Sai Stockfechten und andere bewaffnete Kampfsportarten aus Fernost. (0397) Von Andreas Schulz, 96 S., 253 s/w-Fotos, kartoniert. — DM/Fr **12,80** S 98,–

Illustriertes Handbuch des Taekwon-Do Koreanische Kampfkunst und Selbstverteidigung. (4053) Von Konstantin Gil, 248 S., 1026 Abbildungen, gebunden. — DM/Fr **29.80** S 238,–

Taekwon-Do Koreanischer Kampfsport. (0347) Von Konstantin Gil, 152 S., 408 Abbildungen, kartoniert. — DM/Fr **12.80** S 98,–

Aikido Lehren und Techniken des harmonischen Weges. (0537) Von Rolf Brand, 280 S., 697 Abbildungen, kartoniert. — DM/Fr **19,80** S 158,–

Hap Ki Do Grundlagen und Techniken koreanischer Selbstverteidigung. (0379) Von Kim Sou Bong, 112 S., 153 Abbildungen, kartoniert. — DM/Fr **14,80** S 118,–

Dynamische Tritte Grundlagen für den Zweikampf. (0438) Von Chong Lee, übersetzt von Manfred Pabst, 96 S., 398 s/w-Fotos, 10 Zeichnungen, kartoniert. — DM/Fr **9,80** S 78,–

Wissen und Technik

Antiquitäten-(Ver)führer Stilkunde – Wert – Echtheitsbestimmung. (5057) Von Margot Lutze, 128 S., 191 Farbfotos, Pappband. — DM/Fr **19,80** S 158,– / DM/Fr **12,80** S 98,–

Heiße Öfen Motorräder · Motorsport. (5008) Von Horst Briel, 64 S., 63 Farbfotos, Pappband.

Dampflokomotiven (4204) Von Werner Jopp, 96 S., 134 großformatige Farbfotos, Pappband. — DM/Fr **24.80** S 198,–

Der Sklave Calvisius Alltag in einer römischen Provinz 150 n. Chr. (4058) Von Alice Ammermann, Tilmann Röhrig, Gerhard Schmidt, 120 S., 99 Farbfotos und farbige Zeichnungen, 47 s/w-Fotos und Zeichnungen, Pappband. — DM/Fr **19.80** S 158,–

ZDF · ORF · DRS KOMPASS Jugend-Lexikon (4096) Von Richard Kerler, Jochen Blum, unter Mitarbeit von Ursula Kopp, 336 S., 766 Farbfotos, 39 s/w-Fotos und Zeichnungen, Pappband. — DM/Fr **29,80** S 238,–

Freizeit mit dem Mikroskop (0291) Von Martin Deckart, 132 S., 69 s/w-Fotos, 4 Zeichnungen, kartoniert. — DM/Fr **9,80** S 78,–

Keine Angst vorm Fliegen (0463) Von Rudolf Braunburg und R.J. Pieritz, 159 S., 15 Farbtafeln, 68 s/w-Fotos, kartoniert. — DM/Fr **12,80** S 98,–

Die tollsten Motorflugzeuge aller Zeiten (4208) Von Richard J. Höhn und Hans G. Isenberg, 96 S., 86 großformatige Farbfotos, Pappband. — DM/Fr **24,80** S 198,–

Zivilflugzeuge Vom Kleinflugzeug zum Überschall-Jet. (4218) Von Richard J. Höhn und Hans G. Isenberg, 96 S., 115 großformatige Farbfotos, Pappband. — DM/Fr **24,80** S 198,–

Die schnellsten Autos der Welt (4201) Von Hans G. Isenberg, und Dirk Maxeiner, 96 S., 110 meist vierfarbige Abbildungen, Pappband. — DM/Fr **24,80** S 198,–

CB-Code Wörterbuch und Technik. (0435) Von Richard Kerler, 120 S., mit technischen Abbildungen, kartoniert. — DM/Fr **7.80** S 65,–

Die rasantesten Rallyes der Welt (4213) Von Hans G. Isenberg und Dirk Maxeiner, 96 S., 116 großformatige Farbfotos, Pappband. — DM/Fr **24.80** S 198,–

Auto-Rallyes für jedermann Planen – ausrichten – mitfahren. (0457) Von Rüdiger Hagelberg, 104 S., kartoniert. — DM/Fr **9.80** S 78,–

Raketen auf Rädern Autos und Motorräder an der Schallgrenze. (4220) Von Hans G. Isenberg, 96 S., 112 großformatige Farbfotos, 21 s/w-Fotos, Pappband. — DM/Fr **24.80** S 198,–

Motorrad-Hits Chopper, Tribikes, Heiße Öfen (4221) Von Hans Georg Isenberg, 96 S., 119 Farbfotos, Pappband. — DM/Fr **24.80** S 198,–

Die schnellsten Motorräder der Welt (4206) Von Hans G. Isenberg und Dirk Maxeiner, 96 S., 100 großformatige Farbfotos, Pappband. — DM/Fr **24.80** S 198,–

Energie aus Sonne, Wasser, Wind und Eis Alles über Wärmedämmung, Wärmepumpen, Sonnendächer und andere Systeme. (0552) Von Volker Petzold, 216 S., 124 Abbildungen, kartoniert. — DM/Fr **16.80** S 134,–

Pflanzen, Garten, Tiere

Joachim Zech **Der Obstgarten**
Pflanzung · Pflege · Baumschnitt · Neuheiten

Faszination Berg zwischen Alpen und Himalaya. (4214) Von Toni Hiebeler, 96 S., 100 großformatige Farbfotos, Pappband. — DM/Fr 24.80 S 198,–

Die bunte Welt der Wiesenblumen (4217) Von Friedrich Jantzen, 96 S., 121 großformatige Farbfotos, Pappband. — DM/Fr 24.80 S 198,–

Gefährdete und geschützte Pflanzen erkennen und benennen. (0596) Von Wieland Schnedler und Karl Wolfstetter, 160 S., 140 Farbfotos, 4 Zeichnungen, kartoniert. — DM/Fr 19.80 S 158,–

Großes Kräuter- und Gewürzbuch (4026) Von Heinz Görz, 584 S., 40 Farbtafeln, 152 Abbildungen, gebunden. — DM/Fr 39,– S 312,–

Leben im Naturgarten So wird man erfolgreicher Bio-Gärtner. (4124) Von Norbert Jorek, 136 S., 68 s/w-Fotos, kartoniert. — DM/Fr 12,80 S 98,–

Arzneikräuter und Wildgemüse erkennen und benennen. (0459) Von Jörg Raithelhuber, 144 S., 108 Farbfotos, kartoniert. — DM/Fr 14.80 S 118,–

Die farbige Kräuterfibel (0245) Von Ingrid Gabriel, 196 S., 49 farbige und 97 s/w-Abbildungen, Pappband. — DM/Fr 14.80 S 118,–

Bäume und Sträucher erkennen und benennen. (0509) Von Jörg Raithelhuber, 116 S., 108 Farbfotos, kartoniert. — DM/Fr 16.80 S 134,–

Beeren und Waldfrüchte erkennen und benennen, eßbar oder giftig? (0401) Von Jörg Raithelhuber, 120 S., 94 Farbfotos, kartoniert. — DM/Fr 16.80 S 134,–

Falken-Handbuch Pilze Mit über 250 Farbfotos und Rezepten. (4061) Von Martin Knoop, 276 S., 250 Farbfotos, 28 Zeichnungen, gebunden. — DM/Fr 36,– S 288,–

Pilze erkennen und benennen. (0380) Von Jörg Raithelhuber, 136 S., 110 Farbfotos, kartoniert. — DM/Fr 14.80 S 118,–

Falken-Handbuch Der Garten Das moderne illustrierte Standardwerk. (4044) Von Gerhard Bambach, unter Mitarbeit von Ulrich Kaiser, Wolfgang Velte und Joachim Zech, 808 S., 40 Farbtafeln, 177 Farbfotos, 787 s/w-Fotos, 147 Zeichnungen, gebunden. — DM/Fr 49,– S 392,–

Das Gartenjahr Arbeitsplan für draußen und drinnen. (4075) Von Gerhard Bambach, 152 S., 16 Farbtafeln, viele Abbildungen, kartoniert. — DM/Fr 12.80 S 98,–

Gärtnern (5004) Von Inge Manz, 64 S., 38 Farbfotos, Pappband. — DM/Fr 12.80 S 98,–

Steingärten Anlage – Pflanzen – Pflege. (5092) Von Martin Haberer, 64 S., 90 Farbfotos, Pappband. — DM/Fr 12.80 S 98,–

Gartenteiche und Wasserspiele planen, anlegen und pflegen. (4083) Von Horst R. Sikora, 160 S., 16 Farbtafeln, über 100 Skizzen und Abbildungen, Pappband. — DM/Fr 29.80 S 238,–

Ziersträucher und -bäume im Garten (5071) Von Inge Manz, 64 S., 91 Farbfotos, Pappband. — DM/Fr 12.80 S 98,–

Unkraut im Garten erkennen und erfolgreich bekämpfen. (0637) Von Friedrich und Heidrun Jantzen, 144 S., 190 Farbfotos, kartoniert. Voraussichtl. Erscheinungstermin: März '83. — ca.* DM/Fr 16,80 S 134,–

Blumenpracht im Garten (5014) Von Inge Manz, 64 S., 93 Farbfotos, Pappband. — DM/Fr 12.80 S 98,–

Rosen Arten – Pflanzung – Pflege. (5065) Von Inge Manz, 64 S., 60 Farbfotos, Pappband. — DM/Fr 12.80 S 98,–

Frühbeet und Kleingewächshaus (5055) Von Gustav Schoser, 64 S., 43 Farbfotos, Pappband. — DM/Fr 12.80 S 98,–

Gemüse und Kräuter frisch und gesund aus eigenem Anbau. (5024) Von Mechthild Hahn, 64 S., 71 Farbfotos, Pappband. — DM/Fr 12.80 S 98,–

Mischkultur im Nutzgarten Mit Jahreskalender und Anbauplänen (0651) Von Helmut Oppel, ca. 128 S., 8 Farbtafeln, ca. 70 Zeichnungen und Fotos, kartoniert. Voraussichtlicher Erscheinungstermin: Februar '83 — ca.* DM/Fr 9,80 S 78,–

Der richtige Schnitt von Obst- und Ziergehölzen, Rosen und Hecken (0619) Von E. Zettl, 88 S., 8 Farbtafeln, 39 Zeichnungen, 21 s/w-Fotos, kartoniert. — DM/Fr 7,80 S 65,–

Der Obstgarten Pflanzung · Pflege · Baumschnitt · Neuheiten. (5100) Von Joachim Zech, 64 S., 54 Farbfotos, Pappband. — DM/Fr 12.80 S 98,–

Balkons in Blütenpracht zu allen Jahreszeiten. (5047) Von Nikolaus Uhl, 64 S., 82 Farbfotos, Pappband. — DM/Fr 12.80 S 98,–

Grabgestaltung Bepflanzung und Pflege zu jeder Jahreszeit. (5120) Von Nikolaus Uhl, 64 S., 77 Farbfotos, 2 Zeichnungen, Pappband. — DM/Fr 14.80 S 118,–

Bonsai Japanische Miniaturbäume und Miniaturlandschaften. Anzucht, Gestaltung und Pflege. (4091) Von Benedikt Lesniewicz, 160 S., 106 Farbfotos, 46 s/w-Fotos, 115 Zeichnungen, gebunden. — DM/Fr 58,– S 460,–

Falken-Handbuch **Zimmerpflanzen** 1600 Pflanzenporträts. (4082) Von Rolf Blaich, 432 S., 480 Farbfotos, 84 Zeichnungen, 1600 Pflanzenbeschreibungen, gebunden. — DM/Fr 39,– S 312,–

Zimmerpflanzen in Farbe. (5010) Von Inge Manz, 64 S., 98 Farbfotos, Pappband. — DM/Fr 12.80 S 98,–

Zimmerbäume, Palmen und andere Blattpflanzen (5111) Von Gustav Schoser, 96 S., 98 Farbfotos, 7 Zeichnungen, Pappband. — DM/Fr 16.80 S 134,–

Zimmerpflanzen in Hydrokultur Leitfaden für problemlose Blumenpflege (0660) Von Hans-August Rotter, 32 S., ca. 30 Farbfotos, kartoniert, Spiralbindung. Voraussichtl. Erscheinungstermin: März '83. — ca.* DM/Fr 6,80 S 55,–

Das Blumenjahr Arbeitsplan für drinnen und draußen (4142) Von Gabriele Vocke, 136 S., 15 Farbtafeln, kartoniert. Voraussichtlicher Erscheinungstermin: März '83 — ca.* DM/Fr 12,80 S 98,–

Hydrokultur Pflanzen ohne Erde – mühelos gepflegt. (4080) Von Hans-August Rotter, 120 S., 67 farbige und s/w-Abbildungen sowie Zeichnungen, gebunden. — DM/Fr 19.80 S 158,–

Blütenpracht in Grolit 2000 Der neue, mühelose Weg zu farbenprächtigen Zimmerpflanzen. (5127) Von Gabriele Vocke, 64 S., 50 Farbfotos, Pappband. — DM/Fr 12.80 S 98,–

Faszinierende Formen und Farben Kakteen (4211) Von Katharina und Franz Schild, 96 S., 127 großformatige Farbfotos, Pappband. — DM/Fr 24.80 S 198,–

Biologisch zimmergärtnern Zier- und Nutzpflanzen natürlich pflegen. (4144) Von Norbert Jorek, ca. 136 S., 15 Farbtafeln, zahlreiche Fotos. Pappband. Voraussichtl. Erscheinungstermin: April '83. — ca.* DM/Fr 19,80 S 158,–

Kakteen Herkunft, Anzucht, Pflege, Klimabedingungen. (5021) Von Werner Hoffmann, 64 S., 70 Farbfotos, Pappband.
DM/Fr 12,80
S 98,–

Fibel für Kakteenfreunde (0199) Von H. Herold, 102 S., 8 Farbtafeln, kartoniert.
DM/Fr 7,80
S 65,–

Kakteen und andere Sukkulenten 300 Arten mit über 500 Farbfotos (4116) Von Günter Andersohn, 316 S., 520 Farbtafeln, 193 Zeichnungen, gebunden, mit vierfarbigem Schutzumschlag.
DM/Fr 46,–
S 368,–

Sukkulenten Mittagsblumen, Lebende Steine, Wolfsmilchgewächse u.a. (5070) Von Werner Hoffmann, 64 S., 82 Farbfotos, Pappband.
DM/Fr 12,80
S 98,–

Kübelpflanzen für Balkon, Terrasse und Dachgarten (5132) Von Martin Haberer, 64 S., ca. 60 Farbfotos, Pappband. Voraussichtl. Erscheinungstermin: April '83.
ca.*
DM/Fr 12,80
S 98,–

Keime, Sprossen, Küchenkräuter, am Fenster ziehen – rund ums Jahr (0658) Von Friedrich und Heidrun Jantzen, 32 S., ca. 30 Fotos, kartoniert, Spiralbindung. Voraussichtl. Erscheinungstermin: März '83.
ca.*
DM/Fr 6,80
S 55,–

Orchideen (4215) Von Gustav Schoser, 96 S., 143 großformatige Farbfotos, Pappband.
DM/Fr 24,80
S 198,–

Orchideen Eigenart – Schnittblumen – Topfkultur – Pflege. (5038) Von Gustav Schoser, 64 S., 75 Farbfotos, Pappband.
DM/Fr 14,80
S 118,–

Sag's mit Blumen Pflege und Arrangieren von Schnittblumen. (5103) Von Peter Möhring ca. 64 S., ca. 70 Farbfotos, Pappband. Voraussichtl. Erscheinungstermin: 1. Halbjahr '83
ca.*
DM/Fr 12,80
S 98,–

Ikebana Einführung in die japanische Kunst des Blumensteckens. (0548) Von Gabriele Vocke, 152 S., 47 Farbfotos, kartoniert.
DM/Fr 19,80
S 158,–

Blumengestecke im Ikebanastil (5041) Von Gabriele Vocke, 64 S., 37 Farbfotos, viele Zeichnungen, kartoniert.
DM/Fr 14,80
S 118,–

Dauergestecke mit Zweigen, Trocken- und Schnittblumen. (5121) Von Gabriele Vocke, 64 S., 57 Farbfotos, Pappband.
DM/Fr 14,80
S 118,–

Falken-Handbuch Hunde (4118) Von Horst Bielfeld, 176 S., 222 Farbfotos und Farbzeichnungen, 73 s/w-Abbildungen, gebunden.
DM/Fr 39,–
S 312,–

Hunde Rassen · Erziehung · Haltung. (4209) Von Horst Bielfeld, 96 S., 101 großformatige Farbfotos, Pappband.
DM/Fr 24.80
S 198,–

Das neue Hundebuch Rassen · Aufzucht · Pflege. (0009) Von W. Busack, überarbeitet von Dr. med. vet. A.H. Hacker, 104 S., viele Abbildungen, kartoniert.
DM/Fr 8.80
S 70,–

Falken-Handbuch Der Deutsche Schäferhund (4077) Von Ursula Förster, 228 S., 160 farbige und s/w-Abbildungen sowie Zeichnungen, gebunden.
DM/Fr 29.80
S 238,–

Der Deutsche Schäferhund (0073) Von Alfred Hacker, 104 S., 24 Abbildungen, kartoniert.
DM/Fr 7.80
S 65,–

Dackel, Teckel, Dachshund Aufzucht · Pflege · Ausbildung. (0508) Von Marianne Wein-Gysae, 112 S., 4 Farbtafeln, 43 s/w-Fotos, 2 Zeichnungen, kartoniert.
DM/Fr 9.80
S 78,–

Hunde-Ausbildung Verhalten – Gehorsam – Abrichtung. (0346) Von Prof. Dr. R. Menzel, 96 S., 18 Fotos, kartoniert.
DM/Fr 7.80
S 65,–

Hundekrankheiten Erkennung und Behandlung · Steuerung des Sexualverhaltens. (0570) Von Dr. med. vet. Rolf Spangenberg, 128 S., 68 s/w-Fotos, 10 Zeichnungen, kartoniert.
DM/Fr 9.80
S 78,–

Papageien und Sittiche Arten · Pflege · Sprechunterricht. (0591) Von Horst Bielfeld, 112 S., 8 Farbtafeln, kartoniert.
DM/Fr 9.80
S 78,–

Vögel Die wichtigsten Arten Mitteleuropas. Erkennen und benennen. (0554) Von Joachim Zech, 152 S., 135 Farbfotos, 4 s/w-Fotos, 5 Zeichnungen, kartoniert.
DM/Fr 16.80
S 134,–

Schmetterlinge Tagfalter Mitteleuropas erkennen und benennen. (0510) Von Thomas Ruckstuhl, 156 S., 136 Farbfotos, kartoniert.
DM/Fr 16.80
S 134,–

Insekten Mitteleuropas erkennen und benennen. (0588) Von Helmut Bechtel, 144 S., 129 Farbfotos, 18 Zeichnungen, kartoniert.
DM/Fr 16.80
S 134,–

Ponys Rassen, Haltung, Reiten. (4205) Von Stefan Braun, 96 S., 84 großformatige Farbfotos, Pappband.
DM/Fr 24.80
S 198,–

Dinosaurier und andere Tiere der Urzeit. (4219) Von Gerolf Alschner, 96 S., 81 großformatige Farbzeichnungen, 4 s/w-Fotos, Pappband.
DM/Fr 24.80
S 198,–

Süßwasser-Aquaristik Exotische Welt im Glas. (5080) Von Lothar Scheller, 64 S., 67 Farbfotos und Zeichnungen, Pappband.
DM/Fr 14.80
S 118,–

Das Süßwasser-Aquarium Einrichtung – Pflege – Fische – Pflanzen (0153) Von H.J. Mayland, 132 S., 163 Zeichnungen, 8 Farbtafeln, kartoniert.
DM/Fr 8.80
S 70,–

Aquarienfische des tropischen Süßwassers. (5003) Von Hans J. Mayland, 64 S., 98 Farbfotos, Pappband.
DM/Fr 12.80
S 98,–

Das Meerwasser-Aquarium Einrichtung – Pflege – Fische und niedere Tiere. (0281) Von Hans J. Mayland, 146 S., 30 farbige und 228 s/w-Abbildungen, kartoniert.
DM/Fr 14.80
S 118,–

Falken-Handbuch Das Terrarium (4069) Von Burkhard Kahl, Paul Gaupp, Dr. Günter Schmidt, 336 S., 215 Farbfotos, gebunden.
DM/Fr 48,–
S 384,–

Katzen Rassen · Haltung · Pflege. (4216) Von Brigitte Eilert-Overbeck, 96 S., 82 großformatige Farbfotos, Pappband.
DM/Fr 24.80
S 198,–

Das neue Katzenbuch Rassen – Aufzucht – Pflege. (0427) Von Brigitte Eilert-Overbeck, 136 S., 14 Farbfotos, 26 s/w-Fotos, kartoniert.
DM/Fr 8.80
S 70,–

Katzenkrankheiten Erkennung und Behandlung (0652) Von Dr. med. vet. Rolf Spangenberg, ca. 176 S., ca. 60 Fotos, kartoniert. Voraussichtl. Erscheinungstermin: Februar '83.
ca.*
DM/Fr 12,80
S 98,–

Das Aquarium Einrichtung, Pflege und Fische für Süß- und Meerwasser. (4029) Von Hans J. Mayland, 334 S., über 415 Farbfotos und Farbtafeln, 150 Zeichnungen, gebunden.
DM/Fr 39,–
S 312,–

Süßwasser-Aquarienfische (4212) Von Burkhard Kahl, 96 S., 108 großformatige Farbfotos, Pappband.
DM/Fr 24.80
S 198,–

Essen und Trinken

Kochen, was allen schmeckt 1700 Koch- und Backrezepte für jede Gelegenheit. (4098) Von Anneliese und Gerhard Eckert, 796 S., 60 Farbtafeln, Pappband.

DM/Fr **19.80**
S 158,–

Köstliche Suppen

Köstliche Suppen für jede Tages- und Jahreszeit. (5122) Von Elke Fuhrmann, 64 S., 38 Farbfotos, Pappband.

DM/Fr **12.80**
S 98,–

Alles über Einkochen, Einlegen, Einfrieren Gesund und herzhaft. (4055) Von Birgit Müller, 152 S., 16 Farbtafeln, kartoniert.

DM/Fr **12.80**
S 98,–

Einkochen nach allen Regeln der Kunst. (0405) Von Birgit Müller, 96 S., 8 Farbtafeln kartoniert.

DM/Fr **6.80**
S 55,–

Omas Küche und unsere Küche heute (4089) Von J. Peter Lemcke, 160 S., 8 Farbtafeln, 95 Zeichnungen, Pappband.

DM/Fr **24.80**
S 198,–

Natursammlers Kochbuch Wildfrüchte und -gemüse, Pilze, Kräuter – finden und zubereiten. (4040) Von Christa-Maria Kerler, 140 S., 12 Farbtafeln, gebunden.

DM/Fr **19.80**
S 158,–

Was koche ich heute? Neue Rezepte für Fix-Gerichte. (0608) Von Annette Badelt-Vogt, 112 S., 16 Farbtafeln, kartoniert.

DM/Fr **9.80**
S 78,–

Kräuter- und Heilpflanzen-Kochbuch für eine gesunde Lebensweise. (4066) Von Pia Pervenche, 143 S., 15 Farbtafeln, kartoniert.

DM/Fr **12.80**
S 98,–

Schnelle Küche (4095) Von Anneliese und Gerhard Eckert, 136 S., 15 Farbtafeln, 61 Zeichnungen, kartoniert.

DM/Fr **12.80**
S 98,–

Das neue große Kochbuch für Diabetiker (4132) Von Monika Toeller, Waltraud Schumacher, Anne Christiane Groote, ca. 240 S., ca. 100 Farbfotos, gebunden. Voraussichtlicher Erscheinungstermin: März '83.

ca.*
DM/Fr **19,80**
S 158,–

Kochen für 1 Person Rationell wirtschaften, abwechslungsreich und schmackhaft zubereiten. (0586) Von M. Nicolin, 144 S., 8 Farbtafeln, 20 Zeichnungen, kartoniert.

DM/Fr **9.80**
S 78,–

Miekes Kräuter- und Gewürzkochbuch (0323) Von Irmgard Persy und Klaus Mieke, 96 S., 8 Farbtafeln, kartoniert.

DM/Fr **8.80**
S 70,–

Die besten Eintöpfe und Aufläufe (5079) Von Anneliese und Gerhard Eckert, 64 S., 49 Farbfotos, Pappband.

DM/Fr **12.80**
S 98,–

Wildgerichte einfach bis raffiniert. (5115) Von Margrit Gutta, 64 S., 43 Farbfotos, Pappband.

DM/Fr **12.80**
S 98,–

Kalte und warme Vorspeisen einfach · herzhaft · raffiniert. (5045) Von Karin Iden, 64 S., 43 Farbfotos, Pappband.

DM/Fr **12.80**
S 98,–

Wild und Geflügel (4056) Von Christine Schönherr, 256 S., 122 großformatige Farbfotos, gebunden.

DM/Fr **48,–**
S 384,–

Süße Nachspeisen (0601) Von Petra Lohmann, 96 S., 8 Farbtafeln, 28 Zeichnungen, kartoniert.

DM/Fr **8,80**
S 70,–

Geflügel Die besten Rezepte aus aller Welt. (5050) Von Margrit Gutta, 64 S., 32 Farbfotos, Pappband.

DM/Fr **12.80**
S 98,–

Nudelgerichte – lecker, locker, leicht zu kochen. (0466) Von Christiane Stephan, 80 S., 8 Farbtafeln, kartoniert.

DM/Fr **6.80**
S 55,–

Köstlichkeiten vom Grill Mehr Freude und Erfolg beim Grillen (4141) Von Alfred Berliner, ca. 168 S., durchgehend vierfarbig, ca. 100 großformatige Farbfotos, Pappband. Voraussichtl. Erscheinungstermin: April '83.

ca.*
DM/Fr **19,80**
S 158,–

Weltmeister-Soßen Die Krönung der feinen Küche. (0357) Von Giovanni Cavestri, 100 S., 14 Farbtafeln, kartoniert.

DM/Fr **9.80**
S 78,–

Grillen – drinnen und draußen. (4047) Von Claus Arius, 152 S., 30 Farbtafeln, kartoniert.

DM/Fr **12.80**
S 98,–

Desserts (5020) Von Margrit Gutta, 64 S., 38 Farbfotos, Pappband.

DM/Fr **12.80**
S 98,–

Grillen Fleisch · Fisch · Beilagen · Soßen. (5001) Von Elke Fuhrmann, 64 S., 38 Farbfotos, Pappband.

DM/Fr **12.80**
S 98,–

Gesund essen wasserarm · fettfrei · aromatisch. (4060) Von Margrit Gutta, 240 S., 16 Farbtafeln, Pappband.

DM/Fr **19.80**
S 158,–

Die neue Grillküche Garen und backen im Quarz-Grill. (0419) Von Marianne Bormio, 80 S., 8 Farbtafeln, kartoniert.

DM/Fr **7.80**
S 65,–

Alternativ essen Die gesunde Sojaküche. (0553) Von Uwe Kolster, 112 S., 8 Farbtafeln, kartoniert.

DM/Fr **9.80**
S 78,–

Raffinierte Steaks und andere Fleischgerichte. (5043) Von Gerhard Eckert, 64 S., 37 Farbfotos, Pappband.

DM/Fr **12.80**
S 98,–

Gesunde Kost aus dem Römertopf (0442) Von Jutta Kramer, 128 S., 8 Farbtafeln, 13 Zeichnungen, kartoniert.

DM/Fr **8.80**
S 70,–

Falken-Kombi-Kochbuch Die Kochidee mit neuem Dreh **Fleischgerichte** (4091) Von Alfred Berliner, 48 S., 69 Farbfotos, Spiralbindung, Pappband.

DM/Fr **19.80**
S 158,–

Ganz und gar mit Mikrowellen (4094) Von Tina Peters, 208 S., 24 Farbtafeln, 12 Zeichnungen, Pappband.

DM/Fr **29.80**
S 238,–

Internationale Spezialitäten (4130) Von C. Schönherr, 240 S., 16 Farbtafeln, gebunden, mit vierfarbigem Schutzumschlag.

DM/Fr **48,–**
S 384,–

Das neue Mikrowellen-Kochbuch (0434) Von Hermann Neu, 64 S., 4 Farbtafeln, kartoniert.

DM/Fr **5.80**
S 49,–

Chinesisch kochen Rezepte für die häusliche Küche. (5011) Von Karl-Heinz Haß, 64 S., 36 Farbfotos, Pappband.

DM/Fr **12.80**
S 98,–

Kochen und backen im Heißluftherd Vorteile, Gebrauchsanleitung, Rezepte. (0516) Von Katharina Kölner, 72 S., 8 Farbtafeln, kartoniert.

DM/Fr **7.80**
S 65,–

Chinesisch kochen einfach mit dem WOK-Topf und dem Mongolen-Topf. (0557) Von Christiane Korn, 64 S., 8 Farbtafeln, kartoniert.

DM/Fr **7.80**
S 65,–

Schnell gekocht – gut gekocht mit vielen Rezepten für Schnellkochtöpfe und Schnellbratpfannen. (0265) Von Irmgard Persy, 96 S., 8 Farbtafeln, kartoniert.

DM/Fr **7.80**
S 65,–

Deutsche Spezialitäten (5025) Von R. Piwitt, 64 S., 37 Farbfotos, Pappband.

DM/Fr **12.80**
S 98,–

Das neue Fritieren geruchlos, schmackhaft und gesund. (0365) Von Petra Kühne, 96 S., 8 Farbtafeln, kartoniert.

DM/Fr **7.80**
S 65,–

Exotisches Obst und Gemüse Rezepte für Vorspeisen, Hauptgerichte und Desserts. (5114) Von Christiane Stephan, 64 S., 58 Farbfotos, Pappband.

DM/Fr **12.80**
S 98,–

Hobby-Kochbuch für Tiefkühlkost (0302) Von Ruth Vollmer-Ruprecht, 104 S., 4 Farbtafeln, kartoniert.

DM/Fr **8.80**
S 70,–

Französisch kochen (5016) Von Margrit Gutta, 64 S., 35 Farbfotos, Pappband.

DM/Fr **12.80**
S 98,–

Italienische Küche (5026) Von Margrit Gutta 64 S., 35 Farbfotos, Pappband. — DM/Fr 12.80 / S 98,–

Japanische Küche schmackhaft und bekömmlich. (5087) Von Hiroko Toi, 64 S., 36 Farbfotos, Pappband. — DM/Fr 12.80 / S 98,–

Nordische Küche Speisen und Getränke von der Küste. (5082) Von Jutta Kürtz, 64 S., 44 Farbfotos, Pappband. — DM/Fr 12.80 / S 98,–

Ostasiatische Küche schmackhaft und bekömmlich. (5066) Von Taki Sozuki, 64 S., 39 Farbfotos, Pappband. — DM/Fr 12.80 / S 98,–

Portugiesische Küche und Weine Kulinarische Reise durch Portugal. (0607) Von Enrique Kasten, 96 S., 16 Farbtafeln, kartoniert. — DM/Fr 8.80 / S 70,–

Köstliche Pizzas, Toasts, Pasteten (5081) Von Anneliese und Gerhard Eckert, 64 S., 48 Farbfotos, Pappband. — DM/Fr 12.80 / S 98,–

Raffinierte Rezepte mit Oliven (5119) Von Lutz Helger, 64 S., 53 Farbfotos, 4 Zeichnungen, Pappband. — DM/Fr 14.80 / S 118,–

Köstliche Pilzgerichte Rezepte für die meistvorkommenden Speisepilze. (5133) Valerie Spicker-Noack, Martin Knoop, 64 S., ca. 50 Farbfotos, Pappband. Voraussichtlicher Erscheinungstermin: April '83 — ca.* DM/Fr 12.80 / S 98,–

Fondues und fritierte Leckerbissen. (0471) Von Stefanie Stein, 80 S., 8 Farbtafeln, kartoniert. — DM/Fr 6.80 / S 55,–

Fondues (5006) Von Eva Exner, 64 S., 50 Farbfotos, Pappband. — DM/Fr 12.80 / S 98,–

Der schön gedeckte Tisch (5005) Von Rolf Stender, 64 S., 60 Farbfotos, Pappband. — DM/Fr 12.80 / S 98,–

Fondues · Raclettes · Flambiertes (4081) Von Renate Peiler und Marie-Louise Schult, 136 S., 15 Farbtafeln, 28 Zeichnungen, kartoniert. — DM/Fr 12.80 / S 98,–

Rezepte rund um Raclette und Hobby-Rechaud (0420) Von Jack W. Hochscheid, 72 S., 8 Farbtafeln, kartoniert. — DM/Fr 7.80 / S 65,–

Neue, raffinierte Rezepte mit dem Raclettegrill (0558) Von Lutz Helger, 56 S., 8 Farbtafeln, kartoniert. — DM/Fr 7.80 / S 65,–

Die große farbige Kalte Küche Vom Partyhappen zum Kalten Buffet (4134) Von C. Schönherr, 400 S., über 220 farbige Abbildungen, gebunden, mit vierfarbigem Schutzumschlag. — DM/Fr 25,– / S 200,–

Kalte Platten (4064) Von Maître Pierre Pfister, 240 S., 135 großformatige Farbfotos, gebunden. — DM/Fr 48,– / S 384,–

Kalte Platten – Kalte Büfetts (5015) Von Margrit Gutta, 64 S., 34 Farbfotos, Pappband. — DM/Fr 12.80 / S 98,–

Kleine Kalte Küche für Alltag und Feste. (5097) Von Anneliese und Gerhard Eckert, 64 S., 45 Farbfotos, Pappband. — DM/Fr 12.80 / S 98,–

Kalte Happen und Partysnacks. (5029) Von Dolly Peters, 64 S., 35 Farbfotos, Pappband. — DM/Fr 12.80 / S 98,–

Salate (4119) Von Christine Schönherr, 240 S., 115 Farbfotos, gebunden, mit vierfarbigem Schutzumschlag. — DM/Fr 48,– / S 384,–

Salate für alle Gelegenheiten. (5002) Von Elke Fuhrmann, 64 S., 47 Farbfotos, Pappband. — DM/Fr 12.80 / S 98,–

111 köstliche Salate Erprobte Rezepte mit Pfiff. (0222) Von Christine Schönherr, 112 S., 8 Farbtafeln, 30 Zeichnungen, kartoniert. — DM/Fr 8.80 / S 70,–

Kuchen und Torten (5067) Von Klaus Groth, 64 S., 42 Farbfotos, Pappband. — DM/Fr 12.80 / S 98,–

Schönes Hobby: Backen Erprobte Rezepte mit modernen Backformen. (0451) Von Elke Blome, 96 S., 8 Farbtafeln, kartoniert. — DM/Fr 7.80 / S 65,–

Kleingebäck Plätzchen · Kekse · Guetzli. (5089) Von Margrit Gutta, 64 S., 50 Farbfotos, Pappband. — DM/Fr 12.80 / S 98,–

Waffeln süß und pikant. (0522) Von Christiane Stephan, 64 S., 4 Farbtafeln, kartoniert. — DM/Fr 6.80 / S 55,–

Backen (4113) Von Margrit Gutta, 240 S., 123 Farbfotos, gebunden. — DM/Fr 48,– / S 384,–

Brotspezialitäten backen und kochen. (5088) Von Jack W. Hochscheid und Lutz Helger, 64 S., 50 Farbfotos, Pappband. — DM/Fr 12.80 / S 98,–

Selbst Brotbacken Über 50 erprobte Rezepte. (0370) Von Jens Schiermann, 80 S., 6 Zeichnungen, 4 Farbtafeln, kartoniert. — DM/Fr 6.80 / S 55,–

Meine Vollkornbackstube Brot · Kuchen · Aufläufe. (0616) Von R. Raffelt, 96 S., 4 Farbtafeln, 4 s/w-Fotos, 8 Zeichnungen, kartoniert. — DM/Fr 6.80 / S 55,–

Mixen mit und ohne Alkohol (5017) Von Holger Hofmann, 64 S., 35 Farbfotos, Pappband. — DM/Fr 12.80 / S 98,–

Cocktails und Mixereien (0075) Von Jonny Walker, 104 S., 25 Zeichnungen, kartoniert. — DM/Fr 6.80 / S 55,–

Neue Cocktails und Drinks mit und ohne Alkohol. (0517) Von Siegfried Späth, 128 S., 4 Farbtafeln, Pappband. — DM/Fr 9.80 / S 78,–

Die besten Punsche, Grogs und Bowlen (0575) Von Friedel Dingden, 64 S., 2 Farbtafeln, kartoniert. — DM/Fr 6.80 / S 55,–

Kaffee für Genießer (0492) Von Christiane Barthel, 88 S., 8 Farbtafeln, kartoniert. — DM/Fr 6.80 / S 55,–

Heißgeliebter Tee Sorten, Rezepte und Geschichten. (4114) Von Curt Maronde, 153 S., 16 Farbtafeln, 93 Zeichnungen, gebunden. — DM/Fr 24.80 / S 198,–

Tee für Genießer Sorten · Riten · Rezepte. (0356) Von Marianne Nicolin, 64 S., 4 Farbtafeln, kartoniert. — DM/Fr 5.80 / S 49,–

Tee Herkunft · Mischungen · Rezepte. (0515) Von Sonja Ruske, 96 S., 4 Farbtafeln, viele Abbildungen, Pappband. — DM/Fr 9.80 / S 78,–

Gesundheit und Schönheit

Die Frau als Hausärztin (4072) Von Dr. med. Anna Fischer-Dückelmann, 808 S., 16 Farbtafeln, 174 s/w-Fotos, 238 Zeichnungen, gebunden.
DM/Fr 58,–
S 460,–

Heiltees und Kräuter für die Gesundheit (4123) Von Gerhard Leibold, 136 S., 15 Farbtafeln, 16 Zeichnungen, kartoniert.
DM/Fr 12.80
S 98,–

Der praktische Hausarzt (4100) Von Dr. med. R. Jäkel, 608 S., 201 s/w-Fotos, 118 Zeichnungen, Pappband.
DM/Fr 29.80
S 238,–

Autogenes Training Anwendung · Heilwirkungen · Methoden. (0541) Von Rolf Faller, 128 S., 3 Zeichnungen, kartoniert.
DM/Fr 9.80
S 78,–

Eigenbehandlung durch Akupressur Heilwirkungen – Energielehre – Meridiane. (0417) Von Gerhard Leibold, 152 S., 78 Abbildungen, kartoniert.
DM/Fr 9.80
S 78,–

Hypnose und Autosuggestion Methoden – Heilwirkungen – praktische Beispiele. (0483) Von Gerhard Leibold, 116 S., kartoniert.
DM/Fr 7.80
S 65,–

Tanz und Spiele für Bewegungsbehinderte Ein Anfängerkurs für alle, die mitmachen wollen. Empfohlen vom Bundesverband für Tanztherapie e.V. (0581) Von Wally Kaechele, 96 S., 105 s/w-Fotos, 9 Zeichnungen, kartoniert, Spiralbindung.
DM/Fr 19.80
S 158,–

Ärztlicher Rat Richtige Lebensführung und Ernährung bei Leber- und Gallenleiden. (0653) Von Dr. med. Herrmann Müller und Pia Pervenche, ca. 128 S., kartoniert. Voraussichtlicher Erscheinungstermin: April '83
ca.*
DM/Fr 9,80
S 78,–

Die Brot-Diät ein Schlankheitsplan ohne Extreme. (0452) Von Prof. Dr. Erich Menden und Waltraute Aign, 92 S., 8 Farbtafeln, kartoniert.
DM/Fr 7.80
S 65,–

Neue Rezepte für Diabetiker-Diät Vollwertig-abwechslungsreich-kalorienarm (0418) Von Monika Oehlrich, 120 S., 8 Farbtafeln, kartoniert.
DM/Fr 9.80
S 78,–

Wer schlank ist, lebt gesünder Tips und Rezepte zum Schlankwerden und -bleiben. (0562) Von Renate Mainer, 80 S., 8 Farbtafeln, kartoniert.
DM/Fr 7.80
S 65,–

Die 4444-Joule-Diät Schlankessen mit Genuß. (0530) Von Hans J. Fahrenkamp, 160 S., 8 Farbtafeln, kartoniert.
DM/Fr 9.80
S 78,–

Rohkost abwechslungsreich · schmackhaft · gesund. (5044) Von Ingrid Gabriel, 64 S., 40 Farbfotos, Pappband.
DM/Fr 12.80
S 98,–

Alles mit Joghurt tagfrisch selbstgemacht mit vielen Rezepten. (0382) Von Gerda Volz, 88 S., 8 Farbtafeln, kartoniert.
DM/Fr 7.80
S 65,–

Gesund leben – schlank werden mit der Biokur (0657) Von Sylvia Winter, ca. 80 S., ca. 8 Farbtafeln, kartoniert. Voraussichtlicher Erscheinungstermin: April '83
ca.*
DM/Fr 6.80
S 55,–

Biologische Ernährung für eine natürliche und gesunde Lebensweise. (4125) Von C. Leibold, 136 S., 15 Farbtafeln, 47 Zeichnungen, kartoniert.
DM/Fr 12.80
S 98,–

Falken-Handbuch Bio-Medizin Alles über die moderne Naturheilpraxis. (4136) Von Gerhard Leibold, ca. 450 S., 16 Farbtafeln, Pappband. Voraussichtlicher Erscheinungstermin April '83
ca.*
DM/Fr 39,–
S 312,–

Falken-Handbuch Heilkräuter Modernes Lexikon der Pflanzen und Anwendungen. (4076) Von Gerhard Leibold, 392 S., 183 Farbfotos, gebunden.
DM/Fr 39,–
S 312,–

So lebt man länger nach Dr. Le Comptes Erfolgsmethode! Vital und gesund bis ins hohe Alter. (4129) Von Dr. H. Le Compte, P. Pervenche, 224 S., gebunden.
DM/Fr 24.80
S 198,–

Kalorien – Joule Eiweiß · Fett · Kohlenhydrate tabellarisch nach gebräuchlichen Mengen. (0374) Von Marianne Bormio, 88 S., kartoniert.
DM/Fr 5.80
S 49,–

Schönheitspflege Kosmetische Tips für jeden Tag. (0493) Von Heide Zander, 180 S., 25 Abbildungen, kartoniert.
DM/Fr 7.80
S 65,–

10 Minuten täglich Tele-Gymnastik (5102) Von Beate Manz und Kafi Biermann, 128 S., 381 Abbildungen, kartoniert.
DM/Fr 12.80
S 98,–

Gesund und fit durch Gymnastik (0366) Von Hannelore Pilss-Samek, 132 S., 150 Abbildungen, kartoniert.
DM/Fr 7.80
S 65,–

Yoga für jeden (0341) Von Kareen Zebroff, 156 S., 135 Abbildungen, kartoniert.
DM/Fr 20.–
S 160,–

Gesundheit und Spannkraft durch Yoga (0321) Von Lothar Frank und Ursula Ebbers, 112 S., 50 s/w-Fotos, kartoniert.
DM/Fr 7.80
S 65,–

Yoga gegen Haltungsschäden und Rückenschmerzen (0394) Von Alois Raab, 104 S., 215 Abbildungen, kartoniert.
DM/Fr 6.80
S 55,–

Die fernöstliche Fingerdrucktherapie Shiatsu Anleitungen zur Selbsthilfe – Heilwirkungen. (0615) Von G. Leibold, 196 S., 180 Abbildungen, kartoniert.
DM/Fr 16.80
S 134,–

Briefsteller

Moderne Korrespondenz (4014) Von Hans Kirst und Wolfgang Manekeller, 568 S., gebunden.
DM/Fr 39,–
S 312,–

Der neue Briefsteller (0060) Von I. Wolter-Rosendorf, 112 S., kartoniert.
DM/Fr 5.80
S 49,–

Geschäftliche Briefe des Privatmanns, Handwerkers und Kaufmanns. (0041) Von Alfred Römer, 96 S., kartoniert.
DM/Fr 5.80
S 49,–

Behördenkorrespondenz Musterbriefe – Anträge – Einsprüche. (0412) Von Elisabeth Ruge, 120 S., kartoniert.
DM/Fr 6.80
S 55,–

Musterbriefe für alle Gelegenheiten. (0231) Herausgegeben von Olaf Fuhrmann, 240 S., kartoniert.
DM/Fr 9.80
S 78,–

Privatbriefe Muster für alle Gelegenheiten. (0114) Von Irmgard Wolter-Rosendorf, 132 S., kartoniert.
DM/Fr 6.80
S 55,–

Worte und Briefe der Anteilnahme (0464) Von Elisabeth Ruge, 128 S., mit vielen Abbildungen, kartoniert.
DM/Fr 8.80
S 70,–

Großes Buch der Reden und Ansprachen für jeden Anlaß. (4009) Herausgegeben von F. Sicker, 454 S., Lexikonformat, gebunden.
DM/Fr 39,–
S 312,–

Die Redekunst · Rhetorik · Rednererfolg (0076) Von Kurt Wolter, überarbeitet von Dr. W. Tappe, 80 S., kartoniert.
DM/Fr 4.80
S 39,–

Festreden und Vereinsreden für festliche Gelegenheiten. (0069) Von K. Lehnhoff und E. Ruge, 88 S., kartoniert.
DM/Fr 4.80
S 39,–

In Anerkennung Ihrer..., Lob und Würdigung in Briefen und Reden (0535) Von Hans Friedrich, 136 S., kartoniert.
DM/Fr 7.80
S 65,–

Erfolgreiche Kaufmannspraxis Wirtschaftliche Grundlagen, Geld, Kreditwesen, Steuern, Betriebsführung, Recht, EDV. (4046) Von Wolfgang Gölitz, Herbert Gölz, Manfred Heibel, Dr. Detlev Machenheimer, mit einem Vorwort von Dr. Karl Obermayr, 544 S., gebunden.
DM/Fr 34,–
S 272,–

Die Bewerbung Der moderne Ratgeber für Bewerbungsbriefe, Lebenslauf und Vorstellungsgespräche. (4138) Von Wolfgang Manekeller, ca. 304 S., Pappband. Voraussichtlicher Erscheinungstermin: Februar '83
ca.* DM/Fr 19.80 S 158,–

Erfolgreiche Bewerbungsbriefe und Bewerbungsformen. (0138) Von W. Manekeller, 88 S., kartoniert.
DM/Fr 4.80 S 39,–

Die erfolgreiche Bewerbung Bewerbung und Vorstellung. (0173) Von Wolfgang Manekeller, 156 S., kartoniert.
DM/Fr 8.80 S 70,–

Vorstellungsgespräche sicher und erfolgreich führen. (0636) Von H. Friedrich, 144 S., kartoniert.
DM/Fr 9.80 S 78,–

Lebenslauf und Bewerbung Beispiele für Inhalt, Form und Aufbau. (0428) Von Hans Friedrich, 112 S., kartoniert.
DM/Fr 6.80 S 55,–

Zeugnisse im Beruf richtig schreiben richtig verstehen. (0544) Von Hans Friedrich, 112 S., kartoniert.
DM/Fr 9.80 S 78,–

Fortbildung und Beruf

Schülerlexikon der Mathematik Formeln, Übungen und Begriffserklärungen für die Klassen 5-10. (0430) Von Robert Müller, 176 S., 96 Zeichnungen, kartoniert.
DM/Fr 9.80 S 78,–

Mathematik verständlich Zahlenbereiche, Mengenlehre, Algebra, Geometrie, Wahrscheinlichkeitsrechnung, Kaufmännisches Rechnen. (4135) Von Robert Müller, ca. 600 S., über 900 farbige Abbildungen, über 2500 Aufgaben und Übungen mit Lösungen, Pappband. Voraussichtlicher Erscheinungstermin: April '83
ca.* DM/Fr 59,– S 479,–

Mathematische Formeln für Schule und Beruf Mit Beispielen und Erklärungen. (0499) Von Robert Müller, 156 S., 210 Zeichnungen, kartoniert.
DM/Fr 9.80 S 78,–

Rechnen aufgefrischt für Schule und Beruf. (0100) Von Helmut Rausch, 144 S., kartoniert.
DM/Fr 6.80 S 55,–

Buchführung leicht gefaßt. Ein Leitfaden für Handwerker und Gewerbetreibende. (0127) Von H.R. Pohl, 104 S., kartoniert.
DM/Fr 7.80 S 65,–

So lernt man leicht und schnell **Maschinenschreiben** (0568) Lehrbuch für Selbstunterricht und Kurse. Von Jean W. Wagner, 80 S., 31 s/w-Fotos, 36 Zeichnungen, kartoniert, Spiralbindung.
DM/Fr 19.80 S 158,–

Maschinenschreiben durch Selbstunterricht Teil 1. (0170) Von A. Fonfara, 84 S., mit vielen Abbildungen, kartoniert.
DM/Fr 5.80 S 49,–

Maschinenschreiben durch Selbstunterricht Teil 2. (0252) Von Hanns Kaus, 84 S., kartoniert.
DM/Fr 5.80 S 49,–

Stenografie – leicht gemacht im Kursus oder Selbstunterricht. (0266) Von Hanns Kaus, 64 S., kartoniert.
DM/Fr 5.80 S 49,–

Mehr Erfolg in der Schule und Beruf **Besseres Deutsch** mit Übungen und Beispielen für: Rechtschreibung, Diktate, Zeichensetzung, Aufsätze, Grammatik, Literaturbetrachtung, Stil, Briefe, Fremdwörter, Reden. (4115) Von Kurt Schreiner, 444 S., 7 s/w-Fotos, 27 Zeichnungen, Pappband.
DM/Fr 29.80 S 238,–

Richtiges Deutsch Rechtschreibung · Zeichensetzung · Grammatik · Stilkunde. (0551) Von Kurt Schreiner, 128 S., kartoniert.
DM/Fr 9.80 S 78,–

Aufsätze besser schreiben Förderkurs für die Klassen 4-10. (0429) Von Kurt Schreiner, 144 S., 4 s/w-Fotos, 27 Zeichnungen, kartoniert.
DM/Fr 9.80 S 78,–

Diktate besser schreiben Übungen zur Rechtschreibung für die Klassen 4-8. (0469) Von Kurt Schreiner, 149 S., kartoniert.
DM/Fr 9.80 S 78,–

Glückwünsche

Die Silberhochzeit Vorbereitung · Einladung · Geschenkvorschläge · Festablauf · Menüs · Reden · Glückwünsche. (0542) Von Karin F. Merkle, 120 S., 41 Zeichnungen, kartoniert.
DM/Fr 9.80 S 78,–

Poesiealbumverse Heiteres und Besinnliches. (0578) Von Anne Göttling, 112 S., 20 Abbildungen, Pappband.
DM/Fr 14.80 S 118,–

Kindergedichte zur Grünen, Silbernen und Goldenen Hochzeit (0318) Von Hans-Jürgen Winkler, 104 S., 20 Abbildungen, kartoniert.
DM/Fr 5.80 S 49,–

Ins Gästebuch geschrieben (0576) Von Kurt H. Trabeck, 96 S., 24 Zeichnungen, kartoniert.
DM/Fr 7.80 S 65,–

Trinksprüche, Richtsprüche, Gästebuchverse (0224) Von Dieter Kellermann, 80 S., kartoniert.
DM/Fr 4.80 S 39,–

Reden und Sprüche zu Grundsteinlegung, Richtfest und Einzug Musteransprachen für viele Gelegenheiten. (0598) Von A. Bruder, G. Georg, 96 S., kartoniert.
DM/Fr 6.80 S 55,–

Großes Buch der Glückwünsche (0255) Herausgegeben von Olaf Fuhrmann, 240 S., 64 Zeichnungen und viele Gestaltungsvorschläge, kartoniert.
DM/Fr 9.80 S 78,–

Neue Glückwunschfibel für Groß und Klein. (0156) Von Reneé Christian-Hildebrandt, 96 S., kartoniert.
DM/Fr 4.80 S 39,–

Glückwunschverse für Kinder (0277) Von Bettina Ulrici, 80 S., kartoniert.
DM/Fr 4.80 S 39,–

Verse fürs Poesiealbum (0241) Von Irmgard Wolter, 96 S., 20 Abbildungen, kartoniert.
DM/Fr 4.80 S 39,–

Rosen, Tulpen, Nelken… Beliebte Verse fürs Poesiealbum (0431) Von Waltraud Pröve, 96 S., mit Faksimile-Abbildungen, kartoniert.
DM/Fr 5.80 S 49,–

Von der Verlobung zur Goldenen Hochzeit Vorbereitung · Festgestaltung · Glückwünsche. (0393) Von Elisabeth Ruge, 120 S., kartoniert.
DM/Fr 6.80 S 55,–

Glückwünsche Toasts und Festreden zur Hochzeit. (0264) Von I. Wolter, 128 S., kartoniert.
DM/Fr 7.80 S 65,–

Hochzeitszeitungen Muster, Tips und Anregungen. (0288) Von Hans-Jürgen-Winkler, mit vielen Text- und Gestaltungsanregungen, 116 S., 15 Abbildungen, 1 Musterzeitung, kartoniert.
DM/Fr 6.80 S 55,–

Reden zur Hochzeit Musteransprachen für Hochzeitstage (0654) Von Günter Georg, 112 S., kartoniert. Voraussichtlicher Erscheinungstermin: Februar '83
ca.* DM/Fr 7.80 S 65,–

Deutsch für Ausländer

Deutsch für Ausländer im Selbstunterricht Ausgabe für Spanier (0253) Von Juan Manuel Puente und Ernst Richter, 136 S., 62 Zeichnungen, kartoniert.
DM/Fr **9.80**
S 78,–

Ausgabe für Italiener (0254) Von Italo Nadalin und Ernst Richter, 156 S., 62 Zeichnungen, kartoniert.
DM/Fr **9.80**
S 78,–

Ausgabe für Jugoslawen (0261) Von I. Hladek und Ernst Richter, 132 S., 62 Zeichnungen, kartoniert.
DM/Fr **9.80**
S 78,–

Ausgabe für Türken (0262) Von B.I. Rasch und Ernst Richter, 136 S., 62 Zeichnungen, kartoniert.
DM/Fr **9.80**
S 78,–

Deutsch – Ihre neue Sprache. Grundbuch (0327) Von H.J. Demetz und J.M. Puente, 204 S., mit über 200 Abbildungen, kartoniert.
DM/Fr **14.80**
S 118,–

Glossar Italienisch (0329) Von H.J. Demetz und J.M. Puente, 74 S., kartoniert.
DM/Fr **9.80**
S 78,–

In gleicher Ausstattung:
Glossar Spanisch (0330)
DM/Fr **9.80**
S 78,–

Glossar Serbokroatisch (0331)
DM/Fr **9.80**
S 78,–

Glossar Türkisch (0332)
DM/Fr **9.80**
S 78,–

Glossar Arabisch (0335)
DM/Fr **9.80**
S 78,–

Glossar Englisch (0336)
DM/Fr **9.80**
S 78,–

Glossar Französisch (0337)
DM/Fr **9.80**
S 78,–

Das Deutschbuch
Ein Sprachprogramm für Ausländer, Erwachsene und Jugendliche. Autorenteam: Juan Manuel Puente, Hans-Jürgen Demetz, Sener Sargut, Marianne Spohner.

Grundbuch Jugendliche (4915) Von Puente, Demetz, Sargut, Spohner, Hirschberger, Kersten, von Stolzenwaldt, 256 S., durchgehend zweifarbig, kartoniert.
DM/Fr **19.80**
S 158,–

Grundbuch Erwachsene (4901) Von Puente, Demetz, Sargut, Spohner, 292 S., durchgehend zweifarbig, kartoniert.
DM/Fr **24.80**
S 198,–

Arbeitsheft zum Grundbuch Erwachsene und Jugendliche. (4903) Von Puente, Demetz, Sargut, Spohner, 160 S., durchgehend zweifarbig, kartoniert.
DM/Fr **16.80**
S 134,–

Aufbaukurs (4902) Von Puente, Sargut, Spohner, 230 S., durchgehend zweifarbig, kartoniert.
DM/Fr **22.80**
S 182,–

Lehrerhandbuch Grundbuch Erwachsene (4904) 144 S., kartoniert.
DM/Fr **14.80**
S 118,–

Lehrerhandbuch Grundbuch Jugendliche (4929) 120 S., kartoniert.
DM/Fr **14.80**
S 118,–

Lehrerhandbuch Aufbaukurs (4930) 64 S., kartoniert.
DM/Fr **9.80**
S 78,–

Glossare Erwachsene.
Türkisch (4906) 100 S., kartoniert.
DM/Fr **9.80**
S 78,–

Englisch (4912)
100 S., kartoniert.
DM/Fr **9.80**
S 78,–

Französisch (4911)
104 S., kartoniert.
DM/Fr **9.80**
S 78,–

Spanisch (4909)
98 S., kartoniert.
DM/Fr **9.80**
S 78,–

Italienisch (4908)
100 S., kartoniert.
DM/Fr **9.80**
S 78,–

Serbokroatisch (4914)
100 S., kartoniert.
DM/Fr **9.80**
S 78,–

Griechisch (4907)
102 S., kartoniert.
DM/Fr **9.80**
S 78,–

Portugiesisch (4910)
100 S., kartoniert.
DM/Fr **9.80**
S 78,–

Polhisch (4913)
102 S., kartoniert.
DM/Fr **9.80**
S 78,–

Arabisch (4905)
100 S., kartoniert.
DM/Fr **9.80**
S 78,–

Glossare Jugendliche
Türkisch (4927) 105 S., kartoniert.
DM/Fr **9.80**
S 78,–

Tonband Grundbuch Erwachsene (4916)
Ø 18 cm.
DM/Fr **125,–**
S 1000,–

Tonband Grundbuch Jugendliche (4917)
Ø 18 cm.
DM/Fr **125,–**
S 1000,–

Tonband Aufbaukurs (4918)
Ø 18 cm.
DM/Fr **125,–**
S 1000,–

Tonband Arbeitsheft (4919)
Ø 18 cm.
DM/Fr **89,–**
S 712,–

Kassetten Grundbuch Erwachsene (4920) 2 St. á 90 min. Laufzeit.
DM/Fr **39,–**
S 312,–

Kassetten Grundbuch Jugendliche (4921) 2 St. á 90 min. Laufzeit.
DM/Fr **39,–**
S 312,–

Kassetten Aufbaukurs (4922)
2 St. à 90 min. Laufzeit.
DM/Fr **39,–**
S 312,–

Kassette Arbeitsheft (4923)
60 min. Laufzeit.
DM/Fr **19.80**
S 158,–

Overheadfolien Grundbuch Erwachsene (4924)
60 St.
DM/Fr **159,–**
S 1270,–

Overheadfolien Grundbuch Jugendliche (4925)
59 St.
DM/Fr **159,–**
S 1270,–

Overheadfolien Aufbaukurs (4931) 54 St.
DM/Fr **159,–**
S 1270,–

Diapositive Grundbuch Erwachsene (4926) 300 St.
DM/Fr **398,–**
S 3184,–

Bildkarten zum Grundbuch Jugendliche und Erwachsene, (4928) 200 St.
DM/Fr **159,–**
S 1270,–

Arbeitshefte für ausländische Jugendliche in der Berufsvorbereitung **Fachsprache im projektorientierten/fachübergreifenden Unterricht Metall 1** Materialien zu „Das Deutschbuch" (4937) Von S. Sargut, M. Spohner, ca. 64 S., 30 Farbfotos, 100 Zeichnungen und Fotos, kartoniert.
DM/Fr **14.80**
S 118,–

Glossar Jugendliche Italienisch (4932) Von Alexandra Baumgartner, ca. 100 S., kartoniert.
DM/Fr **9.80**
S 78,–

Glossar Jugendliche Spanisch (4933) Von M. Weidemann, ca. 100 S., kartoniert.
DM/Fr **9.80**
S 78,–

Glossar Jugendliche Serbokroatisch (4934) Von Milan Vuckovic, ca. 100 S., kartoniert.
DM/Fr **9.80**
S 78,–

Glossar Jugendliche Arabisch (4935) Von Dr. Cherifa Magdi, ca. 100 S., kartoniert.
DM/Fr **9.80**
S 78,–

Glossar Jugendliche Griechisch (4936) Von Dr. Georg Tzounakis, 112 S., kartoniert.
DM/Fr **9.80**
S 78,–

Denksport

Das Super-Kreuzwort-Rätsel-Lexikon Über 150.000 Begriffe (4126) Von Hans Schiefelbein, 688 S., Pappband.
DM/Fr **19.80**
S 158,–

Denksport und Schnickschnack für Tüftler und fixe Köpfe. (0362) Von Jürgen Barto, 100 S., 45 Abbildungen, kartoniert.
DM/Fr 6.80
S 55,–

Quiz Mehr als 1500 ernste und heitere Fragen aus allen Gebieten. (0129) Von R. Sautter und W. Pröve, 92 S., 9 Zeichnungen, kartoniert.
DM/Fr 6.80
S 55,–

Der große Rätselknacker Über 100.000 Rätselfragen. (4022) Zusammengestellt von H.J. Winkler, 544 S., kartoniert.
DM/Fr 19.80
S 158,–

Großes Rätsel-ABC (0246) Von H. Schiefelbein, 416 S., Pappband.
DM/Fr 16.80
S 134,–

Rätsel lösen – ein Vergnügen Ein Lexikon für Rätselfreunde. (0182) Von Erich Maier, 240 S., kartoniert.
DM/Fr 9.80
S 78,–

Der Würfel Lösungswege (0565) Von Josef Trajber, 144 S., 887 Diagramme, kartoniert.
DM/Fr 6.80
S 55,–

Als Pappband.
DM/Fr 12.80
S 98,–

Der Würfel für Fortgeschrittene Neue Züge · Neue Muster · 3-D-Logik. Mit Lösungswegen für Walzenwürfel und Teufelstonne. (0590) Von Josef Trajber, 144 S., 879 Diagramme, kartoniert.
DM/Fr 6.80
S 55,–

Zauberturm, Teufelstonne und magische Pyramide (0606) Von Michael Mrowka, Wolfgang Weber, 128 S., 525 Zeichnungen, kartoniert.
DM/Fr 6.80
S 55,–

Die Zauberschlange (0609) Von Michael Balfour, 96 S., 170 Zeichnungen, kartoniert.
DM/Fr 6.80
S 55,–

Rätselspiele, Quiz- und Scherzfragen für gesellige Stunden. (0577) Von K.H. Schneider, 168 S., über 100 Zeichnungen, Pappband.
DM/Fr 16.80
S 134,–

Knobeleien und Denksport (2019) Von Klas Rechberger, 142 S., mit vielen Zeichnungen, kartoniert.
DM/Fr 7.80
S 65,–

Geselligkeit

Die schönsten Wander- und Fahrtenlieder (0462) Herausgegeben von Franz R. Miller, empfohlen vom Deutschen Sängerbund, 80 S., mit Noten und Zeichnungen, kartoniert.
DM/Fr 5.80
S 49,–

Die schönsten Volkslieder (0432) Herausgegeben von Dietmar Walther, 128 S., mit Noten und Zeichnungen, kartoniert.
DM/Fr 4.80
S 39,–

Die schönsten Berg- und Hüttenlieder (0514) Herausgegeben von Franz R. Miller, empfohlen vom Deutschen Sängerbund, 104 S., mit Noten und Zeichnungen, kartoniert.
DM/Fr 5.80
S 49,–

Wir lernen tanzen Standard- und lateinamerikanische Tänze. (0200) Von Ernst Fern, 168 S., 118 s/w-Fotos, 47 Zeichnungen, kartoniert.
DM/Fr 9.80
S 78,–

Tanzstunde 1 (5018) Von Gerd Hädrich, 176 S., 442 s/w-Fotos, 140 Zeichnungen, Pappband.
DM/Fr 19.80
S 158,–

Disco-Tänze (0491) Von Barbara und Felicitas Weber, 104 S., 104 Abbildungen, kartoniert.
DM/Fr 6.80
S 55,–

So tanzt man Rock'n'Roll Grundschritte · Figuren · Akrobatik. (0573) Von Wolfgang Steuer und Gerhard Marz, 224 S., 303 Abbildungen, kartoniert.
DM/Fr 16.80
S 134,–

Wir geben eine Party (0192) Von Elisabeth Ruge, 88 S., 8 Farbtafeln, 23 Zeichnungen, kartoniert.
DM/Fr 6.80
S 55,–

Neue Spiele für Ihre Party (2022) Von Gerda Blechner, 120 S., 54 Zeichnungen von Fee Buttig, kartoniert.
DM/Fr 7.80
S 65,–

Der Gute Ton Ein moderner Knigge. (0063) Von Irmgard Wolter, 168 S., 38 Zeichnungen, kartoniert.
DM/Fr 9.80
S 78,–

Tischkarten und Tischdekorationen (5063) Von Gabriele Vocke, 64 S., 79 Farbfotos, Pappband.
DM/Fr 12.80
S 98,–

Reden zum Jubiläum Musteransprachen für viele Gelegenheiten. (0595) Von Günter Georg, 112 S., kartoniert.
DM/Fr 6.80
S 55,–

Lustige Tanzspiele und Scherztänze für Parties und Feste. (0165) Von E. Bäulke, 80 S., 53 Abbildungen, kartoniert.
DM/Fr 4.80
S 39,–

Straßenfeste, Flohmärkte und Basare Praktische Tips für Organisation und Durchführung. (0592) Von Hugo Schuster, ca. 112 S., ca. 50 Fotos und Zeichnungen, kartoniert.
Voraussichtlicher Erscheinungstermin: März '83
ca.*
DM/Fr 12.80
S 98,–

Humor

Vergnügliches Vortragsbuch (0091) Von Joseph Plaut, 192 S., kartoniert.
DM/Fr 7.80
S 65,–

Lachen, Witz und gute Laune Lustige Texte für Ansagen und Vorträge. (0149) Von Erich Müller, 104 S., 44 Abbildungen, kartoniert.
DM/Fr 6.80
S 55,–

Vergnügliche Sketche (0476) Von Horst Pillau, 96 S., mit lustigen Zeichnungen, kartoniert.
DM/Fr 6.80
S 55,–

Heitere Vorträge (0528) Von Erich Müller, 182 S., 14 Zeichnungen, kartoniert.
DM/Fr 9.80
S 78,–

Die große Lachparade Neue Texte für heitere Vorträge und Ansagen. (0188) Von Erich Müller, 108 S., kartoniert.
DM/Fr 6.80
S 55,–

So feiert man Feste fröhlicher Heitere Vorträge und Gedichte. (0098) Von Dr. Allos, 96 S., 15 Abbildungen, kartoniert.
DM/Fr 5.80
S 49,–

Fidelitas und Trallala Vorschläge zur Gestaltung fröhlicher Abende. (0120) Von Dr. Allos, 104 S., viele Abbildungen, kartoniert.
DM/Fr 7.80
S 65,–

Lustige Vorträge für fröhliche Feiern Sketche, Vorträge und Conferencen für Karneval und fröhliche Feste. (0284) Von Karl Lehnhoff, 96 S., kartoniert.
DM/Fr 6.80
S 55,–

Humor und Stimmung Ein heiteres Vortragsbuch. (0460) Von Günter Wagner, 112 S., kartoniert.
DM/Fr 6.80
S 55,–

Humor und gute Laune Ein heiteres Vortragsbuch. (0635) Von G. Wagner, 112 S., kartoniert.
DM/Fr 8.80
S 70,–

Tolle Sachen zum Schmunzeln und Lachen Lustige Ansagen und Vorträge. (0163) Von Erich Müller, 92 S., kartoniert.
DM/Fr 6.80
S 55,–

Humor für jedes Ohr Fidele Sketche und Ansagen. (0157) Von Heinz Ehnle, 96 S., kartoniert.
DM/Fr 6.80
S 55,–

Sketche und spielbare Witze für bunte Abende und andere Feste. (0445) Von Hartmut Friedrich, 120 S., 7 Zeichnungen, kartoniert.
DM/Fr 6.80
S 55,–

Sketche Kurzspiele zu amüsanter Unterhaltung. (0247) Von Margarete Gering, 132 S., 16 Abbildungen, kartoniert.
DM/Fr 6.80
S 55,–

Tolle Sketche mit zündenden Pointen – zum Nachspielen. (0656) Von Eberhard Cohrs, ca. 112 S., kartoniert.
Voraussichtlicher Erscheinungstermin: Februar '83
ca.*
DM/Fr 9.80
S 78,–

Non Stop Nonsens Sketche und Witze mit Spielanleitungen. (0511) Von Dieter Hallervorden, 160 S., gebunden.
DM/Fr 14.80
S 118,–

Dalli-Dalli-Sketche aus dem heiteren Ratespiel von und mit Hans Rosenthal. (0527) Von Horst Pillau, 144 S., 18 Zeichnungen, kartoniert.
DM/Fr 9.80
S 78,–

Gereimte Vorträge für Bühne und Bütt. (0567) Von Günter Wagner, 96 S., kartoniert. — DM/Fr **7.80** S 65,–

Narren in der Bütt Leckerbissen aus dem rheinischen Karneval. (0216) Zusammengestellt von Theo Lücker, 112 S., kartoniert. — DM/Fr **6.80** S 55,–

Rings um den Karneval Karnevalsscherze und Büttenreden. (0130) Von Dr. Allos, 136 S., kartoniert. — DM/Fr **9.80** S 78,–

Helau + Alaaf Närrisches aus der Bütt. (0304) Von Erich Müller, 112 S., kartoniert. — DM/Fr **6.80** S 55,–

Helau + Alaaf 2 Neue Büttenreden. (0477) Von Edmund Luft, 104 S., kartoniert. — DM/Fr **7.80** S 65,–

Damen in der Bütt Scherze, Büttenreden, Sketche. (0354) Von Traudi Müller, 136 S., kartoniert. — DM/Fr **6.80** S 55,–

Die besten Witze und Cartoons des Jahres 1 (0454) Herausgegeben von Karl Hartmann, 288 S., 125 Zeichnungen, gebunden. — DM/Fr **14.80** S 118,–

Die besten Witze und Cartoons des Jahres 2 (0488) Herausgegeben von Karl Hartmann, 288 S., 148 Zeichnungen, gebunden. — DM/Fr **14.80** S 118,–

Die besten Witze und Cartoons des Jahres 3 (0524) Herausgegeben von Karl Hartmann, 288 S., 105 Zeichnungen, Pappband. — DM/Fr **14.80** S 118,–

Die besten Witze und Cartoons des Jahres 4 (0579) Herausgegeben von Karl Hartmann, 288 S., 140 Zeichnungen, Pappband. — DM/Fr **14.80** S 118,–

Die besten Witze und Cartoons des Jahres 5 (0642) Von K. Hartmann, 288 S., 88 Zeichnungen, Pappband. — DM/Fr **14.80** S 118,–

Das große Buch der Witze (0384) Von E. Holz, 320 S., 36 Zeichnungen, gebunden. — DM/Fr **16.80** S 134,–

Witze am laufenden Band (0461) Von Fips Asmussen, 118 S., kartoniert. — DM/Fr **5.80** S 49,–

Witzig, witzig (0507) Von Erich Müller, 128 S., 16 Zeichnungen, kartoniert. — DM/Fr **5.80** S 49,–

Die besten Ärztewitze (0399) Zusammengestellt von Britta Zorn, 272 S., mit 42 Karikaturen von Ulrich Fleischhauer, gebunden. — DM/Fr **14.80** S 118,–

Ich lach mich kaputt! Die besten Kinderwitze (0545) Von Erwin Hannemann, 128 S., 15 Zeichnungen, kartoniert. — DM/Fr **5.80** S 49,–

Lach mit! Witze für Kinder, gesammelt von Kindern. (0468) Herausgegeben von Waltraud Pröve, 128 S., 17 Zeichnungen, kartoniert. — DM/Fr **5.80** S 49,–

Olympische Witze Sportlerwitze in Wort und Bild. (0505) Von Wolfgang Willnat, 112 S., 126 Zeichnungen, kartoniert. — DM/Fr **5.80** S 49,–

Lach mit den Schlümpfen (0610) Von Peyo, 64 S., viele Abbildungen, kartoniert. — DM/Fr **6.80** S 55,–

Die besten Ostfriesenwitze (0495) Herausgegeben von Onno Freese, 112 S., 17 Zeichnungen, kartoniert. — DM/Fr **5.80** S 49,–

Die besten Tierwitze (0496) Herausgegeben von Peter Hartlaub und Silvia Pappe, 112 S., 25 Zeichnungen, kartoniert. — DM/Fr **5.80** S 49,–

Herrenwitze (0589) Von Georg Wilhelm, ca. 112 S., 11 Zeichnungen, kartoniert. — DM/Fr **5.80** S 49,–

Die besten Beamtenwitze (0574) Herausgegeben von Waltraud Pröve, 112 S., 61 Cartoons, kartoniert. — DM/Fr **5.80** S 49,–

Horror zum Totlachen Gruselwitze (0536) Von Franz Lautenschläger, 96 S., 44 Zeichnungen, kartoniert. — DM/Fr **5.80** S 49,–

Fred Metzlers Witze mit Pfiff (0368) Von Fred Metzler, 120 S., kartoniert. — DM/Fr **5.80** S 49,–

O frivol ist mir am Abend Pikante Witze von Fred Metzler. (0388) Von Fred Metzler, 128 S., mit Karikaturen, kartoniert. — DM/Fr **5.80** S 49,–

Robert Lembkes Witzauslese (0325) Von Robert Lembke, 160 S., mit 10 Zeichnungen von E. Köhler, gebunden. — DM/Fr **14.80** S 118,–

Wilhelm-Busch-Album Jubiläumsausgabe mit 1700 farbigen Bildern. (3028) 408 S., Großformat, gebunden. — DM/Fr **39,–** S 312,–

Spielen

Kartenspiele (2001) Von Claus D. Grupp, 144 S., kartoniert. — DM/Fr **7.80** S 65,–

Neues Buch der siebzehn und vier Kartenspiele (0095) Von Karl Lichtwitz, 96 S., kartoniert. — DM/Fr **6.80** S 55,–

Falken-Handbuch Bridge Von den Grundregeln zum Turniersport. (4092) Von Wolfgang Voigt und Karl Ritz, 276 S., 792 Zeichnungen, gebunden. — DM/Fr **39,–** S 312,–

Spielend Bridge lernen (2012) Von Josef Weiss, 108 S., kartoniert. — DM/Fr **7.80** S 65,–

Spieltechnik im Bridge (2004) Victor Mollo und Nico Gardener, deutsche Adaption von Dirk Schröder, 216 S., kartoniert. — DM/Fr **16.80** S 134,–

Besser Bridge spielen Reiztechnik, Spielverlauf und Gegenspiel. (2026) Von Josef Weiss, 143 S., mit vielen Diagrammen, kartoniert. — DM/Fr **14.80** S 118,–

Alles über Pokern Regeln und Tricks. (2024) Von Claus D. Grupp, 120 S., 29 Kartenbilder, kartoniert. — DM/Fr **8.80** S 70,–

Romeé und Canasta in allen Variationen. (2025) Von Claus D. Grupp, 124 S., 24 Zeichnungen, kartoniert. — DM/Fr **9.80** S 78,–

Schafkopf, Doppelkopf, Binokel, Cego, Gaigel, Jaß, Tarock und andere „Lokalspiele". (2015) Von Claus D. Grupp, 152 S., kartoniert. — DM/Fr **9.80** S 78,–

Gesellschaftsspiele für drinnen und draußen. (2006) Von Heinz Görz, 128 S., kartoniert. DM/Fr 6.80 S 55,–

Spielen mit Rudi Carell 113 Spiele für Party und Familie. (2014) Von Rudi Carell, 160 S., 50 Abbildungen, gebunden. DM/Fr 9.80 S 78,–

Spiele für Theke und Stammtisch (2021) Von Claus D. Grupp, 104 S., 27 Zeichnungen, kartoniert. DM/Fr 6.80 S 55,–

Roulette richtig gespielt Systemspiele, die Vermögen brachten. (0121) Von M. Jung, 96 S., zahlreiche Tabellen, kartoniert. DM/Fr 6.80 S 55,–

Würfelspiele für jung und alt. (2007) Von Friedrich Puss, 112 S., kartoniert. DM/Fr 7.80 S 65,–

Mini-Spiele für unterwegs und überall. (2016) Von Irmgard Wolter, 152 S., kartoniert. DM/Fr 9.80 S 78,–

Backgammon für Anfänger und Könner. (2008) Von G.W. Fink und G. Fuchs, 116 S., 41 Abbildungen, kartoniert. DM/Fr 9.80 S 78,–

Dame Das Brettspiel in allen Variationen. (2028) Von Claus D. Grupp, 104 S., viele Diagramme, kartoniert. DM/Fr 9.80 S 78,–

Das japanische Brettspiel GO (2020) Von Winfried Dörholt, 104 S., 182 Diagramme, kartoniert. DM/Fr 9.80 S 78,–

Das Skatspiel Eine Fibel für Anfänger. (0206) Von Karl Lehnhoff, überarbeitet von P.A. Höfges, 96 S., kartoniert. DM/Fr 5.80 S 49,–

Alles über Skat (2005) Von Günter Kirschbach, 144 S., kartoniert. DM/Fr 8.80 S 70,–

Patiencen in Wort und Bild. (2003) Von Irmgard Wolter, 136 S., kartoniert. DM/Fr 7.80 S 65,–

Kartentricks (2010) Von T.A. Rosee, 80 S., 13 Zeichnungen, kartoniert. DM/Fr 6.80 S 55,–

Neue Kartentricks (2027) Von Klaus Pankow, 104 S., 20 Abbildungen, kartoniert. DM/Fr 7.80 S 65,–

Mah-Jongg Das chinesische Glücks-, Kombinations- und Gesellschaftsspiel. (2030) Von Ursula Eschenbach, 80 S., 30 s/w-Fotos, 5 Zeichnungen, kartoniert. DM/Fr 9.80 S 78,–

Falken-Handbuch **Zaubern** Über 400 verblüffende Tricks. (4063) Von Friedrich Stutz, 368 S., über 1200 Zeichnungen, gebunden. DM/Fr 29.80 S 238,–

Zaubertricks Das große Buch der Magie. (0282) Von Jochen Zmeck, 244 S., 118 Abbildungen, kartoniert. DM/Fr 14.80 S 118,–

Zaubern einfach – aber verblüffend. (2018) Von Dieter Bouch, 84 S., mit Zeichnungen, kartoniert. DM/Fr 6.80 S 55,–

So gewinnt man gegen Video und Computerspiele (0644) Von C. Kerler, 160 S., 25 Zeichnungen, 21 s/w-Fotos, kartoniert. DM/Fr 6.80 S 55,–

Kinderbeschäftigung

Punkt, Punkt, Komma, Strich (0564) Zeichenstunden für Kinder. Von Hans Witzig, 144 S., über 250 Zeichnungen, kartoniert. DM/Fr 6.80 S 55,–

Einmal grad und einmal krumm Zeichenstunden für Kinder. (0599) Von Hans Witzig, 144 S., 363 Abbildungen, kartoniert. DM/Fr 6.80 S 55,–

Scherzfragen, Drudel und Blödeleien gesammelt von Kindern. (0506) Herausgegeben von Waltraud Pröve, 112 S., 57 Zeichnungen, kartoniert. DM/Fr 5.80 S 49,–

Kartenspiele für Kinder (0533) Von Claus D. Grupp, 136 S., 24 Abbildungen, kartoniert. DM/Fr 6.80 S 55,–

Kinder lernen spielend backen (5110) Von Margrit Gutta, 64 S., 50 Farbfotos, Pappband. DM/Fr 12.80 S 98,–

Kinder lernen spielend kochen (5096) Von Margrit Gutta, 64 S., 45 Farbfotos, Pappband. DM/Fr 12.80 S 98,–

Lirum, Larum, Löffelstiel Ein Kinder-Kochkurs. (5007) Von Ingeborg Becker, 64 S., mit vielen farbigen Abbildungen, Spiralbindung. DM/Fr 9.80 S 78,–

Kinderspiele die Spaß machen. (2009) Von Helen Müller-Stein, 112 S., 28 Abbildungen, kartoniert. DM/Fr 6.80 S 55,–

Spiele für Kleinkinder (2011) Von Dieter Kellermann, 80 S., kartoniert. DM/Fr 5.80 S 49,–

Kinderfeste daheim und in Gruppen. (4033) Von Gerda Blecher, 240 S., 320 Abbildungen, gebunden. DM/Fr 24.80 S 198,–

Kindergeburtstag Vorbereitung, Spiel und Spaß. (0287) Von Dr. Ilse Obrig, 104 S., 40 Abbildungen, 11 Zeichnungen, 9 Lieder mit Noten, kartoniert. DM/Fr 5.80 S 49,–

Kasperletheater Spieltexte und Spielanleitungen · Basteltips für Theater und Puppen. (0641) Von U. Lietz, 136 S., 4 Farbtafeln, 12 s/w-Fotos, 39 Zeichnungen, kartoniert. DM/Fr 8.80 S 70,–

Tipps und Tapps Maschinenschreib-Fibel für Kinder. (0274) Von Hanns Kaus, 48 S., farbige Abbildungen, kartoniert. DM/Fr 5.80 S 49,–

Rat und Wissen für die ganze Familie

Advent und Weihnachten Basteln – Backen – Schmücken – Feiern. (4067) Von Margrit Gutta, Hanne Hangleiter, Felicitas Buttig, Ingeborg Rathmann, Gabriele Vocke, 152 S., 15 Farbtafeln, zahlreiche Abbildungen, kartoniert. DM/Fr 12.80 S 98,–

Alterssicherung Vorsorge nach Maß. Renten-Versicherungen – Geld und Wertanlagen. (0532) Von Johannes Beuthner, 224 S., kartoniert. DM/Fr 16.80 S 134,–

Die neue Lebenshilfe **Biorhythmik** Höhen und Tiefen der persönlichen Lebenskurven vorausberechnen und danach handeln. (0458) Von Walter A. Appel, 157 S., 63 Zeichnungen, kartoniert. DM/Fr 9.80 S 78,–

So deutet man Träume Die Bildersprache des Unbewußten. (0444) Von Georg Haddenbach, 160 S., Pappband. DM/Fr 9.80 S 78,–

Sexualberatung (0402) Von Dr. Marianne Röhl, 168 S., 8 Farbtafeln, 17 Zeichnungen, Pappband. DM/Fr 19.80 S 158,–

Umgangsformen heute Die Empfehlungen des Fachausschusses für Umgangsformen. (4015) 282 S., 160 s/w-Fotos und 25 Zeichnungen, gebunden. DM/Fr 29.80 S 238,–

Vorbereitung auf die Geburt Schwangerschaftsgymnastik, Atmung, Rückbildungsgymnastik. (0251) Von Sabine Buchholz, 80 S., kartoniert. DM/Fr 6.80 S 55,–

Das Babybuch Pflege · Ernährung · Entwicklung. (0531) Von Annelore Burkert, 136 S., 8 Farbtafeln, zahlreiche s/w-Fotos, kartoniert. DM/Fr 12.80 S 98,–

Wenn Sie ein Kind bekommen (4003) Von Ursula Klamroth, 240 S., 86 s/w-Fotos, 30 Zeichnungen, gebunden. DM/Fr 19.80 S 158,–

Babys lernen schwimmen (0497) Von Jean Fouace, 96 S., 46 Abbildungen, kartoniert. DM/Fr 9.80 S 78,–

Endlich 18 und nun? Rechte und Pflichten mit der Volljährigkeit. (0646) Von C. Spahn, 224 S., 27 Zeichnungen, kartoniert. DM/Fr 12.80 S 98,–

Scheidung und Unterhalt nach dem neuen Eherecht. (0403) Von Rechtsanwalt H.T. Drewes, 109 S., mit Kosten- und Unterhaltstabellen, kartoniert. DM/Fr 7.80 S 65,–

Mietrecht Leitfaden für Mieter und Vermieter. (0479) Von Johannes Beuthner, 196 S., kartoniert. DM/Fr 12.80 S 98,–

Arbeitsrecht Praktischer Ratgeber für Arbeitnehmer und Arbeitgeber. (0594) Von Johannes Beuthner, ca. 192 S., kartoniert. DM/Fr 16.80 S 134,–

Wie soll es heißen? (0211) Von D. Köhr, 136 S., kartoniert. DM/Fr 5.80 S 49,–

Warum bekommen wir kein Kind? (0566) Von Dr. med. Johann Klahn, ca. 112 S., viele Zeichnungen, kartoniert. Voraussichtl. Erscheinungstermin August '83. ca.* DM/Fr 8.80 S 70,–

So wird das Wetter (0569) Von Joseph Braun, 144 S., 46 s/w-Fotos, 6 Zeichnungen, kartoniert. DM/Fr 9.80 S 78,–

Haus oder Eigentumswohnung Planung – Finanzierung – Baublauf. (4070) Von Rainer Wolff, 352 S., 16 Farbtafeln, 237 Zeichnungen und Grafiken, gebunden. DM/Fr 39.– S 312,–